KT-546-456

LES ŒUVRES COMPLETES DE VOLTAIRE

30B

VOLTAIRE FOUNDATION
OXFORD
2004

ISBN 0 7294 0814 0

Voltaire Foundation Ltd
99 Banbury Road
Oxford OX2 6JX

PRINTED IN ENGLAND
AT THE ALDEN PRESS
OXFORD

Ce volume préparé pour l'impression par

PAUL GIBBARD

Writings of 1746-1748

II

CONTENTS

ILLUSTRATIONS

ABBREVIATIONS

Ascoli	Voltaire, *Zadig, ou la destinée, histoire orientale*, ed. Georges Ascoli, rev. Jean Fabre, 2 vol. (Paris 1962)
Bengesco	*Voltaire: bibliographie de ses œuvres* (1882-1890)
BnC	BnF, *Catalogue général des livres imprimés*, Auteurs, ccxiv [Voltaire]
BnF	Bibliothèque nationale de France, Paris
BV	*Bibliothèque de Voltaire: catalogue des livres* (Moscow 1961)
D	Voltaire, *Correspondence and related documents*, *OC*, vol.85-135 (1968-1977)
ImV	Institut et musée Voltaire, Geneva
Kehl	*Œuvres complètes de Voltaire* (Kehl 1784-1789)
M	*Œuvres complètes de Voltaire*, ed. Louis Moland (1877-1885)
OC	*Œuvres complètes de Voltaire / Complete works of Voltaire* (1968-) [the present edition]
SVEC	*Studies on Voltaire and the eighteenth century*
Trapnell	William H. Trapnell, 'Survey and analysis of Voltaire's collective editions', *SVEC* 77 (1970), p.103-99

KEY TO THE CRITICAL APPARATUS

The critical apparatus, printed at the foot of the page, gives variant readings from the manuscripts and editions discussed in the introductions to the texts.

Each variant consists of some or all of the following elements:

- The number of the text line or lines to which the variant relates.
- The sigla of the sources of the variant as given in the list of editions. Simple numbers, or numbers followed by letters, stand for separate editions of the work; letters followed by numbers are collections: W is reserved for collected editions of Voltaire's works and T for collected editions of his theatre.
- A colon, indicating the start of the variant; any editorial remarks after the colon are enclosed within square brackets.
- The text of the variant itself, preceded and followed by one or more words from the base text, to indicate its position.

Several signs and typographic conventions are employed:

- Angle brackets < > encompass deleted matter.
- Beta β stands for the base text.
- The forward arrow → means 'replaced by'.
- Up ↑ and down ↓ arrows precede text added above or below the line.
- A superior + indicates, when necessary, the end of material introduced by one of the above signs.
- A pair of slashes // indicates the end of a paragraph or other section of text.

ACKNOWLEDGEMENTS

The *Œuvres complètes de Voltaire* rely on the competence and patience of the personnel of many research libraries around the world. We wish to thank them for their generous assistance, in particular the personnel of the Bibliothèque nationale de France and the Bibliothèque de l'Arsenal, Paris; the Institut et musée Voltaire, Geneva; the Taylor Institution Library, Oxford; and the National Library of Russia, St Petersburg. For additional work on this volume we are particularly grateful to Michael Freyne and Kurt Ballstadt.

PREFACE

This volume brings together three works of fiction, *Le Monde comme il va*, *Zadig, ou la destinée* and *Memnon, ou la sagesse humaine*, which were all substantially written in the late 1740s – a period in which Voltaire was enjoying the new status he had attained at court, and was engaged with the composition of *Sémiramis* (first performed in 1748). How are we to situate this trio of tales in Voltaire's *œuvre*? Critics tend to focus on two particular concerns in relation to the tales – Voltaire's treatment of the problem of evil, and the nature of the *conte philosophique*. On this second question, however, Christiane Mervaud sounds a note of warning: 'la définition du *conte philosophique* [...] privilégie souvent une démarche circulaire, prenant *Candide* comme point de départ pour le retrouver au point d'arrivée. Or la question du genre ne paraît pas primordiale.' [1] It is safer for the moment to avoid the question-begging term *conte philosophique*, and to describe these works less tendentiously as 'fictions'.

Voltaire's interest in writing fiction was long-standing, and he essayed pieces in this genre during two specific periods before the 1740s. In the years 1714-1715 he composed *Le Crocheteur borgne* and *Cosi-Sancta*, which formed part of the entertainments staged by the duchesse du Maine at the cour de Sceaux. While these are works of considerable literary sophistication, [2] Voltaire seems to have viewed them as ephemeral and never authorised their publication. He embarked on a second phase of fictional creativity in the late 1730s when he formulated or worked on at least three tales. He

[1] Christiane Mervaud, *Voltaire en toutes lettres* (Paris 1991), p.72. The designation 'Romans, contes philosophiques' does not appear in Voltaire's works until 1771 – see Sylvain Menant, 'Introduction', in Voltaire, *Contes en vers et en prose*, 2 vol. (Paris 1992-1993), i.x.

[2] See Christiane Mervaud's edition of these tales, *OC*, vol.1B (2002), p.47-129.

almost certainly began *Le Songe de Platon* during this period, although it was not published until 1756.[3] In addition, in 1739 he sent Frederick what he called 'une fadaise philosophique'[4] about a certain baron de Gangan. He reshaped this piece subsequently and it was published in the early 1750s as *Micromégas*.[5] He also seems to have formed the idea for *Le Monde comme il va* during this period, in response to his visit to Paris in 1739. This tale was not published until 1748. Françoise de Graffigny, a guest at Cirey in 1738, offers a description of Voltaire in the mode of story-teller: 'Hier à souper, Voltaire était d'une gaieté charmante; il fit des contes qui ne sont bons que dans sa bouche'.[6] The fictions of the Cirey period were created primarily as social entertainments, it would seem, rather than as pieces intended for publication.

Voltaire's fictional writings are not restricted to his *contes*. In the encounter between the French visitor and the Quaker at the start of the *Lettres philosophiques* and in the observations which open the *Traité de métaphysique* Voltaire employs the devices of narrative fiction.[7] This is not surprising, for, as Jacques Van den Heuvel observes, 'la méthode de Locke était riche de certains prolongements dans le domaine de la fiction'.[8] Roger Pearson also emphasises this aspect of Voltaire's method: Voltaire, as he puts it, 'thinks narratively'.[9]

In the years 1745-1750 Voltaire composed *Zadig*, *Memnon* and the *Lettre d'un Turc*, and worked on two stories which have their origins in the Cirey period, the *Voyage du baron de Gangan* (which

[3] See Jacques Van den Heuvel's introduction to his edition of this work, *OC*, vol.17 (1991), p.539-42.

[4] June 1739, D2033.

[5] For a summary of recent research on the dating of this work, see *Revue Voltaire* 2 (2002), p.264-65.

[6] *Correspondance de Mme de Graffigny* (Oxford 1985-), i.211.

[7] Joseph Bianco, for example, points to narrative parallels between the *Lettres philosophiques* and *Zadig* in his article '*Zadig* et l'origine du conte philosophique: aux antipodes de l'unité', *Poétique* 68 (1986), p.443-61.

[8] Jacques van den Heuvel, *Voltaire dans ses contes* (Paris 1967), p.82.

[9] Roger Pearson, *The Fables of reason: a study of Voltaire's 'contes philosophiques'* (Oxford 1993), p.5.

he recast as *Micromégas*) and *Le Monde comme il va*. Never before had he laboured on such a large body of fiction. Remarkably, all five works were published in the five-year period 1747-1752. This period thus signalled a shift in Voltaire's practice – he no longer told stories solely for the pleasure of his close friends; he now composed fiction explicitly for his reading public.

How are we to account for this burst of fictional creativity? Clearly Voltaire's life underwent a great change when he left Cirey in August 1744 for Paris and Versailles. On the point of departure Voltaire wrote to Mme Denis: 'Je quitte la tranquillité de Cirey pour le chaos de Paris [...]. Je me sens un peu honteux à mon âge de quitter ma philosophie et ma solitude pour être baladin des rois' (D3015). After his long period of retreat, Voltaire's presence at court brought many new social contacts and demands. To Cideville in January 1745 he confided an impression of his new life: 'Je cours de Paris à Versailles, je fais des vers en chaise de poste. Il faut louer le roi hautement, madame la dauphine finement, la famille royale tout doucement, contenter la cour, ne pas déplaire à la ville' (D3073). It is possible, as Raymond Naves suggests, that Voltaire's encounter with court society encouraged him to explore new literary forms:

> C'est la vie de cour des années 1745-1748 qui semble avoir révélé à Voltaire tout le parti qu'il pouvait tirer de l'animation dramatique des idées. Après le long exil de Cirey, le contact intime et continu avec la société mondaine assouplit définitivement son génie et lui montre avec évidence ce qui peut le mieux conquérir ces esprits curieux et pressés: il leur faut des idées, mais il leur faut du plaisir piquant; aussi le conte, la facétie, le dialogue philosophique sont-ils les meilleurs véhicules de la pensée. [10]

In addition to his experience of court life, Voltaire's visits to Sceaux in the late 1740s played an important role in the development of the tales. It was here, of course, more than thirty years previously, that Voltaire had composed *Le Crocheteur borgne* and *Cosi-Sancta* for

[10] Voltaire, *Dialogues et anecdotes philosophiques*, ed. Raymond Naves (Paris 1939), p.iii.

the 'nuits de Sceaux', and the place undoubtedly held a special significance for him. His hostess at Sceaux, the duchesse du Maine, leaves her mark on the genesis of *Zadig*, in the references Voltaire makes in the tale to yellow ribbons.[11] And it was at Sceaux that Voltaire found refuge in October 1747 after the 'jeu de la reine' incident – an episode to which he alludes in *Memnon*. There is also evidence that Voltaire may have worked on *Le Monde comme il va* while staying with the duchesse du Maine at Sceaux. If many of Voltaire's biographers emphasise his unhappy experiences of the late 1740s, an early chronicler, Duvernet, suggests that Voltaire took pleasure in the tranquillity and the civilised society he found at Sceaux:

L'état de courtisan ne lui convenait pas: [Voltaire] rompit peu à peu les chaînes qui l'attachaient à Versailles, et donna la préférence à Sceaux. C'est là que Mme la duchesse du Maine, née Bourbon Condé, réunissait de jeunes seigneurs, et des savants très estimables. On ne voyait, dans la cour de cette princesse, ni intrigues, ni orages. Cette cour était composée de personnes aimables, spirituelles, s'amusant entre elles; et dans leurs amusements, n'ayant aucun des embarras de l'étiquette. On surnomma ceux qui y étaient admis, *les oiseaux de Sceaux*, comme autrefois on avait surnommé ceux de la société de Ninon, *les oiseaux des Tournelles*.[12]

The importance of Sceaux as a peaceful retreat where Voltaire composed, or at least revised, certain tales, is confirmed in the memoir of his secretary, Longchamp. The published version of this memoir contains, as W. H. Barber has revealed, many distortions, and is particularly misleading about the genesis of Voltaire's fictions. It is necessary, therefore, to turn to Longchamp's manuscript for his actual recollections of Sceaux, which record:

M. de Voltaire ne descendait chez Mme la duchesse que lorsque tout le monde était retiré; mangeait un poulet dans sa ruelle, et était servi par un des valets de pieds de Mme la duchesse qui était dans la confidence. M. de

[11] See Jacqueline Hellegouarc'h, 'Encore la duchesse du Maine: notes sur les rubans jaunes de *Zadig*', *SVEC* 176 (1979), p.37-40.

[12] T. I. Duvernet, *La Vie de Voltaire* (1787), p.106-107.

Voltaire ne remontait à son appartement qu'un peu avant le jour. Lassé de cette vie oisive M. de Voltaire fit faire une provision de bougies et de lumière et se mit à travailler pendant le jour. Il fit plusieurs petits contes ou romans tels que Zadig, Babouc et autres; et il m'occupait à les mettre au net.[13]

The three tales, *Le Monde comme il va*, *Zadig* and *Memnon*, substantially the product of the same period, and partly, also, of place, share a good deal of common philosophical ground. All three tackle the problem of evil, along with other familiar topics such as tolerance. In all three Voltaire employs a fictional device in which an unconventional angel descends *ex machina* to expound the optimist cause to a bemused hero.[14] It is only later, in *Candide*, that Voltaire will allow the optimist spokesman to assume human form. In an attempt to identify 'Voltaire dans ses contes', a number of critics examine the nuances of philosophical difference which separate the angelic trio of Ituriel, Jesrad and Memnon's 'bon génie', and many interpret Voltaire's sudden preoccupation with the problem of evil as evidence of a personal crisis. René Pomeau, for instance, asserts: 'Dans la crise de 1748, le mal n'est plus un sujet de controverse, il devient une pierre de scandale; et Voltaire l'aborde désormais par le conte. Car le conte voltairien naît définitivement de la crise de 1748.'[15] Laurence Bongie endorses this idea, suggesting that as Voltaire grappled with the problem of evil, it was only in the *conte* form that he found the means of freely expressing his complex, somewhat contradictory feelings about the question.[16]

It is fruitful also to approach the fictions from a formalist

[13] Sébastien G. Longchamp, quoted by W. H. Barber, 'Penny plain, twopence coloured: Longchamp's memoirs of Voltaire', *Studies in the French eighteenth century presented to John Lough*, ed. D. J. Mossop, G. E. Rodmell and D. B. Wilson (Durham 1978), p.9-21 (p.14).

[14] On this device, see Jean Sareil, 'Les anges de Voltaire', *Kentucky Romance quarterly* 20 (1973), p.99-112.

[15] René Pomeau, *La Religion de Voltaire*, new edn (Paris 1969), p.248.

[16] Laurence L. Bongie, 'Crisis and the birth of the Voltairean *conte*', *Modern language quarterly* 23 (1962), p.53-64.

position. In the case of *Zadig*, Haydn Mason has shown that Voltaire's philosophical arguments are largely prefigured in the verse epistles of the *Discours en vers sur l'homme*, published a decade earlier, in 1738;[17] similarly, in formal terms, this tale displays a certain continuity with the fictions conceived a decade earlier. The defamiliarising device employed in *Zadig*, by which the hero gazes down as though from the heavens and sees men as 'insectes' and the earth as 'un petit atome de boue' (ch.9, lines 7 and 8), derives directly from Lucianic satire – which had been the principal literary model for two fictions begun in the late 1730s, the *Voyage du baron de Gangan* and *Le Monde comme il va*.[18] There are many questions which might be posed concerning Voltaire's use of literary form in the late 1740s, the relationship between his fictions and those of other writers, and, more specifically, the role played in these highly self-aware works by pastiche and parody. To take one example: when modern readers encounter the angel Jesrad, they tend to consider first and foremost his 'message'; when Grimm encountered the same character, he immediately situated him in the realm of narrative fantasy, gleefully claiming that Voltaire had cribbed the entire chapter from a medieval tale.[19] If in these fictions Voltaire himself was wrestling with an angel, it was as much a struggle with literary form as with the familiar problem of evil.

[17] See Haydn Mason, '*Zadig* and the birth of the Voltaire *conte*', *Rousseau and the eighteenth century: essays in memory of R. A. Leigh*, ed. Marian Hobson, J. T. A. Leigh and Robert Wokler (Oxford 1992), p.279-90.

[18] See Nicholas Cronk, 'Voltaire, Lucian, and the philosophical traveller', *L'Invitation au voyage: studies in honour of Peter France*, ed. John Renwick (Oxford 2000), p.75-84. See also W. H. Barber, 'Voltaire's astronauts', *French studies* 30 (1976), p.28-42.

[19] 'C'est dans ces anciens Fabliaux que l'on voit le premier germe des plus heureuses fictions de Bocace, de La Fontaine et de tous nos conteurs modernes [...]. Un des plus ingénieux chapitres du roman de *Zadig*, l'Ermite, y est pris tout entier; c'est le conte de *l'Ermite qu'un Ange conduisit dans le siècle* [...]. M. de Voltaire en a conservé soigneusement tous les traits, toute la naïveté; et, pour lui donner la grâce et l'élégance de son coloris, il paraît presque n'avoir eu d'autre soin à prendre que celui d'en rajeunir un peu le style.' See Grimm, review, April 1780, of Le Grand, *Fabliaux ou contes*, in *Correspondance littéraire*, ed. M. Tourneux (Paris 1877-1882), xii.381-82.

Ultimately, it is Voltaire's decision concerning the publication of these three fictions which most sharply distinguishes this from his earlier forays into the genre. For it was at this moment, in the late 1740s, that he resolved for the first time to place his fictional works in the public realm. He began the venture in 1747 by publishing *Memnon, histoire orientale*. Of sufficient length to appear as a volume on its own, it was republished in a revised version the following year as *Zadig, ou la destinée, histoire orientale*. The appearance of this work paved the way for the publication of other shorter fictions. When *Zadig* was republished in the collected Dresden edition of 1748, it was accompanied in volume 8 by the first edition of *Le Monde comme il va*. In late 1749 there appeared the *Recueil de pièces en vers et en prose*,[20] which contained the first publication of *Memnon*, as well as *Le Monde comme il va* under the new title *Babouc, ou le monde comme il va*. In 1750 volume 9 of the collected Dresden edition appeared, containing the first publication of the *Lettre d'un Turc* and a reprinting of *Memnon*. In 1751 Voltaire prepared to bring out the first edition of *Micromégas*, a book-length fiction, but withdrew it, and in 1752 published it finally, in a volume by itself.[21] That is to say, in the five years from 1747 Voltaire published five fictions, two of them long enough to appear as books in their own right. At no stage did Voltaire attempt to collect these fictions into a single volume, as he might easily have done. This is perhaps because he did not conceive of them as forming a coherent group (as we are inclined to do); or because he was aware of their similarities and wished his readers to come upon each tale serendipitously.

With the appearance of these fictions, Voltaire's position within the republic of letters underwent a major change. After the *Discours en vers sur l'homme*, published a decade earlier, Voltaire wrote only two further philosophical poems, the *Poème sur la loi naturelle* and

[20] *Recueil de pièces en vers et en prose, par l'auteur de la tragédie de 'Sémiramis'* ([Paris: Lambert,] 1750 [1749]). In this volume *Memnon* immediately follows the *Discours en vers sur l'homme*, to which it is closely related.

[21] See D. W. Smith, 'The publication of *Micromégas*', *SVEC* 219 (1983), p.63-91.

the *Poème sur le désastre de Lisbonne*. To a certain extent, the fiction of the late 1740s takes over from where the philosophical poem leaves off. If Voltaire often speaks dismissively of the novel as a genre, he is alert, as ever, to changes in literary fashion. In this context *Zadig* may be read as a philosophical reply to the frivolous oriental fictions of recent years (Caylus's *Contes orientaux*, Cazotte's *Les Mille et une fadaises*, Voisenon's *Le Sultan Misapouf*,[22] and so forth). Voltaire's decision to have *Zadig* printed separately in two halves so as to avoid the risk of a pirated edition certainly gives the lie to the idea that he regarded the work with casual indifference: nothing could have been more carefully stage-managed than the publication of his first book-length fiction.

In spite of the many personal setbacks which he encountered, the period from the middle to late 1740s was one of remarkable professional success for Voltaire. Enjoying unprecedented favour at court under the protection of Mme de Pompadour, Voltaire was elected to the Royal Society in 1743, appointed *historiographe du roi* in 1745, and in the following year named to the lucrative position of *gentilhomme ordinaire de la chambre du Roi.*[23] In 1746, as well, Voltaire was finally elected to the Académie française. In his fifties, and with his reputation in the canonical genres of tragedy, epic and history long-established, Voltaire felt free to experiment with other genres, publishing fiction for the first time and, from 1751, philosophical dialogues also. With the publication of the three fictional works in the present volume, Voltaire publicly and deliberately embarked on a new direction as a prose writer.

Nicholas Cronk

[22] Anne Claude Philippe de Pestels de Lévis de Tubières-Grimoard, comte de Caylus, *Contes orientaux, tirés des manuscrits de la Bibliothèque du Roi de France*, 2 vol. (The Hague 1743); Jacques Cazotte, *Les Mille et une fadaises: contes à dormir debout: ouvrage dans un goût très moderne* (Baillons 1742); Claude Henri de Fusée, abbé de Voisenon, *Le Sultan Misapouf et la Princesse Grisemine* (London [Paris] 1746).

[23] Voltaire even boasted of the profitability of this latter position – see the *Commentaire historique sur les œuvres de l'auteur de 'La Henriade'*, M.i.88.

Le Monde comme il va

Critical edition

by

Michael Cardy

CONTENTS

INTRODUCTION

1. *Composition, publication and reception*

Le Monde comme il va, vision de Babouc, écrite par lui-même first appeared in volume 8 of the *Œuvres de M. de Voltaire*, published by George Conrad Walther at Dresden in 1748. The date of composition of the *conte* cannot, however, be fixed with the same degree of certainty. It is well known that Voltaire, a supreme self-publicist in respect of his writings in established genres like the theatre, the epic poem and history, was remarkably coy about discussing his prose fiction. Much as he loved stories, anecdotes, gossip and indeed scandal, *nouvelles* and *contes* featured very low in his hierarchy of literary values. Writing to d'Argental on 19 September 1748 about a text now considered of great importance in his development as a writer of prose fiction, Voltaire chided his friend: 'Vous parlez de Zadig comme si j'y avais part. Mais pourquoi moi! pourquoi me nomme-t-on? Je ne veux avoir rien à démêler avec les romans' (D3759). He spoke of his works of prose fiction as of a kind of private vice, to be classed, like many of his occasional pieces, as *bagatelles*, *fadaises* or *rogatons*. *Le Monde comme il va*, if not necessarily in his own view beneath contempt, at least appears to have been beyond mention in the 1740s, since Voltaire does not allude to either the title of the work or its contents in any of his letters of that period. There is, in short, no build-up to the publication of the *princeps* edition in 1748. In this the work confirms René Pomeau's generalisation: 'Voltaire dans sa *Correspondance* garde un [...] complet silence sur l'élaboration des *Contes*.'[1]

In an attempt to identify the origin of *Le Monde comme il va*, Moland cites a note written by Voltaire for the *Souvenirs de*

[1] Voltaire, *Romans et contes*, ed. René Pomeau (Paris 1966), p.15.

madame de Caylus: 'Les nuits blanches de Sceaux [...] étaient des fêtes que donnaient à la duchesse du Maine tous ceux qui avaient l'honneur de vivre avec elle. On faisait une loterie des vingt-quatre lettres de l'alphabet; celui qui tirait le C donnait une comédie, l'O exigeait un petit opéra, le B un ballet.'[2] According to Decroix, the principal editor of the Kehl edition, the letter N required a *nouvelle*, and, as Moland reports, 'C'est pour obéir à ces arrêts du sort que Voltaire écrivit *Babouc*, *Le Crocheteur borgne*, et *Cosi-Sancta*' (M.xxi.1). Thus was launched an agreeable, but highly suspect, legend regarding the composition of *Le Monde comme il va*. If we wish to penetrate towards the truth of the situation we must turn to the *Mémoires sur Voltaire* of Longchamp and Wagnière,[3] and to a crucial article by W. H. Barber[4] which discusses the recollections of these two men.

In the autumn of 1747, following his indiscretion at the 'jeu de la reine' at Fontainebleau,[5] Voltaire sought refuge at the château of the duchesse du Maine at Sceaux. In the *Mémoires sur Voltaire*, Longchamp describes Voltaire's reclusive behaviour at Sceaux, detailing how his master emerged from his hiding-place only at night, after guests and most servants had retired, and visited the

[2] Jacqueline Hellegouarc'h affirms that the author of the notes to the *Souvenirs* is 'certainement Voltaire lui-même' – see her article 'Mélinade ou la duchesse du Maine. Deux contes de jeunesse de Voltaire: *Le Crocheteur borgne* et *Cosi-Sancta*', *Revue d'histoire littéraire de la France* 78 (1978), p.722-35 (p.730). The evidence strongly supports Hellegouarc'h's thesis. Three editions of the *Souvenirs* appeared in 1770, two published 'chez Jean Robert' in Amsterdam, the third 'Au Château Fernei'. The Ferney edition and the (presumably) second Robert edition are annotated.

[3] Sébastien G. Longchamp and Jean-Louis Wagnière, *Mémoires sur Voltaire, et sur ses ouvrages*, 2 vol. (Paris 1826).

[4] W. H. Barber, 'Penny plain, twopence coloured: Longchamp's memoirs of Voltaire', *Studies in the French eighteenth century presented to John Lough*, ed. D. J. Mossop, G. E. Rodmell and D. B. Wilson (Durham 1978), p.9-21. Christiane Mervaud's edition of *Le Crocheteur borgne* and *Cosi-Sancta* is an indispensable supplement to my argument in this section; see *OC*, vol.1B (2002), especially p.62-66 and 101-104.

[5] This episode is best studied in René Vaillot, *Avec Mme Du Châtelet*, *Voltaire en son temps*, 2nd edn, 2 vol. (Oxford 1995), i.524-25.

duchess in her bedchamber. There, in the presence of his hostess and a footman, Voltaire dined and chatted with her. The printed text alleges: 'Quelquefois après le repas il lisait un conte ou un petit roman qu'il avait écrit dans la journée pour la divertir. C'est ainsi que furent composés *Babouc*, *Memnon*, *Scarmentado*, *Micromégas*, *Zadig*, dont il faisait chaque jour quelques chapitres.'[6] We may note that there is no mention here of either *Le Crocheteur borgne* or *Cosi-Sancta*. Were the claim in the *Mémoires* of 1826 trustworthy, not only would it provoke our marvel at the prolific nature of Voltaire's art, it would also provide strong evidence concerning the chronology and evolution of the early *contes*. The claim is not, however, remotely true. Barber examined the original manuscript of the Longchamp memoirs, and has shown that the text published in 1826 does not follow what Longchamp actually wrote (which is not to say, of course, that what Longchamp actually wrote is true either). After describing Voltaire's clandestine visits to the chamber of the duchess, the manuscript states: 'Lassé de cette vie oisive M. de Voltaire fit faire une provision de bougies et de lumière et se mit à travailler pendant le jour. Il fit plusieurs petits contes ou romans tels que Zadig, Babouc et autres; et il m'occupait à les mettre au net.' As Barber notes: 'Not only [...] is there no statement that the *contes* were read to, let alone written for, Mme du Maine; there is no mention of any disclosure of the tales to the guests at Sceaux after Voltaire had emerged from hiding.'[7] In other words, Decroix, not content with 'improving' Longchamp's style, also substantially altered the content of the memoir. In the case of *Le Monde comme il va*, while it could certainly have been written in its entirety at Sceaux in the autumn of 1747, the claim that it was read to the duchess and her guests must be greeted with extreme scepticism. From the Moland note, Decroix's revision of the Longchamp memoir, and Barber's partial study of the Longchamp manuscript, the following question springs to mind: can

[6] Longchamp and Wagnière, *Mémoires sur Voltaire*, ii.140.

[7] Barber, 'Penny plain, twopence coloured', p.14.

there be any justification for grouping *Le Monde comme il va* in a block with *Le Crocheteur borgne* and *Cosi-Sancta*? The trend of the recent scholarship on Voltaire's prose fiction suggests that he was experimenting with the genre well before the mid-1740s. Ira Wade's edition of *Micromégas*, for example, proves, conclusively in the eyes of most scholars, that that *conte*, first published in 1752, is in substance the same as the *Voyage du baron de Gangan* which Voltaire addressed to Frederick in June 1739.[8] Even more radically, Hellegouarc'h has argued that, while Voltaire certainly stayed at Sceaux in both 1746 and 1747, he may well have belonged to the 'cour' of the duchesse du Maine before 1720 and perhaps visited Sceaux as early as 1712. Hellegouarc'h suggests six possible periods of composition for *Le Crocheteur borgne* and *Cosi-Sancta*: (i) October 1712-May 1716; (ii) beginning of Lent 1717; (iii) end of Lent 1717-May 1717; (iv) 10 April 1718-December 1718; (v) 1746; (vi) 1747. Since she speaks of 'ces courtes et rapides compositions de la prime jeunesse', it is clear that she favours one of the early periods for the composition of the two works and, while her thesis is not proven, it certainly has the merit of plausibility.[9] Nowhere, however, does Hellegouarc'h mention *Le Monde comme il va*. Indeed, on purely internal evidence – references to contemporary events and personalities, for example – it would have been quite impossible for the *conte* to have been composed in its entirety at the same period as the two stories that she examines. Wade's argument in favour of a long gestation period for *Micromégas*, and Hellegouarc'h's relegation of *Le Crocheteur borgne* and *Cosi-Sancta* to Voltaire's youth or apprenticeship as a writer of tales, suggest that *Le Monde comme il va* was not composed at the same period as *Le Crocheteur borgne* and *Cosi-Sancta*, whenever that may

[8] Ira O. Wade, *Voltaire's 'Micromégas', a study in the fusion of science, myth and art* (Princeton 1950).

[9] Hellegouarc'h, 'Mélinade ou la duchesse du Maine', p.727-29, 734. The literary lottery mentioned in the note to the *Souvenirs de madame de Caylus* could have taken place at one or more of the first five of Voltaire's visits to Sceaux, but certainly not at the sixth.

have been. Nor, indeed, was it written in a first flush of inspiration at Sceaux in 1747, or even during the visit of 1746. If the views of Longchamp, Decroix, Beuchot and Moland together suggest to us that it is unlikely that the work was composed in its entirety in 1746 or 1747, what plausible account concerning its inspiration and gestation can be developed in its place?

Roger Pearson notes that '*Le Monde comme il va* has been seen to date back, in conception at least, to 1739' [10] – an idea which has been argued with great cogency by Van den Heuvel in his edition of the *contes*, [11] and has been endorsed by Sylvain Menant in the most recent scholarly edition of the work. [12] Van den Heuvel points out that in early 1739, smarting from the highly personal attack mounted upon him by the abbé Desfontaines in *La Voltairomanie*, [13] Voltaire, ensconced in apparent safety at Cirey with Mme Du Châtelet, was anxious to return to Paris in order to face down the obloquy and laughter triggered by Desfontaines's assault. Mme Du Châtelet implored him not to go, and her entreaties prevailed. Later that year, in August, however, after a visit together to Brussels, Voltaire and Mme Du Châtelet did indeed return to the capital. Van den Heuvel has suggested that the *fons et origo* of the *contes* derive from Voltaire's initial encounter with England in the late 1720s and are to be found in 'le simple étonnement ressenti par Voltaire au contact de la terre anglaise et le reflet qu'il aperçut de sa propre existence dans des consciences étrangères'. [14] That sense of astonishment, strangeness and alienation that Voltaire had initially felt in England he experienced again to some extent during his

[10] Roger Pearson, *The Fables of reason: a study of Voltaire's 'contes philosophiques'* (Oxford 1993), p.49.

[11] See his 'Notice' to the *conte* in Voltaire, *Romans et contes*, ed. Frédéric Deloffre and Jacques Van den Heuvel (Paris 1979), p.720-22.

[12] Voltaire, *Contes en vers et en prose*, ed. Sylvain Menant, 2 vol. (Paris 1992-1993), i.85.

[13] The work first appeared in 1738. For an excellent modern edition, see Pierre François Guyot Desfontaines, *La Voltairomanie*, ed. M. H. Waddicor (Exeter 1983).

[14] Jacques Van den Heuvel, *Voltaire dans ses contes: de 'Micromégas' à 'L'Ingénu'* (Paris 1967), p.31.

visits to Paris in the 1730s. After periods of absence, Voltaire was always struck by the frenzied pace of Parisian life. In a letter written in Paris in July 1731 thanking Cideville for his hospitality in Rouen, Voltaire observed: 'Adieu. Il n'est plus question pour moi de la vie douce, les affaires viennent me lutiner. A Rouen je passais ma vie à penser, je vais la consumer ici à courir. Une seule affaire, quelque petite qu'elle soit, emporte ici la journée de son homme' (D418). He expresses a similar view of the capital in a letter to Mme de Champbonin of 1739: 'Paris est un gouffre, où se perdent le repos et le recueillement de l'âme, sans qui la vie n'est qu'un tumulte importun. Je ne vis point. Je suis porté, entraîné loin de moi dans les tourbillons' (D2082). We can detect in these quotations something of the astonishment which Babouc displays as he arrives in Persepolis and seeks to fulfil his many engagements. For all his complaints about the pace of Parisian life, Voltaire was certainly stimulated by the cosmopolitan bustle into which he again plunged in 1739. He was also, though, appalled to find that the vituperation and resentment directed against him by his enemies in the past had not diminished. Paris for Voltaire had an enigmatic quality and aroused in him ambiguous and sometimes contradictory emotions. As Van den Heuvel notes, at the beginning of 1739, and thus before the Paris visit of that year, Voltaire wrote to the comte de Caylus: 'Paris est comme la statue de Nabuchodonosor, en partie or, en partie fange' (D1757). This attempt to reconcile the ambiguities of the city anticipates the *dénouement* of *Le Monde comme il va* nearly a decade later.

Van den Heuvel argues convincingly that 1739 does not represent the date of composition of *Le Monde comme il va*, but that Voltaire's visit to Paris in that year probably provided 'le *stimulus* initial du conte'.[15] It is worth noting that *Micromégas*, written, at least in draft, in 1739, portrays the planet *sub specie aeternitatis* (or very nearly so), while *Le Monde comme il va* subjects the planet's principal city to a brief but microscopic scrutiny. Conceived around the same time, the two *contes* form

[15] *Romans et contes*, ed. Deloffre and Van den Heuvel, p.722.

loose counterparts – *Micromégas* being largely complete by 1739, and *Le Monde comme il va* possibly continuing to develop over the best part of a decade.

Development of *Le Monde comme il va* there certainly was. Van den Heuvel notes that 'un conte de Voltaire porte toujours la marque de l'actualité la plus immédiate. Et la plus fugace aussi'.[16] It is a truism of Voltaire criticism that the *contes* are structured episodically and that the episodes frequently have a direct link with his current, and sometimes abiding, concerns. Babouc's first contacts with the society of Persepolis/Paris involve a nation at war. The War of the Austrian Succession broke out in 1740 and was not resolved until the Treaty of Aix-la-Chapelle of 1748. Voltaire celebrated France's greatest victory in the war in his *Poème de Fontenoy* (1745), and the publication of the poem certainly did not harm his campaign to be elected to the Académie française, which occurred in 1746. As a historian, however, in the *Histoire de Charles XII* of 1731, he had already contemplated the horrors of war, and as *historiographe de France*, a post to which he was appointed in 1745, he would come face to face with the current war which would drag on for a number of years. In his schematic portrayal of war in *Le Monde comme il va*, Voltaire underlines the suffering, futility, waste and treachery that it involves, along with the self-interest of military men and medical staff. This view of war will become a leitmotiv of Voltaire's writings from the late 1740s onwards. As is evident in his *Eloge funèbre des officiers qui sont morts dans la guerre de 1741*, however, he was equally aware that military action could produce acts of selfless courage, and would have come across many such instances in reports of the conflicts of the 1740s. Both views of war receive expression in the *conte*.

Like many of his cultivated contemporaries, Voltaire was an avid reader of *Les Mille et une nuits*, which had been translated from the Arabic by Antoine Galland for an edition which appeared in twelve volumes between 1704 and 1717. The work's influence

[16] *Romans et contes*, ed. Deloffre and Van den Heuvel, p.720.

on European short fiction was immense, for it provided important models of how to recount a story with pace, economy and wit.[17] It is no accident that the two most important *contes* of the first group that Voltaire composed, *Zadig* and *Le Monde comme il va*, both have an oriental setting. Even before Galland's translation of the Arabian stories appeared, western writers appreciated that an oriental setting could provide an admirable disguise – paper-thin in most cases – for comment and satire on domestic concerns. Giovanni Paolo Marana's *L'Espion du Grand-Seigneur et ses relations, envoyées au divan de Constantinople*, which appeared in 1684, provided an early model of this. Authors began to use the character of the naive but sharp-eyed foreign visitor to France as a means of criticising the establishment while avoiding official censure. The visitor became in some sense complicit with the author and his readership in a (mainly) gentle conspiracy against the authorities.

The major contribution to this sub-genre was undoubtedly Montesquieu's *Lettres persanes* (1721). René Pomeau has alluded to the way in which this work influenced Voltaire: 'le personnage du voyageur promenant sa raison ingénue à travers le monde absurde – ce type voltairien – s'est nommé d'abord Usbek et Rica.'[18] Although Voltaire's debt to Montesquieu in *Le Monde comme il va* is obvious, he refused to acknowledge it in any way and always professed a certain contempt for the *Lettres persanes*. Voltaire wrote to Vauvenargues on 4 April 1743 (D2748):

> On a d'abord été ivre des *Lettres persanes* dont vous me parlez. On a négligé le petit livre de la *Décadence des Romains*, du même auteur; cependant je vois que tous les bons esprits estiment le grand sens qui règne dans ce bon livre d'abord méprisé, et font assez peu de cas de la frivole imagination des *Lettres persanes*, dont la hardiesse, en certains endroits, fait le plus grand mérite.

[17] See Georges May, *Les Mille et une nuits d'Antoine Galland, ou le chef-d'œuvre invisible* (Paris 1986).

[18] *Romans et contes*, ed. Pomeau, p.10.

By the time he wrote this letter, Voltaire had almost certainly conceived the idea for *Le Monde comme il va* and may well have had early drafts of it on the stocks. In 1746 he again praised Montesquieu's *Considérations sur les causes de la grandeur des Romains et de leur décadence* (1734) in the speech he delivered at the Académie française, describing it as 'un livre [...] écrit par un génie mâle et rapide qui approfondit tout en paraissant tout effleurer'.[19] Montesquieu, of course, had never publicly acknowledged his authorship of the *Lettres persanes*, and Voltaire would not have been so ill-mannered as to mention Montesquieu's name in a public discussion of the work. By downplaying the merits of the work in private, however, Voltaire sought to forestall comparisons between the *Lettres persanes* and his own *conte* – comparisons that would inevitably favour the *Lettres persanes* given the greater scope and profundity of this work.

Two further points arise with regard to the oriental setting. Firstly, as Pomeau notes, the French court in 1745 dressed in Turkish style for the masked ball celebrating the marriage of the Dauphin to Princess Maria Teresa of Spain.[20] The engraving of the event by Cochin *fils* shows the court engaged in performing the *Mamamouchi* ceremony in *Le Bourgeois gentilhomme* – a curious case of life imitating art. The oriental vogue was popular at the highest level of society at a time when Voltaire was perhaps developing the texts of both *Zadig* and *Le Monde comme il va*. Secondly, in the latter half of the 1740s, Voltaire was preoccupied with the composition and performance of *Sémiramis*, a tragedy that is set in Persia. As Verdun Saulnier observes in his edition of *Zadig*: 'en 1746, [Voltaire] écrivait une *Sémiramis*. Quand fantaisie lui vient d'écrire des contes, son cadre d'orient est tout près.'[21]

[19] *Discours de M. de Voltaire à sa réception à l'Académie française, Prononcé le lundi 9 mai 1746*, ed. Karlis Racevskis, *OC*, vol.30A, p.30.

[20] *Romans et contes*, ed. Pomeau, p.93.

[21] Voltaire, *Zadig, ou la destinée*, ed. Verdun L. Saulnier (Geneva 1946), p.vi. Saulnier is taking up a point made by Georges Ascoli in his edition of *Zadig*. There are multiple references to *Sémiramis* in Voltaire's correspondence of the late 1740s –

While Saulnier perhaps compresses the timescale involved, the point remains valid. Voltaire was skilled in lateral thinking and working, and would have been perfectly able to compose in parallel a tragedy and one or more *contes*. Although the settings of *Zadig* and *Le Monde comme il va*, and perhaps *Sémiramis* too, are reminiscent of what Jean Sareil calls an 'Orient de pacotille',[22] Voltaire exploited oriental themes initially because they were fashionable and later because the public seemed to enjoy the allegorical criticisms of French society which they permitted.

In the absence of a manuscript tradition or other corroborative evidence, any statement concerning the evolution of *Le Monde comme il va* must be hedged with qualifiers. The possibility that Voltaire composed the work in its entirety at Sceaux cannot be completely discounted, though the principal witness, Longchamp, is unreliable, especially about datings, and was in any case ill-served by the revisions Decroix made to his account. It is much more likely: (i) that Voltaire's return to Paris in the summer of 1739 provided the spark of the idea for the *conte*; (ii) that, sensitive to the taste for orientalism among his contemporaries, and conscious of the aesthetic advantages presented by the literary tradition of naive but observant oriental visitors to thinly disguised European societies – a tradition that had reached its apogee with the *Lettres persanes*, Voltaire endowed his own oriental visitor with a stern critical mission; (iii) that contemporary events and personalities of the first half of the 1740s, together with certain of Voltaire's current intellectual preoccupations, progressively found their way into the tale as it evolved. It is also possible, though by no means proven, that in 1746, but almost certainly not in 1747, Voltaire read a late draft, or possibly the final version, of the text to the duchesse du Maine's circle at Sceaux. As

---

see, for example, D3828, D3830, D3844, D3914, D3965, D3970, D3971 and D3977; and also *Sémiramis*, ed. Robert Niklaus, *OC*, vol.30A, p.37-254.

[22] Jean Sareil, 'De *Zadig* à *Candide*, ou permanence de la pensée de Voltaire', *Romanic review* 52 (1961), p.271-78 (p.276).

the *conte* was not long enough to appear as a volume by itself, Voltaire published it in the next collective edition of his works to appear – the Walther edition of 1748.

Compared with Voltaire's other works of prose fiction, *Le Monde comme il va* made relatively little impact in his own time and has tended to be an orphan virtually without progeny. In 1759 – not a good year for publishing imitations of Voltaire – Bricaire de La Dixmerie's mediocre *L'Ile taciturne et l'île enjouée* featured a genie visiting London and Paris to judge whether the inhabitants of the two cities deserved perdition or possessed sufficient merits to be spared.[23] The following year, one keen reader of Voltaire's work showed that he had appreciated the *conte*. In a gloomy and cynical letter of 31 October 1760, Frederick wrote to Voltaire: 'Peut-être dans peu vous pourrez vous amuser à faire mon épitaphe. Vous direz que j'aimai les bons vers, et que j'en fis de mauvais; que je ne fus pas assez stupide pour ne pas estimer vos talents; enfin vous rendrez de moi le compte que Babouc rendit de Paris au génie Ituriel' (D9367). Between 1785 and 1797, four imitations or pastiches, all with a strongly political slant but none of them with any literary merit, also appeared.[24] *Le Monde comme il va* has tended, though, to be overshadowed by the near-contemporaneous *Zadig* and other great *contes* of Voltaire's maturity as a writer of prose fiction. As I hope to show in this edition, however, the work lacks neither interest nor significance for his development of the genre.

[23] Nicolas Bricaire de La Dixmerie, *L'Ile taciturne et l'île enjouée* (Paris 1759). The work has recently been re-edited by Didier Gambert (La Rochelle 1995).

[24] *La Lune comme elle va, ou Anecdotes intéressantes pour les habitants des contrées profondes...* (Trivia [Paris] 1785); *Le Retour de Babouc à Persépolis, ou la Suite du Monde comme il va* (Concordopolis [Paris] 1789); *Le Fils de Babouc à Persépolis, ou le Monde nouveau* (Paris 1790); *Nouvelle vision de Babouc, ou la Perse comme elle va* (Paris 1796-an V-1797).

2. *Commentary*

Babouc's Scythian origin is a fact of some importance in the *conte*. Donna Isaacs Dalnekoff has noted that 'the Scythians were the semi-mythical noble savages of antiquity. They were associated with a simple and austere way of life and exemplary virtues, and had in addition the reputation for being wise thinkers.'[25] Voltaire's readership would have been aware of these traditional Scythian attributes. Dalnekoff's claim can be further refined. In *La Princesse de Babylone*, the narrator remarks: 'Point de villes en Scythie, par conséquent point d'arts agréables.'[26] The rural nature of Scythian life helps to explain Babouc's wonder before the marvels of the great city of Persepolis. Everything in this cosmopolitan milieu is new and strange to him. He is able to assess all that he beholds without *parti pris*, although the austerity of his native society somewhat colours his moral judgements. Above all, he is endowed with the objectivity of the good witness, of whom Sareil has remarked: 'On croira celui qui saura raconter avec ce détachement tous ces exemples de bêtise, d'intolérance, de fanatisme.'[27] Of course, such objectivity is guided and in that degree suspect: readers of the *conte* see what Voltaire wants them to see.

Babouc, like Micromégas, enjoys a huge advantage over the heroes of the more extended and later *contes*: he cannot be hurt by human beings. It is to some extent true that Ituriel, to whom Babouc is destined to report, 'nous est décrit en termes qui font penser, non à un représentant du Ciel, mais à un très puissant ministre',[28] but he does possess divine powers, some of which he

[25] Donna Isaacs Dalnekoff, 'Voltaire's *Le Monde comme il va*: satire on satire', *SVEC* 106 (1973), p.85-102 (p.91).

[26] *OC*, vol.66, p.134.

[27] Jean Sareil, 'Le rhythme comique, accélération et ralentissement dans les contes de Voltaire', *Colloque 76: Voltaire*, ed. Robert L. Walters (London [Ont.] 1983), p.141-54 (p.151).

[28] Jean Sareil, 'Les anges de Voltaire', *Kentucky Romance quarterly* 20 (1973), p.99-112 (p.101).

delegates to Babouc. In his mission Babouc benefits *ipso facto* from the protection and guidance of a higher power: '[N]e crains rien; tu seras partout bien reçu', Ituriel assures him (lines 13-14). For this reason Babouc's private destiny is of little interest. His personal qualities, moreover, are described in a perfunctory manner, in contrast to the lists of traits which Voltaire ascribes to other characters such as Zadig, Candide and the Ingénu. Babouc already possesses 'discernement'; Ituriel confers upon him 'le don d'inspirer la confiance' (line 13), and these qualities, together with his native Scythian attributes, are all he needs to discharge his mission to Persepolis. Zadig, Candide and the Ingénu possess virtues which automatically render them vulnerable in a wicked world – to the extent that they attract persecution and hostility. Unlike these characters, Babouc is an observer who can come to no harm. In his invulnerability he resembles the planetary visitors of *Micromégas* and, like them, enjoys what Van den Heuvel terms 'une parfaite immunité'.[29] Babouc beholds in others, but does not himself experience, emotions such as envy, greed, vindictiveness, lust and fanaticism – emotions that will make the lives of Zadig, Candide and the Ingénu such a misery through the threats, persecutions and betrayals they engender. In the character of Zadig we can mark the humanisation of the Voltairean hero for, as Van den Heuvel observes, 'Zadig, c'est Babouc qui n'aurait pu sauvegarder son immunité au milieu des désordres de Persépolis, et se serait vu contraint de se jeter dans la mêlée'.[30] And this, as a form of internal textual evidence, would seem to strengthen the argument that *Le Monde comme il va* was composed before *Zadig*.[31] In *Le Monde comme il va* Babouc passes judgement on the disorders around him – it is his mandate – but carefully bases his judgements on the observations he has made. An invulnerable

[29] *Romans et contes*, ed. Deloffre and Van den Heuvel, p.738-39.

[30] *Romans et contes*, ed. Deloffre and Van den Heuvel, p.739.

[31] Vaillot, *Voltaire en son temps*, i.567, claims that *Le Monde comme il va* 'apparaît, dans l'évolution de sa pensée, comme un maillon nécessaire entre *Micromégas* et *Zadig*'.

spectator on events, Babouc stands as the judge of human weaknesses.[32]

In a provocative article published in 1980, Roy S. Wolper subjects the text of *Le Monde comme il va* to a rigorous, not to say ferocious, deconstruction.[33] Wolper draws a sharp distinction between the views of Babouc the character and those of Voltaire the writer. According to Wolper, Babouc's verdict on the population of Persepolis – that it is 'poli, doux et bienfaisant' on the one hand, but 'léger, médisant et plein de vanité' on the other (lines 493-494) – is not sufficiently harsh in the light of what Babouc experiences and recounts in the *conte*. Wolper remarks that 'the balance (three on each side) suggests an equality that his experiences seem not to warrant'. He points out that, at the conclusion of a relatively brief stay, Babouc not only omits honesty, wisdom and virtue from the list of positive qualities he has encountered, but also provides a catalogue of shortcomings that is 'incomplete'. In Persepolis Babouc witnesses behaviour that is 'stupid', 'unclean' and 'hypocritical', and people who are 'guilty of sexual disorders', 'vainglorious', 'uncaring' and 'destructive'. Wolper claims that *Le Monde comme il va* is 'one of [Voltaire's] darkest and most ironic satires',[34] but such an interpretation of the *conte* does not command overwhelming conviction.

It is true that Voltaire sometimes wrote works that do not always provide an accurate reflection of his psychological state at the time of their composition. The abundance of dark episodes in *Candide* and *L'Ingénu*, for example, scarcely mirrors the great happiness he had found with Mme Denis at Ferney. As a contrastive parallel, one might cite the way in which Mozart and

[32] See Robin Howells, *Disabled powers: a reading of Voltaire's 'contes'* (Amsterdam 1993), p.29, where Howells, discussing the 'disponibilité' of Voltaire's characters, remarks that 'their motivation is far less important than their function', which is 'to encounter and review reality'.

[33] Roy S. Wolper, 'The final foolishness of Babouc: the dark centre of *Le Monde comme il va*', *Modern language review* 75 (1980), p.766-73.

[34] Wolper, 'The final foolishness of Babouc', p.770, 773.

Schubert were able to compose sublimely joyful music even when they knew that they were dying. It is interesting to note that two scholars who have a profound understanding of Voltaire's temperament, and who embrace a more biographical approach than Wolper, have reached conclusions that avoid Wolper's hyperbole but tend to sustain the general line of his argument. Van den Heuvel argues that while the spirit of *Le Mondain* triumphs in the *Le Monde comme il va*, 'ce triomphe n'est qu'une pirouette au bord du gouffre'.[35] In similar vein, René Vaillot observes that Voltaire was subject to 'pessimisme accru' during the period when he was writing *Le Monde comme il va* and *Zadig*.[36] It is possible, though, both to scrutinise the text of *Le Monde comme il va* and pay close attention to Voltaire's mental state at the time of its composition, and thereby reach rather different conclusions from the scholars mentioned.

Are the human frailties that Babouc observes and judges so atrocious? In the *conte* it is only in the section on war that the reader acquires any inkling that there are people who '[...] terminent sans secours / Dans l'horreur des tourments leurs lamentables jours', as Voltaire expresses it in the *Poème sur le désastre de Lisbonne* (M.ix.470). By the early 1740s he had found a certain serenity at Cirey, working with Mme Du Châtelet on projects dear to his heart, such as the assimilation and dissemination of Newtonian ideas. His *Discours en vers sur l'homme*, his most important work in verse of the late 1730s, expresses his confidence in progress, his optimism on both personal and cosmic levels, and his general benevolence towards humanity.[37] Despite his increas-

[35] Van den Heuvel, *Voltaire dans ses contes*, p.138.

[36] Vaillot, *Voltaire en son temps*, i.567.

[37] That is not to say that the *Discours* do not have a darker side – see Haydn T. Mason, '*Zadig* and the birth of the Voltaire *conte*', *Rousseau and the eighteenth century: essays in memory of R. A. Leigh*, ed. Marian Hobson, J. T. A. Leigh and Robert Wokler (Oxford 1992), p.283-94. While highlighting certain pessimistic elements in the poems and showing that 'a surface optimism covers underlying unease', p.285, Mason nonetheless asserts that '[i]t is undoubtedly true that the *Discours* tend generally towards a vindication of benevolent deism', p.287.

ing perplexity over the presence of evil in the world and the opaque nature of human conduct, his benign outlook could not have entirely dissipated by the time he began writing *Le Monde comme il va* – especially as, influenced by Mme Du Châtelet's adherence to the views of Leibniz, he must have wanted to retain his trust in them. This benevolent attitude shapes the very structure of the *conte*.

Vivienne Mylne notes that in the first six of Voltaire's *contes* 'the plot is built up, so to speak, by addition; the weight of the argument depends not on the elaboration of a single event, but on the cumulative effect of a series of actions [...] Babouc reviews one aspect of society after another before coming to his verdict.'[38] This observation serves as an admirable preface to an analysis of the structure of the *conte*. At the end of the first episode peace is achieved after a long period of military strife and Babouc, confident that Persepolis will be saved from 'ces vilains génies' (line 83), is free to explore the city. In the following sections Voltaire establishes a series of balances between favourable and unfavourable aspects of the city, which have been prefigured in the arrival of peace after war. Each balance is presented through Babouc's wavering perceptions and judgements. Thus, in the second episode, the physical ugliness of the quarter Babouc first enters, the gloomy church he views initially as a market for the sale of wicker chairs, the appalling cacophony of the music there, and, above all, his horrified discovery that bodies are still being buried in its precinct – a reminder to us that one of Voltaire's social preoccupations was public health and hygiene – all combine to convince Babouc that Persepolis is a 'vilaine ville' worthy of destruction (line 115). This first impression is counterbalanced in episode three. In the course of a stroll through the city Babouc discovers other, far more elegant churches where the music is of high quality, and he beholds splendid bridges, statues and buildings in the city centre – a further reminder that Voltaire

[38] Vivienne Mylne, 'Literary techniques and methods in Voltaire's *contes philosophiques*', *SVEC* 57 (1967), p.1055-80 (p.1058).

was very much a man 'pour qui le monde extérieur existe'. During a delightful dinner party the same evening, the accumulated counterbalancing effect of these favourable impressions leads Babouc to the conclusion: 'L'ange Ituriel se moque du monde de vouloir détruire une ville si charmante' (lines 148-149).

In the fourth and fifth episodes, Voltaire largely tips the balance towards an unfavourable verdict on the city. The apparent sexual promiscuity of the dinner guests, the sale of judicial offices and military commissions and the functions of the *fermiers généraux* profoundly shock Babouc and convince him that he is surrounded by 'des abîmes d'iniquité' (line 182). In the sixth episode, Voltaire introduces into the structure of the *conte* a temporary abeyance. Three sub-episodes are incorporated into the section and examined: Babouc's presence at the boring sermon; his visit to the theatre, where the performance moves him to tears and where he sees, backstage, the miserable circumstances of the principal actress; and the encounter with the merchant, who cheats him over the price of his purchases, but who returns the purse which Babouc had inadvertently left in the shop. Babouc judges the priest's sermon with an indulgence that is perhaps surprising. Voltaire's love of the theatre and his indignation at the way actors were treated in eighteenth-century France are evident in the second sub-episode; Babouc's act of charity towards the actress clearly reflects Voltaire's own feelings. Babouc's experience with the merchant allows Voltaire to exemplify further the liberal attitude in economic matters he had already expressed in the *Lettres philosophiques*, *Le Mondain* and the *Défense du Mondain*.[39] Significantly, he removes

[39] In a letter of reassurance, dated 16 May 1749, to Machault d'Arnouville, whose splendid establishment and lifestyle had been criticised in Voltaire's hearing by a person who had stressed the needs of the poor, Voltaire noted: 'Nous lui fermâmes la bouche en lui prouvant qu'il faut absolument qu'il y ait des pauvres, et que la magnificence d'une maison comme la vôtre suffisait pour faire vivre dans Paris deux cents ouvriers, au moins, de ce qu'ils gagnaient avec vous' (D3927). Such a view parallels that of the merchant in the *conte* and remained a constant of Voltaire's social *credo*, thus placing him firmly within the general trend of liberal economic thought in the Enlightenment. The episode is a further contribution by Voltaire to the major

the merchant from his personal hit-list '*après avoir un peu rêvé*'.[40] The episode, in particular its ending, acts as an appropriate preface to the three sections that follow. It reveals that Babouc is capable of exercising his 'discernement' and perceiving the good that exists in Persepolis, and it shows, above all, that he is prepared to change his mind when confronted with a persuasive argument.

At the beginning of the seventh episode Babouc is 'fort incertain sur ce qu'il devait penser de Persépolis' (line 272). By the end of the section, having witnessed the egotism, self-indulgence and factionalism of religious communities and having been the object of the efforts of different communities to recruit him to their cause, Babouc concludes in disgust that 'Ituriel avait de bonnes raisons pour détruire toute cette engeance' (lines 304-305). The soirée which he attends in the subsequent episode, in the company of men of letters, consolidates such a view and leads him to pass from the particular to the general. After observing their parasitical attitudes and envious backbiting, his view is that 'il n'y aurait pas grand mal, quand cette vermine périrait dans la destruction générale' (lines 326-327). It appears that Babouc's hesitations are at an end and that he will recommend to Ituriel the obliteration of the entire population of Persepolis. Episode nine, however, provides the *conte*'s turning-point. Babouc's crucial encounter with the 'vieux lettré' will enable him progressively to modify his pessimistic view of Persepolis.[41] The 'vieux lettré' acts as the catalyst for the more nuanced and clear-sighted view of the city that Babouc adopts. The

---

eighteenth-century debate on luxury. On this, see above all André Morize, *L'Apologie du luxe au XVIIIe siècle et 'Le Mondain' de Voltaire* (Paris 1909), as well as Haydn T. Mason, 'Voltaire and luxury', *Studi filosofici* (1981), p.183-201, and John Pappas, 'Voltaire et le luxe: une mise au point', *Colloque 76: Voltaire*, p.83-94.

[40] Line 271 (my italics).

[41] Voltaire trusts elderly men of letters, perhaps a self-identification. See the 'vieux lettré chinois' in the sixth of the *Discours en vers sur l'homme* who poses a number of metaphysical questions and remains unconvinced by the angel's answers to them (*OC*, vol.17, p.517-19). Significantly, the 'vieux lettré' of the *conte* supplies answers that largely clarify Babouc's doubts, which may be a sign of Voltaire's increasing confidence in his powers of resolving seemingly intractable dilemmas.

civilised, urbane and virtuous discourse of the 'vieux lettré' and his friend impels Babouc to spare certain inhabitants from the general destruction which he has tentatively decided on. It is the crucial breakthrough and a decisive moment in the process of education that Babouc, like all the heroes of Voltaire's *contes*, experiences. Thanks to the counsel of the 'vieux lettré', Babouc learns, as he reappraises or meets again with soldiers, priests, financiers, lawyers and men of letters, that even if goodness is concealed by more obvious manifestations of evil, it always exists, often in the same person and sometimes as the reverse face of those very manifestations of evil. He learns, in fact, to be wary of *prima facie* judgements. Such judgements, indeed, tend to be subjective and are liable to reflect the devices and desires of those judging, rather than any equitable assessment of those who are judged. The 'homme d'Etat' of episode eleven is perceived by those waiting for an audience with him in terms of their own personalities and concerns. When Babouc meets him, their appraisals are belied by the elderly and disillusioned minister's humility and devotion to duty. It is clear from this that superficial judgements of the particular may lead to grossly inaccurate and unjust assessments of the whole. Sympathetic insight, pertinently deployed, does not permit wholesale condemnation of individuals, nor of an entire society.

Having been convinced by the 'vieux lettré' that every apparent evil has its good side and that paradoxical conduct can have a perfectly natural, and human, explanation, Babouc finds a resolution for almost all his concerns. There remains, however, the question of the free relationships between the sexes. At the end of the dinner party in episode four Babouc was greatly disturbed to discover that open marriage appeared to be the norm. This arrangement, in his eyes, could lead only to 'jalousie', 'discorde' and 'vengeance' (lines 158-159), in short, to domestic and social disorder. Babouc's disapproval of such promiscuity echoes that of Usbek in the *Lettres persanes* when confronted with similar *mores*. Two further dinner parties in the twelfth and final section convince him of the wrongheadedness and excessive austerity of his views.

Not only are the citizens he meets relaxed in their attitudes towards extra-marital relationships, evincing an *insouciance* bordering on innocence in this area of their lives, but the liaisons themselves are clearly founded upon mutual affection, loyalty and trust and are conducive to virtuous action. Although Babouc's attitudes evolve during the action of the *conte* from austerity in the direction of urbane indulgence,[42] Voltaire may have felt that his argument in the matter of sexual relations was overly lenient. For this reason he curtails Babouc's blossoming relationship with 'la belle Téone' – almost certainly a sublimation of Voltaire's own liaison with Mme Du Châtelet – in which the Scythian takes such pleasure that he risks forgetting the purpose of his mission. Moreover, Voltaire wishes to bring his concise tale to a prompt conclusion. He prevents the mutual attraction between Babouc and Téone from flowering and becoming the kind of motivation that drives the action and prolongs *Zadig*, *Candide*, *L'Ingénu* and other *contes*. Although he adumbrates love as a beneficent force and a vehicle for plot, Voltaire makes Babouc's plea to Ituriel to spare the inhabitants of Persepolis the final element in the structure of the tale.

Before engaging with the conclusion of *Le Monde comme il va*, which will clearly condition our interpretation of the whole story, we should attempt to assess Voltaire's frame of mind in the mid- to late 1740s. He of course enjoyed triumphs in the period 1744 to 1747, but these were undoubtedly counterbalanced by vicissitudes, especially in the second half of the decade. He nonetheless persisted in believing that God is in His Heaven and, while he knew that all was not right with the world, he was convinced that wrongs are rectifiable and that human beings, if not perfectible, can at least be made better. Society must be viewed with a clear-eyed gaze, foibles must be exposed, injustice must not be tolerated or exonerated, but a certain indulgence in making moral judgements on both individuals and societies is permissible. No society

[42] As Pomeau has remarked: 'Le Scythe a été conquis par les séductions de la "capitale infâme". Il est devenu Parisien' (*Romans et contes*, p.94).

is characterised by irredeemable corruption and degradation, and so the generally progressive trend of the times can be supported. It is true that in *Zadig*, and indeed in *Le Monde comme il va*, Voltaire had begun to confront the problem of evil – a meditation which dented his Leibnizian optimism without entirely purging it from his system. Even during the darker days that followed – encompassing, for example, Mme Du Châtelet's betrayal with Saint-Lambert and her subsequent death, and Voltaire's uncomfortable coexistence with Frederick in Berlin and Potsdam, Voltaire never descended into a state of permanent dejection. Hellegouarc'h's view that by 1747 Voltaire's tone 'est devenu amer et tranchant' seems overstated in the light of his creative writings of the time.[43] Voltaire's intellectual resilience and a certain gaiety of mind always overcame his feelings of bitterness. In January 1753, at a moment when relations with Frederick had taken a turn for the worse, Voltaire could still write to Formey: 'Croyez-moi, la vie est courte, il vaut mieux boire ensemble que de se houspiller' (D5172) – a remark whose spirit is not far different from that of the ending of *Le Monde comme il va*. Even at the end of the 1750s, the views of the character Martin in the more sombre tale *Candide*, while undoubtedly helping to shape the intellectual stance of its conclusion, represent a position that is merely a passing temptation rather than a viable philosophy of life. Writing of two stories of the 1740s, *Zadig* and *Micromégas*, Henri Bénac has noted their 'luminosité souriante'.[44] The expression seems equally well suited to *Le Monde comme il va*.

The last paragraph of *Le Monde comme il va* is of fundamental significance. Babouc holds up before Ituriel a statue made of valuable and base metals, earth, and precious and common stones, and asks whether Ituriel would destroy it because 'tout n'y est pas or et diamants' (line 501). Ituriel understands Babouc's meaning at once ('Ituriel entendit à demi-mot', line 501) and refuses to destroy the statue. In this he symbolically rejects the idea of destroying

[43] Hellegouarc'h, 'Mélinade ou la duchesse du Maine', p.734.

[44] Voltaire, *Romans et contes*, ed. Henri Bénac (Paris 1949), p.iv.

Persepolis. On balance – and it is here that Babouc's 'discernement' plays its essential role – Babouc has judged that the city does not deserve destruction. He has weighed the failings of the city against its merits, and found the failings to be of less importance. Persepolis contains a promise of betterment. Ituriel's decision not to obliterate the city is rational, wise and just, and his urbane comment (lines 503-504): '*Si tout n'est pas bien, tout est passable*' is decidedly uncharacteristic of the avenging angels and unforgiving prophets of the Old Testament on whom he had seemed to be modelled. Ituriel's is not a voice crying in the wilderness that the crooked should be made straight, and the rough places plain. Ituriel's espousal of clemency is a reflection of Voltaire's own attitude – and is one to which even in later and darker times, according to Mason, Voltaire ultimately always returned.[45] In their displays of tolerance Babouc and Ituriel provide models of behaviour for a future society that may come to pass, as Voltaire puts it in his more sombre tale *Histoire des voyages de Scarmentado*, in 'le temps funeste de la modération et de l'indulgence' (M.xxi.127). The rejection by Babouc and Ituriel of a simplistic and draconian solution to a complex problem echoes Voltaire's own rejection of all forms of crude dualism. As Jean Dagen observes: '[Voltaire] met en garde son lecteur contre la tentation que représente en permanence le recours au schéma dualiste, contre la fallacieuse, la spécieuse logique du blanc ou noir, du pour ou contre.'[46] If the mercurial nature of Voltaire's temperament is a source of many of the apparent contradictions in his work, it also underlies his determination to retain an open and inquiring mind. Through his vacillations Babouc shows himself to be a faithful disciple of his creator. Voltaire regards the reduction of the complex to the monolithic as a distortion of reality, and allows it to form no part of his agenda.

45 Voltaire, *Zadig and other stories*, ed. Haydn T. Mason (Oxford 1971), p.257, n.34.

46 Jean Dagen, 'De la contradiction selon Voltaire', *Voltaire en Europe: hommage à Christiane Mervaud*, ed. Michel Delon and Catriona Seth (Oxford 2000), p.273-81 (p.273). Voltaire explicitly mocks any dualistic approach in *Le Blanc et le noir*.

The final paragraph of *Le Monde comme il va* does not end with Ituriel's verdict. Voltaire added the last two sentences of the text, beginning 'On laissa donc subsister Persépolis', in 1752. The two sentences contrast Babouc's glad endorsement of the city's reprieve with Jonah's chagrin at Yahweh's refusal to annihilate Nineveh. The addition has been called clumsy by Mason.[47] While it offers a lesson in tolerance and a criticism of the Old Testament morality of punishment and vengeance, it does not take account, as Mason notes, that the story of Jonah in fact reveals God's mercy. But on stylistic grounds alone, was it not excessively abrupt to end the story with Ituriel's verdict? This sensitivity to style may well have prompted Voltaire to embed the verdict more securely and give the *conte* a more rounded ending. Moreover, it could be said that the apparent change of tone betokens an implicit message to the reader as to the way Voltaire intends his tale to be read. In one of his better insights into Voltaire, Roland Barthes claimed that 'nul mieux que lui n'a donné au combat de la Raison l'allure d'une fête'.[48] Can we not then interpret the added ending as a signal to the reader to interpret the *conte* as a *divertissement* – one which concludes with visits to the opera and the theatre, and dinner in agreeable company – that nonetheless incorporates a powerful critique of Parisian society? The light tone of the 1752 addition underlines the optimistic message of the *conte*: the belief that constant striving, together with a ready acceptance of life's pleasures, may lead to betterment of the human lot. The reader of *Le Monde comme il va* is well advised to respect this signal in the conclusion to the *conte*, as it alludes to one of Voltaire's enduring convictions.

The subtitle of the work – 'vision de Babouc, écrite par lui-même' – has attracted a certain amount of scholarly attention. Sareil speaks of 'ce sous-titre mystérieux, qui semble n'avoir d'autre utilité que de donner une explication pseudo-logique à

[47] *Zadig and other stories*, ed. Mason, p.257, n.35.

[48] Roland Barthes, 'Le dernier des écrivains heureux', *Essais critiques* (Paris 1964), p.94-100 (p.95).

l'enquête entreprise par Babouc',[49] while Menant, noting that the subtitle is 'difficile à expliquer' continues: 'D'une part, seul le premier paragraphe, à la rigueur, correspond à une vision. D'autre part, rien dans le texte n'illustre l'idée que le récit est fait par Babouc.'[50] It is the word 'vision' that creates the greatest problem. One might suggest, tentatively, that Babouc dreams, or at the very least recapitulates in his mind, the events of the tale after experiencing them but before committing them to paper. Babouc's account, it should be noted, is not destined for Ituriel, who has to formulate his judgement on the basis of a symbol, the statue, which constitutes Babouc's verdict. The tale is what Babouc, contemplating his experiences in retrospect, would have composed had he been required by Ituriel to submit a report in writing. Aside from the pseudo-exotic background, however, there is very little that is dream-like about the story. In *Le Taureau blanc* (in which, it may be noted, Ituriel makes a reappearance) Princess Amaside seems to echo Voltaire's distrust of the fictional dream when she declares: 'Je veux qu'un conte soit fondé sur la vraisemblance, et qu'il ne ressemble pas toujours à un rêve' (M.xxi.506). By including the word 'vision' in the subtitle of *Le Monde comme il va*, Voltaire probably sought to associate the *conte* with the dream-like tales of *Les Mille et une nuits*. The *conte* is, however, predominantly realistic in quality, and the word acts therefore as a kind of snare for the unwary reader.

What are we to make of the fact that Babouc relates his 'vision' in the third person? Howells surmises that 'Voltaire is less than happy using first-person narration, which tends to deny him the aesthetic distance needed for his art'.[51] This, however, is to ignore the first-person narration used in the *Histoire des voyages de Scarmentado*, which bears the subtitle 'écrite par lui-même'. It should be noted though that Scarmentado is much more of a protagonist than Babouc, whose main role is that of observer.

[49] Sareil, 'Les anges de Voltaire', p.101.

[50] *Contes en vers et en prose*, i.428, n.5.

[51] Howells, *Disabled powers*, p.38.

Pearson proposes that Voltaire makes use of third-person narration in *Le Monde comme il va* 'perhaps to suggest the distance between Babouc and his dream self',[52] an ingenious solution with Jungian echoes which, however, fails to account for Babouc's far from introspective nature. The reporting function of the work cannot be overlooked and reports are rarely written in the first person. But Voltaire is perhaps doing no more than conforming to convention. *Pace* the *Histoire des voyages de Scarmentado*, short fiction in French from the Renaissance onwards was traditionally recounted in the third person, the narration being conducted from the standpoint of a privileged witness to the action or of an intimate of another previous narrator. It was in the more extended novel form, as it developed in the eighteenth century, that first-person narration progressively became acceptable. The *conte* generally remained loyal to its Renaissance roots. The effect of the third-person narration in *Le Monde comme il va* is to minimise Babouc's personality and his function as a protagonist, and to emphasise his role as an impartial witness – which is as Babouc the narrator, and Voltaire, intend.

Voltaire borrows the title of his *conte* from *The Way of the World* by William Congreve – whom Voltaire had met during his stay in England.[53] The hero and heroine of that play, Mirabell and Mistress Millament, after much sparring, found an enduring relationship on a clear-sighted appreciation of one another's flaws. Echoing this compromise, Voltaire in his *conte* suggests to his contemporary readers that if they balance the defects of Parisian society with its virtues they will conclude that a decent life is possible there. The failings of society which are described in the *conte* – brutal warfare, unclean practices, indifference to suffering, hypocrisy, literary and ecclesiastical rivalry, and so on – will not be forgotten by Voltaire, but will become the object of further investigation in his later works. If we look at the *contes* in

[52] Pearson, *The Fables of reason*, p.98.

[53] René Pomeau, *D'Arouet à Voltaire*, *Voltaire en son temps*, i.194.

sequence, the interim nature of the conclusion to *Le Monde comme il va* becomes apparent. The epicurean pleasures of Paris may be enjoyed for a time, before more thorough judgements are delivered on the social evils identified in the *conte*. Theodore Braun observes that the meaning of *Zadig* 'is to be found in the tensions created by the questioning attitude of the main character rather than in any single incident or episode'[54] – a remark that applies equally well to *Le Monde comme il va*. The questioning attitude is intended, however, to lead at last to concrete conclusions. The reckoning, or series of reckonings, is delayed, rather than suspended *sine die*. In *Le Monde comme il va* Voltaire lays down markers identifying personal vices, professional abuses and social ills, to say nothing of the anguish of the human condition, which he will examine assiduously in the great *contes* of his maturity as a writer of prose fiction.

3. *Editions and translations*

Voltaire first published *Le Monde comme il va, vision de Babouc, écrite par lui-même* in 1748, in volume 8 of the Walther edition of his works. The name of the protagonist appears as 'Babouë' throughout the text. The name was corrected to 'Babouc' in the single-volume *Recueil de pièces en vers et en prose, par l'auteur de la tragédie de 'Sémiramis'*, published by Lambert in Paris in late 1749 (stated, however, as Amsterdam, in 1750).[55] The name appears thus in all subsequent editions, except for the 1752 Walther edition of the *Œuvres*, where it is written 'Baboue'. In the *Recueil*, the title is simply *Babouc, ou le monde comme il va*, an abbreviated form also used for the text as it appears in successive issues of Jeanne-Marie Leprince de Beaumont's *Le Nouveau Magasin français, ou Bibliothèque instructive et amusante*, published in London in February,

[54] Theodore E. D. Braun, 'Voltaire, *Zadig*, *Candide* and chaos', *SVEC* 358 (1997), p.1-20 (p.8).

[55] This was almost certainly the 'petit recueil' sent by Voltaire to Frederick the Great together with a letter dated 31 December 1749 (D4081). The work had therefore appeared late in that year.

March and April of 1750. Mme de Beaumont may well have had the Walther text to hand in preparing the serialised form of the *conte*, but on textual evidence it seems more likely that she used the work as it appeared in the *Recueil*. Lambert retained the abbreviated title in his eleven-volume *Œuvres de M. de Voltaire* of 1751, but the full title, largely as it appears at the head of this paragraph, was used in all subsequent editions published in Voltaire's lifetime. In the editions in which Voltaire directly participated prior to those of 1756-1757, there exist several significant deletions and additions; notable among the latter are the four lines that now conclude the text and that inevitably feature in any interpretation of it. The last important change made was, in the Cramer edition of 1756, to suppress the chapters into which the text had been divided since the *princeps* edition; the resultant breaks were indicated by a row of asterisks, which has remained the convention ever since, although the Kehl edition suppressed both the chapter headings and the rows of asterisks. Of modern editors only Van den Heuvel, who uses the 1756 edition as his base text, has nonetheless retained the chapter headings.

After 1756, apart from Voltaire's hesitations over individual words and minor corrections of spelling and punctuation, the text is in effect fixed. We have taken as our base text that which appeared in volume 31 of the Cramer edition of 1775, known as the *encadrée* edition, the last complete edition that Voltaire authenticated. As volume 31 is missing from the set of this edition to which Voltaire added emendations (the Ferney set, now in St Petersburg), the 1775 Paris text in the public domain must be considered the final version of *Le Monde comme il va*. In choosing this edition as the base text, I subscribe to Samuel Taylor's view that 'the volumes missing from the Ferney set were never revised by Voltaire' and thus that 'however scrupulous the editors may have been, the status of all advances in the Kehl text beyond that of the 1775 *encadrée* remains suspect',[56] or, as W. H. Barber expresses it, 'the 1775 "édition encadrée" [...] represents the nearest thing to a final state of Voltaire's text authenticated by the author'.[57] The more significant variants of the period 1748-1756 are discussed in the notes to this edition. While I have reproduced the asterisks which appear between episodes in the *encadrée*

[56] Samuel Taylor, 'The definitive text of Voltaire's works: the Leningrad *encadrée*', *SVEC* 124 (1974), p.7-132 (p.21-22, 17).

[57] W. H. Barber, 'On editing Voltaire', *SVEC* 242 (1985), p.491-502 (p.496).

edition, I have also included as variants the chapter numberings from earlier editions.

Editions

W48D

Œuvres de Mr. de Voltaire. Dresde: Walther, 1748-1754. 10 vol. 8°.

'Le Monde comme il va, vision de Baboue, écrite par lui-même', volume viii, p.[83]-108.

The *princeps* edition.

Bengesco 2129; Trapnell 48D; BnC 28-35.

Oxford, Taylor: V1 1748 (8). Paris, BnF: Rés. Z Beuchot 12 (3).

RP50

Recueil de pièces en vers et en prose, par l'auteur de la tragédie de Sémiramis. Amsterdam [Paris: Lambert], 1750 [1749]. 1 vol. 12°.

Almost certainly produced with Voltaire's participation.

'Babouc, ou le monde comme il va', p.84-116.

Bengesco 2197; BnC 384.

Oxford, Taylor: V2 1750. Paris, BnF: Rés. Z Bengesco 228 (2).

NMF50

Le Nouveau Magasin français, ou Bibliothèque instructive et amusante. Par madame L. P. de Beaumont. Londres: François Changuion, 1750. 8°.

'Babouc ou le monde comme il va. Par M. de Voltaire' (February 1750), p.68-71 [ch.1-3].

'Suite de Babouc; Par M. de Voltaire' (March 1750), p.107-12 [ch.4-9].

'Conclusion de Babouc, Par Monsieur de Voltaire' (April 1750), p.141-44 [ch.10-12].

The pagination of *Le Nouveau Magasin français* is continuous from one month to the next. Mme de Beaumont added notes to the February instalment of the *conte*. As Voltaire evidently took heed of them, they have been reproduced in full in the critical apparatus of this edition.

A manuscript copy of the *conte*, made by 'un nommé Gauthier' after the version that appears in *Le Nouveau Magasin français*, exists in the Bibliothèque nationale (ms.fr.25646, p.355-70). Forming part of a collection of copied writings from this period, and containing a number of errors of transcription, this manuscript cannot be considered as providing any significant additional information about the text of the *conte*.

Bengesco 1417; BnC 2918-2919.

Leeds University Library: Special Collections, Buckmaster 2 NOU. Paris, BnF: Rés. Z Beuchot 974 (1) and Rés. Z Beuchot 166 *bis*.

W51

Œuvres de M. de Voltaire. [Paris: Lambert], 1751. 11 vol. 12°.

Based on W48D with additions and corrections.

'Babouc, ou le monde comme il va', volume viii, p.[231-34, 184-212].

Pagination runs from 232 to 234, where it changes to 184 and continues in sequence to 212.

Bengesco 2131; Trapnell 51P; BnC 40-41.

Oxford, Taylor: V1 1751 (8). Paris, Arsenal: 8° B 13057.

W52

Œuvres de Mr. de Voltaire. Dresde: Walther, 1752. 9 vol. 8°.

Based on W48D with revisions.

'Le Monde comme il va, vision de Babouc, écrite par lui-même', volume iv, p.[85]-108.

Bengesco 2132; Trapnell 52; BnC 36-38.

Paris, BnF: Rés. Z Beuchot 14 (4).

W56

Collection complette des œuvres de Mr. de Voltaire. [Genève: Cramer], 1756. 17 vol. 8°.

The first Cramer edition.

'Le Monde comme il va, vision de Babouc, écrite par lui-même', volume v (*Suite des mélanges de littérature, d'histoire et de philosophie*), p.151-74.

The *conte* appears under the heading 'Chapitre soixante-quatrième'.

Bengesco 2133; Trapnell 56, 57G; BnC 55-56.

Paris, Arsenal: 8° B 34048 (5); BnF: Z 24585.

W57G1

Collection complette des œuvres de M. de Voltaire. [Genève: Cramer], 1757. 10 vol. 8°.

A revised edition of W56.

'Le Monde comme il va, vision de Babouc, écrite par lui-même', volume v (*Suite des mélanges de littérature, d'histoire et de philosophie*), p.151-74.

The *conte* appears under the heading 'Chapitre soixante-quatrième'.

Bengesco 2134; Trapnell 56, 57G; BnC 67.

Paris, BnF: Rés. Z Beuchot 21 (5).

W57P

Œuvres de M. de Voltaire. [Paris: Lambert], 1757. 22 vol. 12°.

Based in part on W56.

'Le Monde comme il va, vision de Babouc, écrite par lui-même', volume viii (*Mélanges de littérature, d'histoire et de philosophie*), p.273-303.

Bengesco 2135; Trapnell 57P; BnC 45.

Paris, BnF: Z 24649.

R64

Recueil des romans de Monsieur de Voltaire. [Paris], 1764. 2 vol. 12°.

The first collected edition of the *contes*, not authorised by Voltaire.

'Le Monde comme il va, vision de Babouc, écrite par lui-même', volume i, p.[4]-48.

Bengesco 1517; BnC 2509.

Paris, BnF: Y2 73747.

W64G

Collection complette des œuvres de M. de Voltaire. [Genève: Cramer], 1764. 10 vol. 8°.

A revised edition of W57G.

'Le Monde comme il va, vision de Babouc, écrite par lui-même', volume V (*Suite des mélanges de littérature, d'histoire et de philosophie*), p.153-76.

The *conte* appears under the heading 'Chapitre soixante-cinquième'.

Bengesco 2133; Trapnell 64; BnC 89.

Oxford, Merton College; Taylor: VF.

W70G

Collection complette des œuvres de M. de Voltaire. [Genève: Cramer], 1770. 10 vol. 8°.

A new edition of W64G with few changes.

'Le Monde comme il va, vision de Babouc, écrite par lui-même', volume V (1), p.153-76.

Bengesco 2133; Trapnell 70G; BnC 90.

Oxford, Taylor: V1 1770G/1. Paris, Arsenal: 8 BL 34054.

W68 (1771)

Collection complette des œuvres de M. de Voltaire. [Genève: Cramer; Paris: Panckoucke], 1768-1777. 30 vol. 4°.

The Cramer quarto edition. Volumes i-xxiv were produced under Voltaire's supervision.

'Le Monde comme il va, vision de Babouc, écrite par lui-même', volume xiii (*Romans, contes philosophiques, etc.*), p.64-79.

Bengesco 2137; Trapnell 68; BnC 141.

Oxford, Taylor: VF.

W70L (1772)

Collection complette des œuvres de M. de Voltaire. Lausanne: Grasset, 1770-1781. 57 vol. 8°.

Some volumes were produced with Voltaire's participation.

'Le Monde comme il va, vision de Babouc, écrite par lui-même', volume xxiv, p.189-212.

Bengesco 2138; Trapnell 70L; BnC 149.

Oxford, Taylor: V1 1770 L (24). Paris, Arsenal: 8 BL 13060 (6).

R75

Romans et contes philosophiques, par M. de Voltaire. Londres [Rouen: Machuel], 1775. 2 vol. 12°.

No evidence of Voltaire's participation.

'Le Monde comme il va, vision de Babouc, écrite par lui-même', volume i, p.158-75.

Bengesco 1520; BnC 2510.

Oxford, Taylor: V1 1775 (31B). Paris, BnF: Y2 73786.

W75G

La Henriade, divers autres poèmes et toutes les pièces relatives à l'épopée. [Genève: Cramer & Bardin], 1775. 37 vol. (40 vol. with the *Pièces détachées*). 8°.

The *encadrée* edition, the last to be reviewed by Voltaire.

'Le Monde comme il va, vision de Babouc, écrite par lui-même', volume xxxi (*Romans philosophiques; Eléments de Newton, précédés et suivis de divers morceaux intéressants*, i), p.74-91.

This provides the base text of the present edition.

Bengesco 2141; Trapnell 75G; BnC 158-161.[58]

Oxford, Taylor: VF.

R78

Romans et contes de M. de Voltaire. Bouillon: Société, 1778. 3 vol. 8°.

No evidence of Voltaire's participation.

[58] On this edition and on the unauthorised edition W75X, see J. Vercruysse, *Les Editions encadrées des Œuvres de Voltaire de 1775*, *SVEC* 168 (1977).

'Le Monde comme il va, vision de Babouc, écrite par lui-même', volume i, p.101-47.

A curiosity: this edition arbitrarily divides the text into 17 chapters, each chapter being given a title. The 1752 ending is omitted.

Bengesco 1522; BnC 2512.

Oxford, Bodleian: Douce VV 153. Paris, BnF: Rés. P Y2 1809.

K

Œuvres complètes de Voltaire. [Kehl:] Société littéraire-typographique, 1784-1789. 70 vol. 8°.

The first issue of the Kehl edition, based in part upon Voltaire's manuscripts.

'Le Monde comme il va, vision de Babouc, écrite par lui-même', volume xliv, p.103-23.

In this edition the *conte* contains no chapter or section breaks.

Bengesco 2142; BnC 167.

Oxford, Taylor: VF. Paris, BnF: Rés. P Z 2209 (44).

Translations[59]

Danish

Verden som den er Eller Babucs Syn. Sorøe, 1758.

Dutch

Mengelwerken van Wysbegeerte Geschied- en Letterkunde door den Heer de Voltaire, trans. Hendrik Beman. Rotterdam, 1768. 2 vol.

An extract from *Le Monde comme il va* appears in volume i.

59 Bibliographical information has been derived from the following sources: H. B. Evans, 'A provisional bibliography of English editions and translations of Voltaire', *SVEC* 8 (1959), p.9-121; Theodore Besterman, 'A provisional bibliography of Scandinavian and Finnish editions and translations of Voltaire', *SVEC* 47 (1966), p.53-92; J. Vercruysse, 'Bibliographie provisoire des traductions néerlandaises et flamandes de Voltaire', *SVEC* 116 (1973), p.19-64.

English

Babouc; or The world as it goes. By Monsieur de Voltaire. London, 1754.

Babouc; or The world as it goes. By Monsieur de Voltaire. Dublin, 1754.

Select Pieces of M. de Voltaire, trans. Joseph Collyer. London, 1754. 'Babouc; or, The world as it goes', p.97-120.

The Works of M. de Voltaire, trans. T. Smollett and others. London, 1761-1764. 23 vol. 'The World as it goes, the vision of Babouc', volume xi.

Russian

Svet kakov est' videnie Babuka pisannoe im samim. St Petersburg, 1765.

4. *Principles of this edition*

The base text is W75G. Variants are drawn from W48D, RP50, NMF50, W51, W52, W56, W57G, W57P, W64G, W68, W70G and K.

Treatment of the base text

The spelling of all proper names in the base text has been respected. In the base text, the names of personages, whether human or supernatural, are italicised; this italicisation has been suppressed. The original punctuation has been retained, except in the title, where the comma after 'va' and the final full stop have been omitted, and in the text, in regard to asterisks. Each episode in the base text is separated from the next by a row of eight stylised asterisks; three asterisks only have been used in this edition.

The following aspects of orthography and grammar in the base text have been modified to conform to modern usage:

I. Spelling

1. Consonants

- *d* was not used in: entens.
- *p* was not used in: tems, nor in its compound: longtems.
- *t* was not used in syllable endings *-ans* and *-ens*: diamans, expirans, flottans, habitans, intrigans, jugemens, pedans, retentissans, sanglans, touchans, vivans.
- double consonants were used in: s'appercut, jetta, jettèrent.
- a single consonant was used in: pêles (for: pelles).

2. Vowels

– *y* was used in the place of *i* in: aye, ayent, employe, gayeté, satyres.

II. Accents

1. The acute accent

– was used in: chérement, dixiéme, familiérement, fiérement, fléche, lévres, trentiéme, troisiéme.
– was used in place of the circumflex in: téte.
– was not used in: etage, pedans.

2. The circumflex accent

– was used in: pêles (for: pelles), plûpart, toûjours.
– was not used in: ame, connoit, diner, grace(s), symptomes.

3. The dieresis

– was used in: concluë, jouës, lieuës, plébëïens, réjouïr.

III. Capitalisation

– initial capitals were attributed to: dieux, état, madame.
– initial capitals were attributed to adjectives denoting nationality: Persan(e), Indien(ne).

IV. Points of grammar

– the cardinal number *cent* was invariable.
– the final *–s* was not used in the second person singular of the imperative: crain.
– the plural in *–x* was used in: loix.

V. Various

– the ampersand was used.
– the hyphen was used in: à-peu-près, aussi-bien, aussi-tôt, De-là, genre-humain, grand(s)-homme(s), mal-honnêtes, mal-propres, par-là, sont-ce-là, tour-à-tour, tout-d'un-coup.
– the hyphen was not used in: par derrière, par devant.
– the form *encor* was used consistently.
– the form *patétique* was used.
– the form *entr'eux* was used.
– the form *guères* was used.

LE MONDE COMME IL VA

Vision de Babouc, écrite par lui-même

Parmi les génies, qui président aux empires du monde, Ituriel[1] tient un des premiers rangs, et il a le département de la haute Asie. Il descendit un matin dans la demeure du Scythe Babouc[2] sur le rivage de l'Oxus,[3] et lui dit, Babouc, les folies et les excès des Perses ont attiré notre colère; il s'est tenu hier une assemblée des génies de la haute Asie, pour savoir si on châtierait Persépolis, ou si on la détruirait. Va dans cette ville, examine tout; tu reviendras m'en rendre un compte fidèle; et je me déterminerai, sur ton rapport, à corriger la ville ou à l'exterminer. Mais, Seigneur, dit humblement Babouc, je n'ai jamais été en Perse; je n'y connais personne. Tant mieux, dit l'ange, tu ne seras point partial; tu as reçu du ciel le discernement, et j'y ajoute le don d'inspirer la confiance;

a-b RP50, NMF50, W51: Babouc, ou le monde comme il va [NMF50 *adds*: Par M. de Voltaire / Chap. I]

b W48D: Baboue

b-1 W48D, RP50, W51, W52: [*insert*] Chapitre I

3 W48D, NMF50, RP50: Scite

W48D: Babouë [*passim*]

4 W48D: de l'Onun,

7 W48D: la détruisait.

12 RP50, NMF50, W51: discernement, c'est un assez beau présent, et

[1] The name has a slightly biblical resonance – compare with Ithiel in the Book of Proverbs. The *merveilleux* associated with angels in Voltaire's other *contes* only appears in so far as Ituriel enjoys absolute power over his 'département' and can afford Babouc total protection. Ituriel reappears in chapter 9 of *Le Taureau blanc*. In the serpent's 'fable' recounted to Princess Amaside, it is he, in his capacity as an angel, who grants the three prophets the privilege of becoming kings and of satisfying their 'passions dominantes' (M.xxi.507-508).

[2] As Menant notes (*Contes en vers et en prose*, i.428, n.7): 'Le nom de Babouc est emprunté à la Bible (Livre d'Esdras: Baqbuq) ou aux *Mille et une nuits* (Bacbouc ou l'innocent [...])'.

[3] In modern French: Amoudaria.

marche, regarde, écoute, observe, et ne crains rien; tu seras partout bien reçu.

Babouc monta sur son chameau, et partit avec ses serviteurs. Au bout de quelques journées il rencontra vers les plaines de Sennaar[4] l'armée persane qui allait combattre l'armée indienne.[5] Il s'adressa d'abord à un soldat, qu'il trouva écarté. Il lui parla, et lui demanda, quel était le sujet de la guerre? Par tous les dieux, dit le soldat, je n'en sais rien. Ce n'est pas mon affaire; mon métier est de tuer et d'être tué pour gagner ma vie; il n'importe qui je serve. Je pourrais bien même dès demain passer dans le camp des Indiens, car on dit qu'ils donnent près d'une demi-drachme de cuivre[6] par jour à leurs soldats de plus que nous n'en avons dans ce maudit service de Perse. Si vous voulez savoir pourquoi on se bat, parlez à mon capitaine.[7]

Babouc ayant fait un petit présent au soldat, entra dans le camp. Il fit bientôt connaissance avec le capitaine, et lui demanda le sujet de la guerre. Comment voulez-vous que je le sache? dit le capitaine; et que m'importe ce beau sujet? J'habite à deux cents lieues de Persépolis; j'entends dire que la guerre est déclarée; j'abandonne aussitôt ma famille, et je vais chercher, selon notre

32-33 K: selon ma coutume

[4] The biblical name for the Chaldean empire, of which Babylon was the capital.

[5] Babouc's first encounter with the Persian society he has been sent to judge features the Persians engaged in warfare. The parallel with Candide immediately after his expulsion from the château is unavoidable.

[6] A coin of little value.

[7] The actual fighting in eighteenth-century wars was largely done by mercenaries, which explains the soldier's indifference to the cause of the war. The captain in the following paragraph shares this attitude, although he, as a young and idle aristocrat, is exercising one of the few professions open to him. The amoral and wholly self-interested approach of the soldier prefigures the behaviour of the sailor in chapter 5 of *Candide* and serves as a reminder that Voltaire's distrust and fear of *la canaille* were life-long. For a thoughtful and well-documented study of this topic, see Roland Mortier, 'Voltaire et le peuple', *Le Cœur et la raison: recueil d'études sur le dix-huitième siècle* (Oxford 1990), p.89-103.

coutume, la fortune ou la mort, attendu que je n'ai rien à faire. Mais vos camarades, dit Babouc, ne sont-ils pas un peu plus instruits que vous? Non, dit l'officier, il n'y a guère que nos principaux satrapes [8] qui savent bien précisément pourquoi on s'égorge.

Babouc étonné s'introduisit chez les généraux; il entra dans leur familiarité. L'un d'eux lui dit enfin: La cause de cette guerre qui désole depuis vingt ans l'Asie, vient originairement d'une querelle entre un eunuque d'une femme du grand roi de Perse et un commis d'un bureau du grand roi des Indes. Il s'agissait d'un droit qui revenait à peu près à la trentième partie d'une darique. [9] Le premier ministre des Indes et le nôtre soutinrent dignement les droits de leurs maîtres. La querelle s'échauffa. On mit de part et d'autre en campagne une armée d'un million de soldats. Il faut recruter cette armée tous les ans de plus de quatre cent mille hommes. [10] Les meurtres, les incendies, les ruines, les dévastations se multiplient; l'univers souffre, et l'acharnement continue. Notre premier ministre et celui des Indes protestent souvent, qu'ils n'agissent que pour le bonheur du genre humain; et à chaque protestation il y a toujours quelque ville détruite et quelques provinces ravagées.

Le lendemain sur un bruit qui se répandit que la paix allait être conclue, le général persan et le général indien s'empressèrent de donner bataille; elle fut sanglante. Babouc en vit toutes les fautes et toutes les abominations; il fut témoin des manœvres des principaux satrapes, qui firent ce qu'ils purent pour faire battre leur chef. Il vit des officiers tués par leurs propres troupes; il vit des soldats qui

40-41 W48D: et un commun d'un

51 W48D, RP50, NMF50, W51, W52, W56, W57G, W57P, W64G: quelque province ravagée.

[8] Throughout the text the word 'satrape', used like one or two others to introduce a little local colour into the story, designates a high-born and important personage in a given area of professional activity.

[9] Comparisons of currency values and prices across time are notoriously difficult. The coin is worth perhaps €50 in present-day purchasing power.

[10] Voltaire underlines here and in the following paragraph the sheer waste, in human terms, caused by war. This will become, of course, a leitmotiv of his work.

achevaient d'égorger leurs camarades expirants, pour leur arracher quelques lambeaux sanglants, déchirés et couverts de fange.[11] Il entra dans les hôpitaux où l'on transportait les blessés, dont la plupart expiraient par la négligence inhumaine de ceux mêmes que le roi de Perse payait chèrement pour les secourir.[12] Sont-ce là des hommes, s'écria Babouc, ou des bêtes féroces? Ah! je vois bien que Persépolis sera détruite.

Occupé de cette pensée, il passa dans le camp des Indiens; il y fut aussi bien reçu que dans celui des Perses, selon ce qui lui avait été prédit; mais il y vit tous les mêmes excès qui l'avaient saisi d'horreur. Oh, oh, dit-il en lui-même, si l'ange Ituriel veut exterminer les Persans, il faut donc que l'ange des Indes détruise aussi les Indiens. S'étant ensuite informé plus en détail de ce qui s'était passé dans l'une et l'autre armée, il apprit des actions de générosité, de grandeur d'âme, d'humanité, qui l'étonnèrent et le ravirent. Inexplicables humains, s'écria-t-il, comment pouvez-vous réunir tant de bassesse et de grandeur, tant de vertus et de crimes?

Cependant la paix fut déclarée. Les chefs des deux armées, dont aucun n'avait remporté la victoire, mais qui pour leur seul intérêt avaient fait verser le sang de tant d'hommes leurs semblables, allèrent briguer dans leurs cours des récompenses. On célébra la paix dans des écrits publics, qui n'annonçaient que le retour de la vertu et de la félicité sur la terre. Dieu soit loué, dit Babouc; Persépolis sera le séjour de l'innocence épurée; elle ne sera point

59-60 W48D, RP50, NMF50, W51: de sang; il entra

62 W48D, W52: Sont-cela des

76-77 RP50, NMF50, W51: armées, qui avaient chacun remporté des victoires, mais

[11] Note in *Le Nouveau Magasin français* (February 1750), p.69: 'Je ne conçois pas à propos de quoi cette répétition, *lambeaux sanglants, déchirés et couverts de sang.*' Voltaire emends 'sang' to 'fange'.

[12] As Howells notes (*Disabled powers*, p.71): 'Inter-army battle however is also intra-army.' Amid the mayhem of battle, the combatants of all ranks are motivated by ambition or spite or the desire for material gain.

détruite, comme le voulaient ces vilains[13] génies: courons sans tarder dans cette capitale de l'Asie.

* * *

Il arriva dans cette ville immense par l'ancienne entrée,[14] qui était toute barbare,[15] et dont la rusticité dégoûtante offensait les yeux. Toute cette partie de la ville se ressentait du temps où elle avait été bâtie; car malgré l'opiniâtreté des hommes à louer l'antique aux dépens du moderne, il faut avouer qu'en tout genre les premiers essais sont toujours grossiers.[16]

Babouc se mêla dans la foule d'un peuple composé de ce qu'il y avait de plus sale et de plus laid dans les deux sexes. Cette foule se précipitait d'un air hébété dans un enclos vaste et sombre. Au bourdonnement continuel, au mouvement qu'il y remarqua, à l'argent que quelques personnes donnaient à d'autres pour avoir droit de s'asseoir,[17] il crut être dans un marché où l'on vendait des chaises de paille; mais bientôt voyant que plusieurs femmes se

84-85 K: l'Asie. ¶Il
84a W48D, RP50, NMF50, W51, W52: Chapitre II
85-86 NMF50: était tout barbare
96 K: droit à s'asseoir

[13] Note in *Le Nouveau Magasin français* (February 1750), p.70: 'Il me paraît que *vilain* est un terme ignoble, et que d'ailleurs Babouc n'aurait pas dû s'en servir en parlant d'un génie dont il avait la confiance.'

[14] The faubourg Saint-Marceau. In chapter 22 of *Candide* the hero enters Paris by the same route and 'crut être dans le plus vilain village de la Vestphalie' (*OC*, vol.48, p.209). The new entrance to the city was via the porte Saint-Antoine.

[15] Note in *Le Nouveau Magasin français* (February 1750), p.70: 'Peut-on dire qu'une porte est barbare?'

[16] A restatement of the starting point adopted in a famous quarrel by Fontenelle in his *Digression sur les anciens et les modernes* of 1686: 'Toute la question de la prééminence entre les anciens et les modernes [...] se réduit à savoir si les arbres qui étaient autrefois dans nos campagnes étaient plus grands que ceux d'aujourd'hui' (ed. Robert Shackleton, Oxford 1955, p.161). Voltaire generally favours the position of the moderns in the *querelle*, and argued for it with brio in *Le Mondain* (1736).

[17] Chairs and pews were not automatically available in the churches of eighteenth-century France. Worshippers either rented a chair or remained standing.

mettaient à genoux, en faisant semblant de regarder fixement devant elles, et en regardant les hommes de côté, il s'aperçut qu'il était dans un temple.[18] Des voix aigres, rauques, sauvages, discordantes, faisaient retentir la voûte de sons mal articulés, qui faisaient le même effet que les voix des onagres quand elles répondent dans les plaines des Pictaves au cornet à bouquin qui les appelle.[19] Il se bouchait les oreilles; mais il fut prêt de se boucher encore les yeux et le nez, quand il vit entrer dans ce temple des ouvriers avec des pinces et des pelles. Ils remuèrent une large pierre, et jetèrent à droite et à gauche une terre dont s'exhalait une odeur empestée; ensuite on vint poser un mort dans cette ouverture, et on remit la pierre par-dessus. Quoi, s'écria Babouc, ces peuples enterrent leurs morts dans les mêmes lieux où ils adorent la Divinité? Quoi, leurs temples sont pavés de cadavres? Je ne m'étonne plus de ces maladies pestilentielles qui désolent souvent Persépolis. La pourriture des morts, et celle[20] de tant de vivants rassemblés et pressés dans le même lieu, est capable d'empoisonner le globe terrestre.[21] Ah, la vilaine ville que

104 W48D, RP50, NMF50, W51: fut près de

[18] A lady's thoughts might well turn inwards as well as outwards during a church service – see Mme Du Châtelet to Saint-Lambert, 1 September 1748 (D3748): 'Je viens de la messe où j'ai lu Tibulle et où je ne me suis occupée que de vous.'

[19] A criticism of the Gregorian chant then used in the Catholic liturgy. 'Onagre' is a wild ass. 'Pictaves' is the ancient name for the inhabitants of Poitou, renowned for breeding donkeys. Littré, quoting this passage, gives for *cornet à bouquin* (under *bouquin*) 'trompe ordinairement faite d'une corne'. From Old French *bouque* (*bouche*), *bouquin* refers to the mouthpiece of the instrument. The image clearly renders the idea of the 'voix aigres, rauques, sauvages, discordantes'. It is presumably the sheer numbers of wild asses that render them particularly vociferous on the plains of Poitou.

[20] Note in *Le Nouveau Magasin français* (February 1750), p.70: 'Je ne comprends à quoi se rapporte le pronom *celle*; ce ne peut pas être à *pourriture*, car a-t-on jamais dit, *la pourriture des vivants*?'

[21] Growing consciousness of the dangers to public health brought about by inhumation within church buildings led to the discontinuation of the custom and the creation, in the reign of Louis XV, of new cemeteries beyond the city limits.

Persépolis! Apparemment que les anges veulent la détruire pour en rebâtir une plus belle, et pour la peupler d'habitants moins malpropres et qui chantent mieux. La Providence peut avoir ses raisons; laissons-la faire.[22]

***

Cependant le soleil approchait du haut de sa carrière. Babouc devait aller dîner à l'autre bout de la ville chez une dame, pour laquelle son mari, officier de l'armée, lui avait donné des lettres. Il fit d'abord plusieurs tours dans Persépolis; il vit d'autres temples mieux bâtis et mieux ornés, remplis d'un peuple poli, et retentissants d'une musique harmonieuse; il remarqua des fontaines publiques, lesquelles quoique mal placées frappaient les yeux par leur beauté,[23] des places où semblaient respirer en bronze les

116 W48D, RP50, NMF50, W51: Persépolis! et que je vais conseiller à Ituriel de la détruire!//

119-120 K: faire. ¶Cependant

119a W48D, RP50, NMF50, W51, W52: Chapitre III

[22] Note in *Le Nouveau Magasin français* (February 1750), p.71: 'Si Babouc doit toujours porter des arrêts aussi bien fondés que celui-ci, le génie des Perses n'a pas lieu de s'applaudir de l'avoir choisi, pour décider du sort de la nation persane. Les Perses sont imprudents de s'exposer aux malignes vapeurs qu'exhale dans l'air l'ouverture d'une terre qui recèle des cadavres; mais je ne conçois pas qu'on puisse regarder cette imprudence comme un crime, et un crime qui mérite d'être puni par la destruction de leur ville capitale.' By thus annotating the original ending of the episode, Mme de Beaumont led Voltaire to mitigate substantially its force.

[23] All modern editors agree that Voltaire is thinking particularly of the fontaine des Innocents in the area of the Halles and the fontaine des Quatre-Saisons on the rue de Grenelle in the faubourg Saint-Germain. The latter fountain, designed by Bouchardon, had been built in the period 1736-1739, which prompted Voltaire to write as follows to the comte de Caylus on 9 January 1739: 'Les Parisiens devraient contribuer davantage à embellir leur ville, à détruire les monuments de la barbarie gothique, et particulièrement ces ridicules fontaines de village qui défigurent notre ville' (D1757). See also Voltaire's essay entitled *Des embellissements de Paris* of 1749: 'Nous n'avons que deux fontaines dans le grand goût, et il s'en faut bien qu'elles soient avantageusement placées. Toutes les autres sont dignes d'un village' (*OC*, vol.31B, p.214-15).

meilleurs rois qui avaient gouverné la Perse,[24] d'autres places où il entendait le peuple s'écrier, Quand verrons-nous ici le maître que nous chérissons?[25] Il admira les ponts magnifiques élevés sur le fleuve, les quais superbes et commodes, les palais bâtis à droite et à gauche, une maison immense, où des milliers de vieux soldats blessés et vainqueurs rendaient chaque jour grâce au Dieu des armées.[26] Il entra enfin chez la dame, qui l'attendait à dîner avec une compagnie d'honnêtes gens. La maison était propre et ornée, le repas délicieux, la dame jeune, belle, spirituelle, engageante, la compagnie digne d'elle; et Babouc disait en lui-même à tout moment: L'ange Ituriel se moque du monde de vouloir détruire une ville si charmante.

* * *

Cependant il s'aperçut que la dame, qui avait commencé par lui demander tendrement des nouvelles de son mari, parlait plus tendrement encore sur la fin du repas à un jeune mage.[27] Il vit

139-140 K: charmante. ¶Cependant
139a W48D, RP50, W51, W52: Chapitre IV
NMF50: Suite de Babouc; Par M. de Voltaire / Chap. IV

[24] Henri IV, Louis XIII, Louis XIV. The statues were, respectively, on the Pont Neuf and in what are now the Place des Vosges and the Place Vendôme. There are still statues of the first two kings on the same sites, but these are not the statues known to Voltaire.

[25] The city fathers voted for the erection of a statue of Louis XV in 1748; it was finally dedicated in 1763. It will be recalled that, by the late 1740s, the king was known as 'Louis le Bien-aimé', hence Voltaire's periphrasis 'le maître que nous chérissons'. See the *Panégyrique de Louis XV* of 1748 (*OC*, vol.30C), a further effort by Voltaire to ingratiate himself with the monarch. Howells believes the people's voice refers to the Jansenist *convulsionnaires* and the hopes of a Second Coming (*Disabled powers*, p.73, n.2). Such an interpretation, by anticipating the treatment of that topic in a subsequent section, denies Voltaire's ability, evident in this *conte* and most of the others, to deal with his material in a concentrated way.

[26] The reference is to the Hôtel des Invalides, built 1671-1676.

[27] An ecclesiastic. Doubtless Voltaire had in mind the type of *abbé galant* who abounded in eighteenth-century France.

un magistrat qui en présence de sa femme pressait avec vivacité une veuve, et cette veuve indulgente avait une main passée autour du cou du magistrat, tandis qu'elle tendait l'autre à un jeune citoyen très beau et très modeste. La femme du magistrat se leva de table la première, pour aller entretenir dans un cabinet voisin son directeur, qui arrivait trop tard, et qu'on avait attendu à dîner; et le directeur, homme éloquent, lui parla dans ce cabinet avec tant de véhémence et d'onction, que la dame avait, quand elle revint, les yeux humides, les joues enflammées, la démarche mal assurée, la parole tremblante.[28]

Alors Babouc commença à craindre que le génie Ituriel n'eût raison. Le talent qu'il avait d'attirer la confiance le mit dès le jour même dans les secrets de la dame; elle lui confia son goût pour le jeune mage, et l'assura que dans toutes les maisons de Persépolis il trouverait l'équivalent de ce qu'il avait vu dans la sienne. Babouc conclut qu'une telle société ne pouvait subsister; que la jalousie, la discorde, la vengeance devaient désoler toutes les maisons; que les larmes et le sang devaient couler tous les jours; que certainement les maris tueraient les galants de leurs femmes, ou en seraient tués; et qu'enfin Ituriel faisait fort bien de détruire tout d'un coup une ville abandonnée à de continuels désastres.

***

Il était plongé dans ces idées funestes, quand il se présenta à la porte

144-145 RP50, NMF50, W51: indulgente lorgnait vivement le magistrat
144 W48D: cette indulgente
154 K: le mit le
163 K: continuels désordres. ¶Il
163a W48D, RP50, NMF50, W51, W52: Chapitre V

[28] The *directeur de conscience* was frequently a presence in pious and wealthy households. Here the lady of the house, unlike Elmire in *Le Tartuffe*, seems happily complicit in his exploitation of his position for sexual ends. Voltaire stresses the power the *directeur* is able to exercise through his privileged position. As S. Menant notes: 'Le retard du directeur au dîner souligne son sans-gêne: il est le véritable maître de la maison' (*Contes en vers et en prose*, i.430, n.28).

un homme grave en manteau noir, qui demanda humblement à parler au jeune magistrat. Celui-ci sans se lever, sans le regarder, lui donna fièrement et d'un air distrait quelques papiers, et le congédia. Babouc demanda quel était cet homme. La maîtresse de la maison lui dit tout bas; C'est un des meilleurs avocats de la ville; il y a cinquante ans qu'il étudie les lois. Monsieur, qui n'a que vingt-cinq ans, et qui est satrape de loi[29] depuis deux jours, lui donne à faire l'extrait d'un procès qu'il doit juger, qu'il n'a pas encore examiné. Ce jeune étourdi fait sagement, dit Babouc, de demander conseil à un vieillard; mais pourquoi n'est-ce pas ce vieillard qui est juge? Vous vous moquez, lui dit-on, jamais ceux qui ont vieilli dans les emplois laborieux et subalternes ne parviennent aux dignités. Ce jeune homme a une grande charge, parce que son père est riche, et qu'ici le droit de rendre la justice s'achète comme une métairie.[30] O mœurs! ô malheureuse ville! s'écria Babouc, voilà le comble du désordre; sans doute ceux qui ont ainsi acheté le droit de juger, vendent leurs jugements; je ne vois ici que des abîmes d'iniquité.

Comme il marquait ainsi sa douleur et sa surprise, un jeune guerrier, qui était revenu ce jour même de l'armée, lui dit; Pourquoi ne voulez-vous pas qu'on achète les emplois de la robe? J'ai bien acheté moi le droit d'affronter la mort à la tête de deux mille hommes que je commande; il m'en a coûté quarante mille dariques d'or cette année, pour coucher sur la terre trente nuits de suite en habit rouge, et pour recevoir ensuite deux bons coups de flèche dont je me sens encore. Si je me ruine pour servir l'empereur persan que je n'ai jamais vu, M. le satrape de robe peut bien payer quelque chose, pour

172 K: juger demain, et qu'il
173 W48D: examiné. Le jeune
177 W48D: dignités. Le jeune
182-183 W48D, W52: d'iniquité. Comme

[29] A *conseiller au Parlement*.

[30] The sale of offices, particularly those pertaining to the legal profession, became a major preoccupation of Voltaire as he grew older.

avoir le plaisir de donner audience à des plaideurs. Babouc indigné ne put s'empêcher de condamner dans son cœur un pays où l'on mettait à l'encan les dignités de la paix et de la guerre; il conclut précipitamment que l'on y devait ignorer absolument la guerre et les lois, et que quand même Ituriel n'exterminerait pas ces peuples, ils périraient par leur détestable administration.

Sa mauvaise opinion augmenta encore à l'arrivée d'un gros homme, qui ayant salué très familièrement toute la compagnie s'approcha du jeune officier, et lui dit; Je ne peux vous prêter que cinquante mille dariques d'or, car en vérité les douanes de l'empire ne m'en ont rapporté que trois cent mille cette année. Babouc s'informa quel était cet homme qui se plaignait de gagner si peu; il apprit qu'il y avait dans Persépolis quarante rois plébéiens, qui tenaient à bail l'empire de Perse, et qui en rendaient quelque chose au monarque.[31]

* * *

Après dîner il alla dans un des plus superbes temples de la ville; il s'assit au milieu d'une troupe de femmes et d'hommes qui étaient venus là pour passer le temps. Un mage parut dans une machine élevée,[32] qui parla longtemps du vice et de la vertu. Ce mage divisa

204 W48D, RP50, NMF50, W51: Persépolis soixante et douze rois plébéiens [W48D: plébéieux] qui

206-207 K: monarque. ¶Après

206a W48D, RP50, NMF50, W51, W52: Chapitre VI

207 NMF50: Après dîné il

[31] The 'rois plébéiens' are the *fermiers généraux*. The system of purchasing through negotiations with the Crown the right to raise taxes resulted in appalling abuses, deeply resented by all taxpayers, but continued until the Revolution. It will be recalled that Lavoisier was guillotined not because he was a scientist and intellectual, but because he was a tax-farmer. Voltaire's original mistake over the number of tax-farmers, corrected in W52, is mysterious. Membership of the corporation was increased to sixty in 1755.

[32] A pulpit. Although one might suppose that boring an entire congregation would constitute a grievous offence in Voltaire's eyes, he here shows himself to be relatively indulgent towards a cleric. This is part of Voltaire's agenda of reconciliation, though the two subsequent paragraphs scarcely confirm Voltaire's good faith in the matter.

en plusieurs parties ce qui n'avait pas besoin d'être divisé; il prouva méthodiquement tout ce qui était clair, il enseigna tout ce qu'on savait. Il se passionna froidement, et sortit suant et hors d'haleine. Toute l'assemblée alors se réveilla, et crut avoir assisté à une instruction. Babouc dit; Voilà un homme qui a fait de son mieux pour ennuyer deux ou trois cents de ses concitoyens; mais son intention était bonne, et il n'y a pas là de quoi détruire Persépolis.

Au sortir de cette assemblée on le mena voir une fête publique qu'on donnait tous les jours de l'année; c'était dans une espèce de basilique, au fond de laquelle on voyait un palais.[33] Les plus belles citoyennes de Persépolis, les plus considerables satrapes rangés avec ordre, formaient un spectacle si beau, que Babouc crut d'abord que c'était là toute la fête. Deux ou trois personnes qui paraissaient des rois et des reines parurent bientôt dans le vestibule de ce palais; leur langage était très différent de celui du peuple, il était mesuré,[34] harmonieux et sublime. Personne ne dormait, on

211 W48D-W70L: n'avait nul besoin

[33] The 'palais' is of course a theatre. For a wider contextualisation of the passage, see this extract from the 'Dissertation sur la tragédie ancienne et moderne' that precedes *Sémiramis*, the play whose text and production much preoccupied Voltaire at around the time he composed *Le Monde comme il va*: 'La véritable tragédie est l'école de la vertu; et la seule différence qui soit entre le théâtre épuré et les livres de morale, c'est que l'instruction se trouve dans la tragédie toute en action; c'est qu'elle y est intéressante, et qu'elle se montre relevée des charmes d'un art qui ne fut inventé autrefois que pour instruire la terre, et pour bénir le ciel, et qui par cette raison, fut appelé le langage des dieux' (*OC*, vol.30A, p.164). Voltaire believed in the redemptive power of tragedy and of art in general, and saw this as a fundamental feature of all great civilisations. This conviction emerges clearly in this paragraph of the *conte*, which stands in sharp contrast to the paragraph which precedes it. Babouc's naive suspension of disbelief and consequent characterisation of the actors as the true 'prédicateurs de l'empire' underline Voltaire's aim in juxtaposing the two paragraphs.

[34] In verse. Voltaire's commitment to the use of poetry in tragedy never wavered. There may be here an oblique response to Houdar de La Motte who, in the discourse that prefaces his tragedy, *Œdipe*, had suggested that there was no reason why the emotive elements of tragedy should not be 'l'effet du langage ordinaire', in other words, of prose. Voltaire responded to this view in a number of contexts; see for example his 'Discours sur la tragédie' that prefaces *Brutus* (*OC*, vol.5, especially

écoutait dans un profond silence, qui n'était interrompu que par les témoignages de la sensibilité et de l'admiration publique. Le devoir des rois, l'amour de la vertu, les dangers des passions étaient exprimés par des traits si vifs et si touchants, que Babouc versa des larmes. Il ne douta pas que ces héros et ces héroïnes, ces rois et ces reines, qu'il venait d'entendre, ne fussent les prédicateurs de l'empire; il se proposa même d'engager Ituriel à les venir entendre; bien sûr qu'un tel spectacle le réconcilierait pour jamais avec la ville.

Dès que cette fête fut finie, il voulut voir la principale reine, qui avait débité dans ce beau palais une morale si noble et si pure; il se fit introduire chez sa majesté; on le mena par un petit escalier, au second étage, dans un appartement mal meublé, où il trouva une femme mal vêtue, qui lui dit d'un air noble et pathétique; Ce métier-ci ne me donne pas de quoi vivre; un des princes que vous avez vus m'a fait un enfant; j'accoucherai bientôt; je manque d'argent, et sans argent on n'accouche point. Babouc lui donna cent dariques d'or, en disant, S'il n'y avait que ce mal-là dans la ville, Ituriel aurait tort de se tant fâcher.

De là, il alla passer sa soirée chez des marchands de magnificences inutiles. Un homme intelligent, avec lequel il avait fait connaissance, l'y mena; il acheta ce qui lui plut, et on le lui vendit avec politesse beaucoup plus qu'il ne valait. Son ami de retour chez lui, lui fit voir combien on le trompait. Babouc mit sur ses tablettes le nom du marchand, pour le faire distinguer par Ituriel au jour de la punition de la ville. Comme il écrivait, on frappa à sa porte, c'était le marchand lui-même qui venait lui rapporter sa bourse que Babouc avait laissée par mégarde sur son comptoir. Comment se peut-il, s'écria Babouc, que vous soyez si fidèle et si généreux,

249 W48D: avec beaucoup de politesse quatre fois plus

---

p.160), the *Commentaires sur Corneille* (*OC*, vol.54, especially p.163) and his remark in a letter to d'Argental of 13 September 1756: 'des tragédies bourgeoises en prose annoncent un peu le complément de la décadence' (D6995).

après n'avoir pas eu de honte de me vendre des colifichets quatre fois au-dessus de leur valeur? Il n'y a aucun négociant un peu connu dans cette ville, lui répondit le marchand, qui ne fût venu vous rapporter votre bourse; mais on vous a trompé quand on vous a dit que je vous avais vendu ce que vous avez pris chez moi quatre fois[35] plus qu'il ne vaut; je vous l'ai vendu dix fois davantage: et cela est si vrai, que si dans un mois vous voulez le revendre, vous n'en aurez pas même ce dixième. Mais rien n'est plus juste; c'est la fantaisie des hommes, qui met le prix à des choses frivoles; c'est cette fantaisie, qui fait vivre cent ouvriers que j'emploie; c'est elle qui me donne une belle maison, un char commode, des chevaux; c'est elle qui excite l'industrie, qui entretient le goût, la circulation et l'abondance.

Je vends aux nations voisines les mêmes bagatelles plus chèrement qu'à vous, et par là je suis utile à l'empire. Babouc, après avoir un peu rêvé, le raya de ses tablettes.[36]

* * *

Babouc fort incertain sur ce qu'il devait penser de Persépolis, résolut de voir les mages et les lettrés, car les uns étudient la

256 K: pas honte

258 W57G, W64G, W68, W70G: connu de cette

264 RP50, NMF50, W51: fantaisie passagère des

W48D-W70G: à ces choses

271 RP50, NMF50, W51: tablettes; car enfin, disait-il, les arts du luxe ne sont en grand nombre dans un empire que quand tous les arts nécessaires sont exercés, [RP50, NMF50 *add*: et que] la nation est nombreuse et opulente. Ituriel me paraît un peu sévère.//

271-272 K: tablettes. ¶Babouc

271a W48D, RP50, NMF50, W51, W52: Chapitre VII

[35] Voltaire failed to take into account his correction to the text of W48D.

[36] While the basic message of this episode might appear at first sight to be *caveat emptor*, the 1750 addition makes abundantly clear Voltaire's true purpose: the vindication of trade, including trade in luxury goods, and of the accumulation of wealth as means of stimulating the economic activity that contributes to the general good of a society.

sagesse, et les autres la religion; et il se flatta que ceux-là obtiendraient grâce pour le reste du peuple. Dès le lendemain matin il se transporta dans un collège de mages.[37] L'archimandrite lui avoua, qu'il avait cent mille écus de rente pour avoir fait vœu de pauvreté, et qu'il exerçait un empire assez étendu en vertu de son vœu d'humilité; après quoi il laissa Babouc entre les mains d'un petit frère, qui lui fit les honneurs.

Tandis que ce frère lui montrait les magnificences de cette maison de pénitence, un bruit se répandit, qu'il était venu pour réformer toutes ces maisons. Aussitôt il reçut des mémoires de chacune d'elles; et les mémoires disaient tous en substance: *Conservez-nous et détruisez toutes les autres*. A entendre leurs apologies, ces sociétés étaient toutes nécessaires. A entendre leurs accusations réciproques, elles méritaient toutes d'être anéanties. Il admirait comme il n'y en avait aucune d'elles, qui pour édifier l'univers ne voulût en avoir l'empire.[38] Alors il se présenta un petit homme, qui était un demi-mage,[39] et qui lui dit: Je vois

[37] A monastery. The 'archimandrite', a term borrowed from the Orthodox Church, is its abbot. Despite his vows of poverty and obedience, he is of course neither poor nor humble. Significantly, there is no mention of his vow of chastity.

[38] These lines express one of Voltaire's basic criticisms of the Catholic Church in all its manifestations: its urge for power.

[39] A Jansenist. Although Voltaire retained considerable respect for the Jesuits who had educated him – 'c'est être un monstre que de ne pas aimer ceux qui ont cultivé notre âme', he wrote to Thiriot on 9 January 1739 (D1758) – and although he included several Jesuits in his *Temple du goût*, he of course quite rapidly discarded their teachings. Nonetheless, he infinitely preferred their views to those of the Jansenists. He had deeply deplored the latter's encouragement of the scenes of popular religious enthusiasm that took place in the cemetery of the church of Saint-Médard in 1732. Voltaire remained unforgiving towards the Jansenists. Mentioning the 'convulsionnaires de St. Médard' in the context of the attempt on Louis XV's life by Damiens, he wrote to François Tronchin on 15 January 1757: 'Si on avait songé à rendre les jansénistes et les molinistes aussi ridicules qu'ils le sont en effet, Pierre D'Amiens, petit bâtard de Ravaillac, ne se serait pas servi de son canif' (D7121). Voltaire found any manifestation of religious fanaticism, especially when accompanied by frenzy and masochism, wholly repugnant.

bien que l'œuvre va s'accomplir:[40] car Zerdust[41] est revenu sur la terre; les petites filles prophétisent, en se faisant donner des coups de pincettes par-devant et le fouet par-derrière. Ainsi nous vous demandons votre protection contre le Grand Lama.[42] Comment, dit Babouc, contre ce pontife roi, qui réside au Thibet? Contre lui-même. Vous lui faites donc la guerre, et vous levez contre lui des armées? Non, mais il dit, que l'homme est libre, et nous n'en croyons rien; nous écrivons contre lui de petits livres, qu'il ne lit pas; à peine a-t-il entendu parler de nous; il nous a seulement fait condamner comme un maître ordonne qu'on échenille les arbres de ses jardins.[43] Babouc frémit de la folie de ces hommes qui faisaient profession de sagesse, des intrigues de ceux qui avaient renoncé au monde, de l'ambition et de la convoitise orgueilleuse de ceux qui enseignaient l'humilité et le désintéressement; il conclut qu'Ituriel avait de bonnes raisons pour détruire toute cette engeance.

* * *

293-299 RP50, NMF50, W51: par-derrière. Il est évident que le monde va finir: ne pourriez-vous point avant cette belle époque, nous protéger contre le Grand Lama? Quel galimatias, dit Babouc, contre le Grand Lama? contre ce pontife-roi qui réside au Tibet? Oui, dit le petit [RP50, NMF50 *add*: demi] mage avec un air opiniâtre, contre lui-même. Vous lui faites donc la guerre, vous avez donc des armées? dit Babouc: non, dit l'autre, mais nous avons écrit contre lui trois ou quatre mille gros livres qu'on ne lit point, et autant de brochures que nous faisons lire par des femmes. A peine

305-306 K: engeance. ¶Retiré

305a W48D, RP50, W51, W52: Chapitre VIII
NMF50: Suite de Babouc; Par M. de Voltaire / Chap. VIII

[40] The Last Judgement.

[41] The Persian name for Zoroaster. In their millenarian excitement, the Jansenists anticipated the return to earth of Elijah, the Second Coming of Christ, and the imminent end of the world.

[42] The Pope, who also had sovereign powers over the Vatican territories.

[43] Voltaire doubtless has especially in mind the Bull *Unigenitus*, promulgated in September 1713 by Pope Clement XI. The Bull pronounced anathema on 101 propositions of a Jansenist tendency contained in the writings of the theologian Pasquier Quesnel (1634-1719) and above all on the Jansenists' refusal to accept the doctrine of free will. This passage may be seen as a continuation, in a simplified form, of the challenge Voltaire had issued to Pascal in the *Lettres philosophiques*.

Retiré chez lui, il envoya chercher des livres nouveaux pour adoucir son chagrin, et il pria quelques lettrés à dîner pour se réjouir. Il en vint deux fois plus qu'il n'en avait demandé, comme les guêpes que le miel attire. Ces parasites se pressaient de manger et de parler; ils louaient deux sortes de personnes, les morts et eux-mêmes, et jamais leurs contemporains, excepté le maître de la maison. Si quelqu'un d'eux disait un bon mot, les autres baissaient les yeux, et se mordaient les lèvres de douleur de ne l'avoir pas dit. Ils avaient moins de dissimulation que les mages, parce qu'ils n'avaient pas de si grands objets d'ambition. Chacun d'eux briguait une place de valet,[44] et une réputation de grand homme; ils se disaient en face des choses insultantes, qu'ils croyaient des traits d'esprit. Ils avaient eu quelque connaissance de la mission de Babouc. L'un d'eux le pria tout bas d'exterminer un auteur qui ne l'avait pas assez loué il y avait cinq ans. Un autre demanda la perte d'un citoyen qui n'avait jamais ri à ses comédies; un troisième demanda l'extinction de l'académie, parce qu'il n'avait jamais pu parvenir à y être admis. Le repas fini, chacun d'eux s'en alla seul; car il n'y avait pas dans toute la troupe deux hommes qui pussent se souffrir, ni même se parler ailleurs que chez les riches qui les invitaient à leur table. Babouc jugea, qu'il n'y aurait pas grand mal, quand cette vermine périrait dans la destruction générale.

* * *

Dès qu'il se fut défait d'eux, il se mit à lire quelques livres nouveaux. Il y reconnut l'esprit de ses convives. Il vit surtout

307 RP50, NMF50, W51: pria à dîner quelques lettrés pour
318-323 W48D, RP50, NMF50, W51: d'esprit. Le repas
327-328 K: générale. ¶Dès
327a W48D, RP50, NMF50, W51, W52: Chapitre IX

[44] Compare Voltaire's pointed comment in a very early letter to Thiriot: 'il vaut mieux être maître d'une boutique que dépendant dans une grande maison' (D341). Independence was a desirable aim at all levels of society but was imperative for the man of letters.

avec indignation ces gazettes de la médisance, ces archives du mauvais goût, que l'envie, la bassesse et la faim ont dictées; ces lâches satires où l'on ménage le vautour et où l'on déchire la colombe; ces romans dénués d'imagination, où l'on voit tant de portraits des femmes que l'auteur ne connaît pas.[45]

Il jeta au feu tous ces détestables écrits, et sortit pour aller le soir à la promenade. On le présenta à un vieux lettré, qui n'était point venu grossir le nombre de ses parasites. Ce lettré fuyait toujours la foule, connaissait les hommes, en faisait usage et se communiquait avec discrétion. Babouc lui parla avec douleur de ce qu'il avait lu et de ce qu'il avait vu.

Vous avez lu des choses bien méprisables, lui dit le sage lettré; mais dans tous les temps, et dans tous les pays, et dans tous les genres, le mauvais fourmille, et le bon est rare. Vous avez reçu chez vous le rebut de la pédanterie, parce que dans toutes les professions ce qu'il y a de plus indigne de paraître est toujours ce qui se présente avec le plus d'impudence. Les véritables sages vivent entre eux retirés et tranquilles; il y a encore parmi nous des hommes et des livres dignes de votre attention. Dans le temps qu'il parlait ainsi, un autre lettré les joignit; leurs discours furent si agréables et si instructifs, si élevés au-dessus des préjugés, et si conformes à la vertu, que Babouc avoua n'avoir jamais rien entendu de pareil. Voilà des hommes, disait-il tout bas, à qui l'ange Ituriel n'osera toucher, ou il sera bien impitoyable.

Accommodé avec les lettrés, il était toujours en colère contre le

334 RP50, NMF50, W51, W52, W56, W64G, W68, K: portraits de femmes

354 W48D, RP50, NMF50, W51, W52, W56, W57G, W57P, W64G, K: Raccommodé avec

[45] See Voltaire to d'Argental, 24 July 1749: 'Pourquoi permet-on que ce coquin de Fréron succède à ce maraud de Desfontaines? [...] est-ce que Bissetre est plein?' (D3965). While the abbé Desfontaines and Fréron featured high on Voltaire's list of hate-figures, all literary hacks, especially those who earned a living writing for the periodical press, were the objects of his condemnation.

reste de la nation. Vous êtes étranger, lui dit l'homme judicieux qui lui parlait; les abus se présentent à vos yeux en foule, et le bien qui est caché et qui résulte quelquefois de ces abus mêmes, vous échappe. Alors il apprit que parmi les lettrés il y en avait quelques-uns qui n'étaient pas envieux, et que parmi les mages mêmes il y en avait de vertueux. Il conçut à la fin que ces grands corps, qui semblaient en se choquant préparer leurs communes ruines, étaient au fond des institutions salutaires; que chaque société de mages était un frein à ses rivales;[46] que si ces émules différaient dans quelques opinions, ils enseignaient tous la même morale, qu'ils instruisaient le peuple, et qu'ils vivaient soumis aux lois; semblables aux précepteurs qui veillent sur le fils de la maison, tandis que

355 w51, w57g, w64g, w68, w70g: de sa nation

358-360 w48d, rp50, nmf50, w51, w52: Alors ils le menèrent chez le principal mage qu'on appelait le surveillant. Memnon [rp50, nmf50, w51: Babouc] vit dans ce mage un homme digne d'être à la tête des justes;[47] il sut qu'il y en avait beaucoup qui lui ressemblaient, il conçut même que

362 rp50: des instructions salutaires

363 w51: si ses émules

[46] As Mason notes, this is 'an unusually indulgent view by Voltaire of sectarian strife' (*Zadig and other stories*, p.256, n.24). He goes on to speculate that Voltaire had in mind the tolerance afforded in England to different religious groupings and the benefits enjoyed by any society where such tolerance reigned. Later, in the article 'Tolérance' of the *Dictionnaire philosophique*, Voltaire will say: '[S]i vous avez deux religions chez vous, elles se couperont la gorge; si vous en avez trente, elles vivront en paix' (*OC*, vol.36, p.558). This view had also been expressed by Montesquieu in the *Lettres persanes*; see the important letter 85, Usbek to Mirza: 'S'il faut raisonner sans prévention, je ne sais pas, Mirza, s'il n'est pas bon que dans un Etat il y ait plusieurs religions [...] J'avoue que les histoires sont remplies de guerres de religion. Mais, qu'on y prenne bien garde: ce n'est point la multiplicité des religions qui a produit ces guerres, c'est l'esprit d'intolérance, qui animait celle qui se croyait la dominante' (Montesquieu, *Lettres persanes*, ed. Laurent Versini, Paris 1995, p.180).

[47] A probable reference to the Archbishop of Paris, Christophe de Beaumont. Originally an admirer of the archbishop, Voltaire became disenchanted with him as a result of his insistence on *billets de confession* as a condition of Catholic burial. On this, see René Pomeau and Christiane Mervaud, *De la cour au jardin*, *Voltaire en son temps*, i.856-57.

le maître veille sur eux-mêmes. Il en pratiqua plusieurs, et vit des âmes célestes. Il apprit même que parmi les fous qui prétendaient faire la guerre au Grand Lama, il y avait eu de très grands hommes.[48] Il soupçonna enfin qu'il pourrait bien en être des mœurs de Persépolis, comme des édifices, dont les uns lui avaient paru dignes de pitié, et les autres l'avaient ravi en admiration.

***

Il dit à son lettré; Je connais très bien que ces mages que j'avais cru si dangereux sont en effet très utiles, surtout quand un gouvernement sage les empêche de se rendre trop nécessaires; mais vous m'avouerez au moins que vos jeunes magistrats, qui achètent une charge de juge dès qu'ils ont appris à monter à cheval, doivent étaler dans les tribunaux tout ce que l'impertinence a de plus ridicule, et tout ce que l'iniquité a de plus pervers; il vaudrait mieux sans doute donner ces places gratuitement à ces vieux jurisconsultes, qui ont passé toute leur vie à peser le pour et le contre.

Le lettré lui répliqua: Vous avez vu notre armée avant d'arriver à Persépolis; vous savez que nos jeunes officiers se battent très bien, quoiqu'ils aient acheté leurs charges;[49] peut-être verrez-vous que

370 W48D, RP50, NMF50, W51: bien être
372-373 K: admiration. ¶Il
372a W48D, RP50, W51, W52: Chapitre X
NMF50: Conclusion de Babouc, Par Monsieur de Voltaire / Chap. X
373 RP50, NMF50, W51: lettré; je conçois très
378 RP50, NMF50, W51: dans leurs tribunaux

[48] The great figures of Jansenism in France – among them Nicole, Arnauld and Pascal – who, even if wrong-headed in their thinking according to Voltaire, at least practised what they preached through the example of their irreproachable private lives. Has Voltaire also in mind their very considerable literary abilities?

[49] In his capacity as *historiographe de France*, Voltaire had been able to appreciate the truth of this comment. See his *Eloge funèbre des officiers qui sont morts dans la guerre de 1741* (*OC*, vol.30C).

nos jeunes magistrats ne jugent pas mal, quoiqu'ils aient payé pour juger.

Il le mena le lendemain au grand tribunal, où l'on devait rendre un arrêt important. La cause était connue de tout le monde. Tous ces vieux avocats qui en parlaient étaient flottants dans leurs opinions; ils alléguaient cent lois, dont aucune n'était applicable au fond de la question; ils regardaient l'affaire par cent côtés, dont aucun n'était dans son vrai jour; les juges décidèrent plus vite que les avocats ne doutèrent. Leur jugement fut presque unanime; ils jugèrent bien, parce qu'ils suivaient les lumières de la raison; et les autres avaient opiné mal, parce qu'ils n'avaient consulté que leurs livres.

Babouc conclut, qu'il y avait souvent de très bonnes choses dans les abus. Il vit dès le jour même que les richesses des financiers, qui l'avaient tant révolté, pouvaient produire un effet excellent. Car l'empereur ayant eu besoin d'argent, il trouva en une heure, par leur moyen, ce qu'il n'aurait pas eu en six mois par les voies ordinaires; il vit que ces gros nuages, enflés de la rosée de la terre, lui rendaient en pluie ce qu'ils en recevaient.[50] D'ailleurs les enfants de ces hommes nouveaux, souvent mieux élevés que ceux des familles plus anciennes, valaient quelquefois beaucoup mieux; car rien n'empêche qu'on ne soit un bon juge, un brave guerrier, un homme d'Etat habile, quand on a eu un père bon calculateur.

***

Insensiblement Babouc faisait grâce à l'avidité du financier, qui n'est pas au fond plus avide que les autres hommes, et qui est

407-408 K: calculateur. ¶Insensiblement
407a W48D, RP50, NMF50, W51, W52: Chapitre XI
409-410 W48D, RP50, NMF50, W51: est très nécessaire

[50] Van den Heuvel remarks that Voltaire had a number of enlightened friends, notably Formont and Helvétius, among the financiers and *fermiers généraux*, who had shown at the outset of the War of the Austrian Succession their willingness to underwrite a French victory (*Voltaire dans ses contes*, p.135-36).

nécessaire. Il excusait la folie de se ruiner pour juger et pour se battre, folie qui produit de grands magistrats et des héros. Il pardonnait à l'envie des lettrés, parmi lesquels il se trouvait des hommes qui éclairaient le monde; il se réconciliait avec les mages ambitieux et intrigants, chez lesquels il y avait plus de grandes vertus encore que de petits vices; mais il lui restait bien des griefs, et surtout les galanteries des dames et les désolations qui en devaient être la suite, le remplissaient d'inquiétude et d'effroi.

Comme il voulait pénétrer dans toutes les conditions humaines, il se fit mener chez un ministre; mais il tremblait toujours en chemin que quelque femme ne fût assassinée en sa présence par son mari. Arrivé chez l'homme d'état, il resta deux heures dans l'antichambre sans être annoncé, et deux heures encore après l'avoir été. Il se promettait bien, dans cet intervalle, de recommander à l'ange Ituriel et le ministre et ses insolents huissiers. L'antichambre était remplie de dames de tout étage, de mages de toutes couleurs, de juges, de marchands, d'officiers, de pédants; tous se plaignaient du ministre. L'avare et l'usurier disaient; Sans doute cet homme-là pille les provinces; le capricieux lui reprochait d'être bizarre; le voluptueux disait: Il ne songe qu'à ses plaisirs; l'intrigant se flattait de le voir bientôt perdu par une cabale; les femmes espéraient qu'on leur donnerait bientôt un ministre plus jeune.[51]

Babouc entendait leurs discours; il ne put s'empêcher de dire, Voilà un homme bienheureux; il a tous ses ennemis dans son antichambre; il écrase de son pouvoir ceux qui l'envient; il voit à ses pieds ceux qui le détestent. Il entra enfin; il vit un petit vieillard courbé sous le poids des années et des affaires, mais encore vif et plein d'esprit.[52]

424 w51: ministre et les insolents

[51] They all judge the minister according to their own personal failings or aspirations.

[52] The minister is almost certainly the cardinal de Fleury who died in 1743 at the age of 90. Voltaire was well-disposed towards him – see his favourable appraisal of the cardinal in the *Précis du siècle de Louis XV* (M.xv.177-79).

Babouc lui plut, et il parut à Babouc un homme estimable. La conversation devint intéressante. Le ministre lui avoua, qu'il était un homme très malheureux; qu'il passait pour riche, et qu'il était pauvre; qu'on le croyait tout-puissant, et qu'il était toujours contredit; qu'il n'avait guère obligé que des ingrats, et que dans un travail continuel de quarante années il avait eu à peine un moment de consolation.[53] Babouc en fut touché, et pensa que si cet homme avait fait des fautes, et si l'ange Ituriel voulait le punir, il ne fallait pas l'exterminer, mais seulement lui laisser sa place.

* * *

Tandis qu'il parlait au ministre, entre brusquement la belle dame chez qui Babouc avait dîné; on voyait dans ses yeux et sur son front les symptômes de la douleur et de la colère. Elle éclata en reproches contre l'homme d'état; elle versa des larmes; elle se plaignit avec amertume de ce qu'on avait refusé à son mari une place où sa naissance lui permettait d'aspirer, et que ses services et ses blessures méritaient; elle s'exprima avec tant de force, elle mit tant de grâces dans ses plaintes, elle détruisit les objections avec tant d'adresse, elle fit valoir les raisons avec tant d'éloquence, qu'elle ne sortit point de la chambre sans avoir fait la fortune de son mari.

Babouc lui donna la main: Est-il possible, madame, lui dit-il, que vous vous soyez donné toute cette peine pour un homme que vous

443 W48D: avait à
446-447 K: place. ¶Tandis
446a W48D, RP50, NMF50, W51, W52: Chapitre XII
459 W48D, RP50, NMF50, W52: soyez donnée toute

[53] And yet, does not the unremitting work over forty years provide its own consolation and account for the undiminished intellectual powers of the elderly minister? A few years after penning these words Voltaire will write to Mme Denis: 'Je ne connais que le travail qui puisse consoler l'espèce humaine d'exister' (12 April 1754; D5767), a view to which he will attach universal significance in *Candide* and which always forms part of his personal ethic.

n'aimez point, et dont vous avez tout à craindre? Un homme que je n'aime point? s'écria-t-elle: Sachez que mon mari est le meilleur ami que j'aie au monde, qu'il n'y a rien que je ne lui sacrifie, hors mon amant; et qu'il ferait tout pour moi, hors de quitter sa maîtresse. Je veux vous la faire connaître; c'est une femme charmante, pleine d'esprit et du meilleur caractère du monde; nous soupons ensemble ce soir avec mon mari, et mon petit mage: venez partager notre joie.

La dame mena Babouc chez elle. Le mari, qui était enfin arrivé plongé dans la douleur, revit sa femme avec des transports d'allégresse et de reconnaissance; il embrassait tour à tour sa femme, sa maîtresse, le petit mage et Babouc. L'union, la gaieté, l'esprit et les grâces furent l'âme de ce repas. Apprenez, lui dit la belle dame, chez laquelle il soupait, que celles qu'on appelle quelquefois de malhonnêtes femmes ont presque toujours le mérite d'un très honnête homme; et pour vous en convaincre, venez demain dîner avec moi chez la belle Téone. Il y a quelques vieilles vestales[54] qui la déchirent, mais elle fait plus de bien qu'elles toutes ensemble. Elle ne commettrait pas une légère injustice pour le plus grand intérêt; elle ne donne à son amant que des conseils généreux; elle n'est occupée que de sa gloire; il rougirait devant elle s'il avait laissé échapper une occasion de faire du bien; car rien n'encourage plus aux actions vertueuses que d'avoir pour témoin et pour juge de sa conduite une maîtresse dont on veut mériter l'estime.

Babouc ne manqua pas au rendez-vous. Il vit une maison où régnaient tous les plaisirs; Téone régnait sur eux; elle savait parler à chacun son langage. Son esprit naturel mettait à son aise celui des autres; elle plaisait sans presque le vouloir; elle était aussi aimable

465 W48D: caractère de monde

[54] The Vestal Virgins, priestesses in Ancient Rome. Here they denote by a considerable semantic extension old women who have lost their sexual attractiveness and pass severe judgements on the morality of younger women who are still beautiful.

que bienfaisante; et ce qui augmentait le prix de toutes ses bonnes qualités, elle était belle.[55]

Babouc, tout Scythe et tout envoyé qu'il était d'un génie, s'aperçut que s'il restait encore à Persépolis, il oublierait Ituriel pour Téone.[56] Il s'affectionnait à la ville, dont le peuple était poli, doux et bienfaisant, quoique léger, médisant et plein de vanité. Il craignait que Persépolis ne fût condamnée; il craignait même le compte qu'il allait rendre.

Voici comme il s'y prit pour rendre ce compte. Il fit faire par le meilleur fondeur de la ville une petite statue composée de tous les métaux, des terres et des pierres les plus précieuses et les plus viles; il la porta à Ituriel; Casserez-vous, dit-il, cette jolie statue, parce que tout n'y est pas or et diamants? Ituriel entendit à demi-mot; il résolut de ne pas même songer à corriger Persépolis, et de laisser aller *le Monde comme il va*. Car, dit-il, *Si tout n'est pas bien, tout est passable*. On laissa donc subsister Persépolis; et Babouc fut bien loin de se plaindre, comme Jonas qui se fâcha de ce qu'on ne détruisait pas Ninive. Mais quand on a été trois jours dans le corps d'une baleine,[57] on n'est pas de si bonne humeur que quand on a été à l'opéra, à la comédie, et qu'on a soupé en bonne compagnie.

503 W51: va: car il dit: *Si*
W48D, RP50, NMF50, W51: passable.//
508 K: compagnie. / *Fin de la Vision de Babouc.*

[55] Given Téone's matchless qualities, this seems to be a portrait of Mme Du Châtelet – before she began the affair with Saint-Lambert. The name, as S. Menant suggests, is perhaps borrowed from the ancient Greek mathematician and astronomer, Theon, and might allude to Mme Du Châtelet's expertise in those capacities (*Contes en vers et en prose*, i.433, n.58).

[56] Just as Rica in the *Lettres persanes* admires the freedom, independence and intelligence of Parisian women, so Babouc proves susceptible to the same qualities in Téone.

[57] See Jonah iv.1-3. According to S. Menant, Voltaire 'suggère que son héros est plus compatissant que le héros biblique' – which indicates that the *conte philosophique* has replaced the *conte barbare* (*Contes en vers et en prose*, i.433, n.61). Jonah's whale reappears in *Le Taureau blanc* and swims unceasingly up and down the Nile, constituting a menacing and 'impitoyable' presence in the story (M.xxi.494).

Zadig, ou la destinée

Critical edition

by

Haydn T. Mason

CONTENTS

INTRODUCTION[1]

1. *Composition and publication*

The tale we now know as *Zadig* was first published under the title *Memnon, histoire orientale* in Amsterdam in 1747, and was mentioned under its first title in the Dutch edition of the *Journal des savants* in May 1748. Well before the latter date, however, Voltaire made reference to the story in a letter to the comte d'Argenson (D3550):

L'ange Ïesrad, a porté jusqu'à Memnon, la nouvelle de vos brillants succès, et Babilone avoue qu'il n'y a jamais eu d'itimadoulet dont le ministère ait été plus couvert de gloire. Vous êtes digne de conduire le cheval sacré du roi des rois et la chienne favorite de la reine. Je brûlais du désir de baiser la crotte de votre sublime tente, et de boire du vin de Chiras à vos divins banquets. Orosmade n'a pas permis que j'aie joui de cette consolation, et je suis demeuré enseveli dans l'ombre loin des rayons brillants de votre prospérité. Je lève les mains vers le puissant Orosmade, je le prie de faire longtemps marcher devant vous l'ange exterminateur, et de vous ramener par des chemins, tout couverts de palmes.

Cependant très magnifique seigneur permettriez-vous qu'on adressât à votre sublime tente, un gros paquet que Memnon vous enverrait du séjour humide des Bataves? Je sais que vous pourriez bien l'aller chercher vous-même en personne, mais comme ce paquet pourrait bien arriver aux pieds de votre grandeur avant que vous fussiez dans Amsterdam, je vous demanderais la permission de vous le faire adresser par M. Chiquet dans la ville où vous aurez porté vos armes triomphantes, et vous pourriez ordonner que ce paquet fût porté jusqu'à la ville impériale de Paris parmi les immenses bagages de votre grandeur. Je lui demande très humblement pardon d'interrompre ses moments consacrés à la victoire par des importunités si indignes d'elle. Mais Memnon n'ayant sur la terre de confident que vous, n'aura que vous pour protecteur, et il attend vos ordres très gracieux.

[1] Research on this edition was facilitated by a generous grant from the British Academy, of which I wish to make grateful acknowledgement.

Frustratingly, Voltaire does not date this letter precisely, heading it puckishly as 'le 4 de la pleine lune'. Quite clearly, however, the 'brillants succès' refer to the military triumphs of d'Argenson as Secretary of State for War during the War of the Austrian Succession. Besterman opts for a dating of 4 July 1747, basing his supposition on the French victory at Lauffeldt two days previously. But such a view must remain speculative, and it may be prudent to accept Georges Ascoli's estimate that this crucial letter could have been written at any time between May and September of that year.[2] Be that as it may, a textual parallel between a passage in the *conte* and an entry in the *Mercure de France* for February 1747 suggests that the actual date of the *conte*'s composition may well be early to mid-1747.[3]

Voltaire's interest in the Orient can be traced back to at least 1732 and the appearance of *Zaïre*. In more recent times he had been engaged in the composition of the tragedy *Sémiramis*. In a letter of 6 June 1745 he announces: 'je tourne souvent mes yeux vers Jérusalem, en chantant sur les bords de l'Euphrate dans la superbe Babylonne' (D3137). This could be taken as referring not only to *Sémiramis* but also to *Zadig*, where Babylon is mentioned in the very first line and the Euphrates in the second paragraph.

In the letter 'de la pleine lune' Voltaire seeks, as we see, to persuade the comte d'Argenson to take receipt of 'un gros paquet que Memnon vous enverrait' – doubtless a request to his influential friend to admit clandestinely a sizeable number of copies of the *conte*. If one pauses to wonder why Voltaire had not attempted to bring out the tale in France in the first place, the reason is not difficult to discover. He would have feared the consequences of publishing at home a work which treated courtiers with contumely (at a time when he was still appearing at court), while also attacking the vices of Church and State. Most controversial of all, perhaps,

[2] Ascoli, i.iii, vii-viii.

[3] Ascoli, ii.48-49. See textual note below, ch.5, n.1.

the fatalist doctrine preached by Jesrad might well have been deemed heretical in seeming to deny God omnipotent freedom. Countless painful past experiences would have bred in Voltaire a healthy measure of caution.

The *philosophe*'s plea to d'Argenson must, however, have fallen on deaf ears, since only one response to *Memnon* in France has ever been found.[4] This silence probably motivated Voltaire to turn *Memnon* into *Zadig* and to publish it in France in 1748. The change of both the title and the name of the eponymous hero suggests a desire to make the story more overtly oriental, thereby rendering it more attractive to the public at a time when the oriental mode in French fiction was at its height.

In fashioning the first edition of *Zadig*, Voltaire incorporated major changes into the text, including the addition of three chapters ('Le Souper', 'Les Rendez-vous' and 'Le Pêcheur'), as well as an 'Epître dédicatoire' to a fictional *sultane*. These revisions, as well as many minor modifications, were probably made during the author's stay at Sceaux, the château of the duchesse du Maine, in November and December 1747. Longchamp reports that during their time there Voltaire 'fit plusieurs petits contes ou romans tels que Zadig, Babouc et autres; et il m'occupait à les mettre au net'.[5] Longchamp probably confuses the composition of *Zadig* – manifestly impossible at this late stage – with the process of revising it.

The important changes which Voltaire makes to the *conte* do not alter its basic orientation. Jesrad's appearance before Zadig, which might be regarded as the crux of the story, had already appeared in full in *Memnon* (as the 'lettre de la pleine lune' suggests). Such

[4] Ascoli cites the *Bibliothèque de campagne*, whose editor indicated in 1749 that he knew of the existence of *Memnon* (Ascoli, i.xiv).

[5] Paris, BnF: n.a.fr.13006, f.21*v*. This copy of Longchamp's *Mémoires* is the only reliable version, since the 1826 printed edition contains unauthorised interpolations and corrections. The section, for instance, in which Voltaire reads his *contes* to the court at Sceaux and is encouraged to publish them is totally absent from the manuscript. See W. H. Barber, 'Penny plain, twopence coloured: Longchamp's memoirs of Voltaire', *Studies in the French eighteenth century presented to John Lough*, ed. D. J. Mossop, G. E. Rodmell and D. B. Wilson (Durham 1978), p.9-21.

amendments as do occur serve to strengthen the original thrust of the *conte* rather than deflect it. The work is given a subtitle and becomes *Zadig, ou la destinée*. This addition points up the key question of Providence – a term which Voltaire admits he would have preferred to use, but which he possibly considered too risky for the censors.[6] The new chapters reinforce the narrative point of view of *Memnon*. The chapter entitled 'Le Souper' gives more specific emphasis to the *philosophe*'s conviction that all religious sects are simply excrescences on the fundamental deist belief in a Supreme Being. 'Les Rendez-vous', for its part, neatly turns the table on lascivious priests. The most significant addition is that of 'Le Pêcheur', since it serves as a kind of prelude to Jesrad's appearance. In this chapter Zadig counsels a wretched fisherman to leave for Babylon to improve his lot, whereupon the fisherman praises Zadig as 'un ange sauveur' (ch.15, lines 88-89). But in providing consolation for another, Zadig wonders who will console him. The stage is set now for the entry of the hermit, who will prove literally to be an angel, and who will offer Zadig the same advice that Zadig had given the fisherman (and, in Zadig's case, with happy results). These changes reinforce the idea, present in *Memnon*, of a Destiny that can reconcile, albeit incomprehensibly, the existence of evil with meaningful human endeavour.

Zadig first saw the light of day in curious circumstances. According to Longchamp, Voltaire approached the publisher Prault in Paris and agreed a deal with him for the publication of the *conte* on condition that Prault send him the text page by page as it came off the press. But, as Longchamp recounts it, Voltaire sent Prault only part of the novel, keeping back the remaining portion for Machuel of Rouen, both publishers being told that their missing section would arrive in due course. Voltaire then hired women to fold and stitch together the printed parts he received from Prault

[6] See Voltaire's letter of 14 October 1748 (D3784) to the cardinal de Bernis: 'ce roman moral, qu'on devrait intituler plutôt *la Providence* que *la Destinée*, si on osait se servir de ce mot respectable de providence dans un ouvrage de pur amusement.'

and Machuel; in this way he avoided relinquishing control over his work to publishers in whom he placed little trust.[7] This story would appear on the face of it to be implausible, and it is not surprising to find that both Beuchot and Bengesco rejected it. Ascoli, however, was able to demonstrate by study of the selfsame copy owned by Beuchot, that a distinct change in the typography occurs at page 145 (see Figure 1), and to conclude that the work was indeed printed by two different houses.[8]

In one or two respects, however, Ascoli appears to have erred. He rejects the claim of the publisher Bonin to have received from a secretary of Voltaire, around April 1748, 'une quinzaine de feuilles' of *Zadig* (D3756), arguing that Bonin must have been referring to *Memnon*.[9] Fabre points out that Bonin's assertion is too precise to be discounted in this way and that we must suppose a first state of composition of *Zadig*, at least in part, at that period.[10]

Here a further problem intervenes. While the hypothesis of a joint publication must now be accepted as proven, Longchamp's allusion to the role played by Machuel in the enterprise is misleading. A study of the first edition of *Zadig* by the librarians at the Bibliothèque nationale has revealed that, while the earlier part was indeed printed by Prault, the latter section, and also the preliminary pages (including the title, the 'Epître dédicatoire', 'Approbation', 'Table des matières' and Errata) come from the Lefèvre press in Nancy.[11] Something of this was known to Durival who, in his *Description de la Lorraine et du Barrois* (1778-1783), had claimed, though mistakenly, that the whole of *Zadig* was printed by 'Lefèvre'.[12] The most likely inference is that, while at Lunéville

[7] Longchamp's memoirs, BnF, n.a.fr.13006, f.25*r*-26*v*.

[8] Ascoli, i.xii.

[9] Ascoli, i.viii, n.4.

[10] Ascoli, i.119-20, n.4.

[11] BnC 2975, which, however, gives the publisher's name erroneously as 'Leseure'; the error is rectified by René Vaillot, *Avec Mme Du Châtelet*, *Voltaire en son temps*, 2 vol. (Oxford 1995), i.956, n.67.

[12] Nicolas-Luton Durival, *Description de la Lorraine et du Barrois*, 4 vol. (Nancy 1778-1783), i.196.

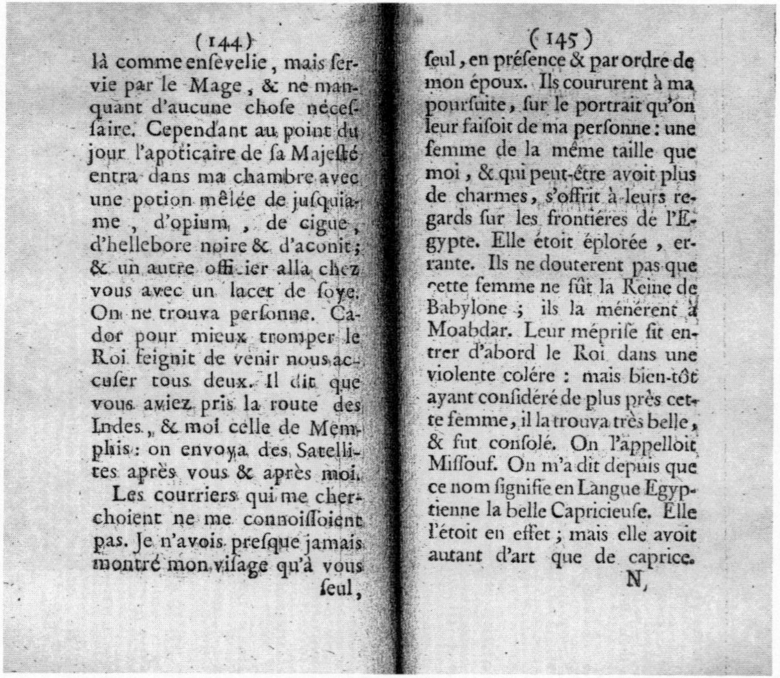

(144)

là comme ensevelie, mais servie par le Mage, & ne manquant d'aucune chose nécessaire. Cependant au point du jour l'apoticaire de sa Majesté entra dans ma chambre avec une potion mêlée de jusquiame, d'opium, de cigue, d'hellebore noire & d'aconit; & un autre officier alla chez vous avec un lacet de soye. On ne trouva personne. Cador pour mieux tromper le Roi feignit de venir nous accuser tous deux. Il dit que vous aviez pris la route des Indes, & moi celle de Memphis: on envoya des Satellites après vous & après moi.

Les courriers qui me cherchoient ne me connoissoient pas. Je n'avois presque jamais montré mon visage qu'à vous seul,

(145)

seul, en présence & par ordre de mon époux. Ils coururent à ma poursuite, sur le portrait qu'on leur faisoit de ma personne: une femme de la même taille que moi, & qui peut-être avoit plus de charmes, s'offrit à leurs regards sur les frontiéres de l'Egypte. Elle étoit éplorée, errante. Ils ne douterent pas que cette femme ne fût la Reine de Babylone; ils la ménérent à Moabdar. Leur méprise fit entrer d'abord le Roi dans une violente colére: mais bien-tôt ayant consideré de plus près cette femme, il la trouva très belle, & fut consolé. On l'appelloit Missouf. On m'a dit depuis que ce nom signifie en Langue Egyptienne la belle Capricieuse. Elle l'étoit en effet; mais elle avoit autant d'art que de caprice.

N,

1. *Zadig* (48P), showing the change in typography at p.145.

or Commercy in the early part of 1748, Voltaire had passed on the relevant section to Lefèvre, the first part having already been completed by Prault and some of it seen by Bonin in April. Thereafter the two sections were stitched together, as Longchamp describes, on Voltaire's return to Paris in late August, and the book brought out the following month, very probably on 10 September.[13]

A number of corrections were made to the text of *Zadig* for the 1752 edition, appearing in volume iv of the Walther *Œuvres* of that year (w52), the most notable being the added anecdote in 'L'Envieux' about Yébor, a transparent anagram for the detested Archbishop Boyer.[14] But Voltaire again worked on his *conte* for the 1756 Cramer edition (w56), where it figures in volume v. The chapter 'Les Jugements' was enlarged into two, 'Le Ministre' and 'Les Disputes et les audiences', but with the suppression of the anecdote concerning Irax.[15] Thus the original fifteen chapters of *Memnon* were increased to nineteen.

After this, however, Voltaire seems to have put *Zadig* definitively aside. Nevertheless, the Kehl edition contains two further chapters, 'La Danse' and 'Les Yeux bleus', which it intercalates after 'Les Rendez-vous'. At the end of the *conte* the editors append a note (which was intended to follow these new chapters):

> C'est ici que finit le manuscrit qu'on a retrouvé de l'histoire de *Zadig*. Ces deux chapitres doivent certainement être placés après le douzième, et avant l'arrivée de Zadig en Syrie: on sait qu'il a essuyé bien d'autres aventures qui ont été fidèlement écrites. On prie messieurs les interprètes des langues orientales de les communiquer, si elles parviennent jusqu'à eux.

[13] See Bonin's assertion to that effect in his letter of that date (D3756). Voltaire himself refers to *Zadig* as already published on 19 September (D3759).

[14] See textual note, ch.4, n.2.

[15] It is not entirely clear why Voltaire removed this anecdote (which was reinstated in the Kehl edition). He may have felt that this was adding excessively to Zadig's exploits, or perhaps that the theme of boredom fitted in less well with legal disputes at this stage. Saulnier believes that Voltaire was mistaken to omit an episode which 'évoque magistralement le type même du petit marquis de l'époque' (*Zadig, ou la destinée*, ed. Verdun L. Saulnier, Geneva 1956, p.xvii).

However, the twelfth chapter referred to here ('Les Rendez-vous') is in fact chapter 13 in Kehl: a significant error, since that chapter was still the twelfth until the 1756 edition, thus providing a *tempus ad quem* for the note and the two chapters. Although their quality is such as to command strong belief in their authenticity, their provenance remains a mystery. Voltaire himself never followed the advice of the note by intercalating them, or even publishing them, during his lifetime. In addition, the matter of inserting them into the text as indicated requires the removal of the last fifteen lines of the preceding chapter and their relegation to a footnote, as Kehl has done. Lacking, therefore, any authority for including them within the body of the work, we have placed these chapters in an appendix.

Nor is it wholly clear when these chapters were composed. While they must precede 1756, they are also presumably post-1752, seeing that they were not included in the revisions for the Walther edition. The most likely date of composition would seem to be around the later part of 1752, towards the end of Voltaire's days at Potsdam. His secretary Collini alludes to 'additions considérables' being made to *Zadig* at that time.[16] Internal evidence supports that claim. Both chapters are based on a relationship, superficially amicable but ambivalent and potentially menacing, between the hero and the king of Serendib, at whose palace he is residing.

Why, then, did Voltaire not integrate these new chapters into the 1756 edition? One can only speculate. The reason may be purely adventitious; as Van den Heuvel suggests, he may have simply misplaced them during his peregrinations after Berlin.[17] But in any event, though they are lively narratives, they add little that is new. Essentially, they provide yet further instances of Zadig's resourcefulness in his pursuit of truth and justice, much in the manner of the early chapter 'Le Chien et le cheval'. They also contain a potential contradiction. Zadig remarks at one point: 'Je

[16] C.-A. Collini, *Mon séjour auprès de Voltaire* (Paris 1807), p.61.

[17] J. Van den Heuvel, *Voltaire dans ses contes* (Paris 1967), p.766.

n'aime pas le surnaturel [...] les gens et les livres à prodiges m'ont toujours déplu' (appendix A, lines 43-45). This would appear to be a somewhat unlikely observation from a hero who is about to fall in with Jesrad and his 'livre des destinées' (ch.18, line 6).[18] It is tempting to infer that Voltaire saw little purpose in extending further for the 1756 edition a story that had already grown considerably since 1747.

One final problem attaches to this work, unknown to Ascoli. Since his edition first appeared a manuscript of *Zadig* has been discovered in St Petersburg. This contains the text of chapters 16 ('Le Basilic'), 17 ('Les Combats') and the beginning of chapter 18 ('L'Ermite'). This manuscript was first made known to the world by Ira Wade, working from materials collected by Pierre Delattre and deposited on the latter's death at the American Philosophical Society in Philadelphia.[19] Unfortunately, working from second-hand information, Wade erroneously concluded that the manuscript represented an intermediary version between *Memnon* and *Zadig*. It is now clear, thanks to a careful examination of these pages by Van den Heuvel, that the text is the earliest version we have of the *conte*, at least for this part, and precedes all the printed versions. The manuscript is at the origin of both *Memnon* and *Zadig*, though much closer to the former than to the latter. But the two printed texts are independent of each other: '*Zadig* ne procède pas de *Memnon*, mais d'un état plus évolué du manuscrit.'[20] Corrections of this manuscript appear in *Zadig*, but not in *Memnon*; conversely, other corrections in *Zadig* do not appear in the manuscript. This study by Van den Heuvel throws new light upon the complex genesis of the story.

[18] See also textual note, appendix A, n.3.

[19] Ira O. Wade, *The Search for a new Voltaire: studies in Voltaire based upon material deposited at the American Philosophical Society*, Transactions of the American Philosophical Society 48, pt 4 (Philadelphia 1958).

[20] Van den Heuvel, *Voltaire dans ses contes*, p.761.

2. *Reception*

Fearful doubtless of the hostility he might encounter once *Zadig* was published in France, Voltaire took his habitual course in denying its authorship. D'Argental is told to reject any such link (19 September [1748], D3759) and urged to discourage Mlle Quinault from imputing *Zadig* to him (14 October [1748], D3783). But on 4 October he writes to the comtesse d'Argental, asking her to transmit a letter from him to the cardinal de Bernis, and referring to an unspecified calumny which is being circulated about him in respect of the cardinal (D3773). The same point is made in a letter on the same day to the comte d'Argental, where he attributes the calumny to 'un homme qui m'a fait depuis longtemps l'honneur d'être jaloux de moi' (D3772). The Kehl editors believed this to be Piron, as Besterman notes. Whether or not Voltaire sent a letter via the comtesse, we know that he wrote to Bernis on 14 October, where the source of his anxiety is made clear: 'Je suis si loin de vous accuser, Monsieur, d'avoir fait *Zadig*, que je m'en avouai l'auteur au roi de Pologne, dès que ce petit ouvrage parut' (D3784). Further light is thrown upon this episode by a letter from Lefèvre de Beauvray (a lawyer at the Paris *parlement*) to his friend the diplomat Pierre-Michel Hennin. On 9 December 1748 Lefèvre contemptuously refers to a trick played by Voltaire on Bernis about *Zadig*. He refrains from any detail, stating only that this action by Voltaire is the 'dernier fruit de son imagination déréglée'. But two weeks later he changes his mind. Writing to Hennin on 23 December, he tells how the queen had written to her father Stanislas, urging him to refuse admission to Voltaire at his court in Lunéville, since Voltaire had provided one further proof of his conduct as 'un homme qui déshonorait continuellement l'état et la religion par ses mœurs' by writing *Zadig*. Lefèvre goes on to allege that Voltaire defended himself by attributing authorship to Bernis, and then excused himself to the cardinal on the grounds of the persecution from which he was suffering.[21] While Marie Leszczynska's dislike of Voltaire cannot be doubted, the story appears suspect. The letter we have to Bernis firmly denies any such accusation, and no record exists of any letter from the queen to her father on this subject. As so often in Voltaire's life, it is impossible to separate truth from rumour. What is clear, however, is that Voltaire felt a need to ensure the continuing support of Bernis, particularly in his struggle not to be discredited as the author of *Sémiramis*, and in his effort to have Bidault de Montigny's offensive parody of the play suppressed.[22] Quite clearly, Voltaire readily conceded his authorship of *Zadig* when there was a danger he might lose his powerful ally.

Whatever Voltaire's fears about the public reaction to *Zadig*, the work caused surprisingly little controversy on its appearance in France. No one adopted the denunciatory line which Lefèvre had ascribed to the queen; and even he, no friend of Voltaire, remarked that readers of the *conte* had found the only impiety to be that, at most, the tale 'ne roule que sur le dogme de la prédestination'. When Clément announces it in a letter of 25 October, he offers no comment except to suggest that the 'Epître dédicatoire' was thought to be addressed to Mme de Pompadour.[23] Indeed, Clément's generally detached attitude may possibly be related to his ignorance of the fact that the *conte* was by Voltaire, as he readily admits on 15 December. However, his discovery of Voltaire's authorship led only to a new admiration for 'la variété des incidents, une certaine gaîté d'imagination, une aménité, la chaleur

[21] *Correspondence and collected papers of Pierre Michel Hennin*, ed. M. L. Berkvam and P. L. Smith, *Part I: November 1745-19 April 1757*, microfiche (Oxford: Voltaire Foundation, 1982).

[22] See the Introduction to *Sémiramis*, ed. R. Niklaus, *OC*, vol.30A (2003), p.39-52. The Bernis imbroglio is discussed by P. L. Smith, 'A note on the publication of *Zadig*; why Voltaire cried slander', *Romance notes* 16 (1974-1975), p.345-50.

[23] Pierre Paul Clément, *Les Cinq années littéraires, ou Nouvelles littéraires des années 1748, 1749, 1750, 1751 et 1752* (The Hague 1754), i.142. Though now considered an unlikely identification (the relationship between Voltaire and Louis's mistress was an uneasy one at this time), this was a common assumption of contemporaries. See Ascoli, ii.3-4.

et la rapidité du récit, la simplicité, la noblesse et l'heureuse négligence du style'.[24]

The reactions of the abbé Raynal follow a similar course. His first comments betoken a rather disdainful indifference:

Zadig ou la Destinée, histoire orientale, est un nouveau roman qui mérite quelque attention. Il n'y a point d'intérêt; ce sont des contes de quelques pages, détachés les uns des autres et qui sont extrêmement froids. Point d'instruction; ces contes roulent sur des matières frivoles ou sur quelques objets de morale superficiellement traités. Point de sentiment; je ne me souviens pas d'avoir guère lu rien d'aussi sec; peu d'esprit; les pensées y sont rares et même fort communes. Il règne, en revanche, dans ce petit ouvrage, une correction de style, un naturel d'expression, un respect pour les mœurs et pour le culte reçu, qu'on n'avait vu depuis longtemps dans aucun livre de ce genre. Les gens du monde, les femmes principalement, en font peu de cas; les vrais connaisseurs et les gens du métier en pensent plus avantageusement. On ne sait à qui attribuer ce roman, parce qu'il ne ressemble, pour la manière, à aucun de ceux qui ont paru jusqu'ici.[25]

These surprising comments about the orthodoxy of *Zadig* lead one to wonder how closely Raynal had read the tale. Like Clément, Raynal made his first pronouncement in ignorance of the author's identity. By November, however, he has become aware that the tale is being attributed to Voltaire, and is aware also that the *conte* is enjoying considerable success: '*Zadig*, qui faisait d'abord peu de bruit, en fait maintenant beaucoup.' But Raynal refuses to credit Voltaire with authorship, stating categorically that the latter is occupied with translating an English work, and adding that *Zadig* is not 'dans le genre de Voltaire'.[26]

The *Journal de Trévoux* is likewise unaware that Voltaire has written *Zadig* when it reports on the story in November 1748. After praising the author for possessing 'bien de l'esprit, un grand usage d'écrire, et beaucoup de connaissances', the reviewer continues:

[24] Clément, *Les Cinq années littéraires*, i.142.

[25] Abbé Raynal, *Nouvelles littéraires* (1748), in *Correspondance littéraire*, ed. M. Tourneux, 16 vol. (Paris 1877-1882), i.216-17.

[26] Raynal, *Correspondance littéraire*, i.231.

Il raconte avec légèreté et peint avec grâce. Son héros est Zadig, homme d'aventures et tout aimable. Il a toutes les qualités, celles mêmes des philosophes; il sait de tout, parle de tout, juge toute espèce d'affaires sans pédanterie, sans affectation, sans prendre jamais le change. Un seul point ne lui est pas assez connu; c'est l'obligation de respecter les ordres de la Providence; ses malheurs le font murmurer quelquefois contre elle; mais sur la fin de l'ouvrage un esprit céleste lui apprend à *ne pas vouloir juger d'un tout dont il n'aperçoit que la plus petite partie*. Telles sont les voies de la Providence, nous ne les envisageons ordinairement que d'un côté: tout le reste nous échappe.

Quoique ce roman soit moral, il n'est pas sans galanteries: écueil ordinaire de ces sortes de livres. Et l'on trouvera aussi à y condamner quelques principes; par exemple le jugement que Zadig porte de tous les cultes de la Divinité. Il les estime presque également bons; il ne les croit différents les uns des autres que par des contrariétés apparentes ou accidentelles. Il n'est pas bien non plus que l'esprit céleste envoyé à Zadig pour l'instruire, lui peigne les passions comme quelque chose d'essentiel à l'homme; ni qu'il prononce cette sentence: *Tout est dangereux ici bas et tout est nécessaire*; ni qu'il assure que *l'Etre Suprême a créé un million de mondes*; ni qu'il insinue que tout ce qui est, devait être tel absolument: ce qui autoriserait cette idée très fausse, que dans la production et l'arrangement de cet univers, Dieu n'aurait pas été parfaitement libre, etc. Mais c'est assez parler d'un très petit livre que d'autres liront, examineront, critiqueront peut-être mieux que nous.[27]

In brief, the *Journal de Trévoux*, while aware of certain potentially heretical opinions in *Zadig*, does not consider them to be totally subversive of faith and morality, and spares the tale any censorious fulmination.

The *Mercure de France*, better informed, indicates in the same month that the story is being attributed to 'l'un de nos plus fameux poètes'; however, Voltaire is not named. The notice is almost wholly favourable:

Il se trouve dans ce livre plusieurs principes qui ne seront pas approuvés généralement, mais on y découvre beaucoup de génie et d'invention, et

[27] *Journal de Trévoux* (November 1748), p.2449-51.

l'auteur a le secret de paraître original même lorsqu'il n'est qu'imitateur. Son style est naturel, peut-être quelquefois négligé, mais toujours vif et agréable. Son héros est un philosophe charmant, qui joint aux lumières que fournit l'étude, toutes les grâces qu'on puise dans le commerce du grand monde [...] il [cet ouvrage] ne peut être que d'un homme extrêmement supérieur et d'un très bel esprit. Peu s'en faut même que nous ne soyons tentés de soupçonner qu'une seule tête n'a pas créé tout ce qu'on aperçoit de neuf dans une fiction si ingénieuse.[28]

Equally charitable is the review by the abbé Laporte for the Dutch *Observations sur la littérature moderne*:

Ce roman n'est à proprement parler, qu'un recueil choisi de traits amusants, arrivés à plusieurs, attribués à un seul. Ce sont de petites histoires ramassées de côtés et d'autres, unies avec art, et qui n'en forment qu'une seule, dont le but principal est de faire voir que tout ce qui arrive dans le monde est l'effet d'une vertu supérieure, d'une puissance indépendante de notre volonté [...] Il y a dans ce petit roman une infinité de pensées vives, lumineuses, qui caractérisent son auteur [...] A ne juger de ce roman que par les pensées détachées que je viens de rapporter, on croirait que rien n'est plus grave ni plus sérieux; ce n'est cependant qu'un jeu, qu'un badinage presque continuel, ou plutôt c'est un mélange de sérieux et de comique, qui rend cet ouvrage plus amusant qu'instructif, plus propre à égayer l'esprit, qu'à former le cœur, plus capable de faire rire, que d'attendrir.[29]

A particularly interesting aspect of this last review is that it anticipates some recent interpretations of *Zadig* that have laid greater stress upon the ludic qualities than heretofore, rather than concentrating quite so much on the figure and significance of Jesrad.[30]

The tale has enjoyed a substantial posterity. A parody, *Le Livre d'airain, histoire indienne* by Nicolas Bricaire de La Dixmerie, was

[28] *Mercure de France* (November 1748), p.139-40.

[29] Abbé Laporte, *Observations sur la littérature moderne* (The Hague 1749), i.8-12.

[30] See J. Bianco, '*Zadig* et l'origine du conte philosophique: aux antipodes de l'unité', *Poétique* 68 (1986), p.443-61; H. Mason, '*Zadig* and the birth of the Voltaire *conte*', *Essays in memory of R. A. Leigh* (Oxford 1990), p.279-90.

published in 1759. In 1787 appeared a two-act comedy by Marie Monnet, *Zadig, ou l'épreuve nécessaire*, based on the chapter 'Le Nez'. The whole *conte* was the subject of a three-act *mélodrame héroïque*, composed by Marie-Adèle Barthélemy-Hadot, and bearing the same title *Zadig, ou la destinée* (1804). This work, 'orné de danses, combats, tournois, évolutions militaires, pantomimes, etc.', had its *première* at the Théâtre de la Gaîté on 25 August 1804. More recently, *Zadig* was adapted as a four-act musical comedy at the Opéra Comique on 17 June 1948, with music by Jean Dupérier (BnC 3026). Lastly, there was a famous staging by Jean-Louis Barrault at the Théâtre d'Orsay in 1983.

Abroad, *Zadig* has been adapted at least twice. The first and more interesting instance occurred in Spain, where the Madrid daily journal, the *Diario noticioso*, serialised the *conte* from 22 June to 17 July 1759, but anonymously and under the anodyne title *Instrucción para un joven que desea conducirse bien*. The adaptor, however, has concealed not only the identity of the author but omitted the original title, chapter headings, 'Approbation' and 'Epître dédicatoire'. All satire having been systematically removed, *Zadig* has turned into a sermon. Only the general didactic intention has retained an eighteenth-century flavour. Otherwise, the influence of Voltaire in Spain can scarcely be said to have been advanced by this adaptation.[31] *Zadig* was also the basis for an Italian musical melodrama, *Zadig ed Astartea*, performed and published in Venice in 1831; only the libretto is extant.[32] In addition, the international reputation of the story is evidenced by the translations that have been made of it into several different languages.

[31] P. J. Guinard, 'Une adaptation espagnole de *Zadig* au XVIIIe siècle', *Revue de littérature comparée* 32 (1958), p.481-95.

[32] BnC 3025.

3. *Sources and background*

As is immediately apparent, *Zadig* fits directly into the tradition of the *histoire orientale*, a genre particularly popular at the time, following on the success of *Les Mille et une nuits* in the translation by Antoine Galland (1704-1717).[33] The 'Epître dédicatoire' stresses the connection, albeit in playful mode (lines 23-28):

> [*Zadig*] fut écrit d'abord en ancien chaldéen, que ni vous ni moi n'entendons. On le traduisit en arabe, pour amuser le célèbre sultan Oulougbeg. C'était du temps où les Arabes et les Persans commençaient à écrire des Mille et une nuits, des Mille et un jours, etc. Ouloug aimait mieux la lecture de *Zadig*; mais les sultanes aimaient mieux les Mille et un.

Additionally, Voltaire drew upon current travellers' tales, like Bernier's *Voyages*, Tavernier's *Les Six Voyages*, Chardin's *Voyages*, D'Herbelot's *Bibliothèque orientale*, Du Halde's *Description de la Chine* and Ramsay's *Voyages de Cyrus*.[34] Thomas Hyde's *Historia religionis veterum Persarum* (1700), chapters 24 to 26, serves as the main source on Zoroastrianism. That said, throughout the story we remain in 'une seule contrée, l'Orient

[33] The mode was at its height in 1745-1747. Marie-Louise Dufresnoy lists 44 such works from these years, in *L'Orient romanesque en France, 1704-1789* (Montreal 1946), p.360-62. The importance of links between *Zadig* and *Les Mille et une nuits* is well brought out by W. H. Trapnell, 'Destiny in Voltaire's *Zadig* and *The Arabian Nights*', *SVEC* 278 (1990), p.147-71.

[34] François Bernier, *Voyages de François Bernier, contenant la description des Etats du grand Mogol, de l'Hindoustan, du royaume de Kachemire, etc.* (Amsterdam 1699); Jean-Baptiste Tavernier, *Les Six Voyages de Jean-Baptiste Tavernier* [...] *en Turquie, en Perse et aux Indes*, 2 vol. (Paris 1676); Jean Chardin, *Journal du voyage du chevalier Chardin en Perse et aux Indes orientales: par la mer Noire et par la Colchide* (London 1686); Barthélemy D'Herbelot, *Bibliothèque orientale, ou Dictionnaire universel contenant généralement tout ce qui regarde la connaissance des peuples de l'Orient* (Paris 1697); Jean-Baptiste Du Halde, *Description géographique, historique, chronologique, politique, et physique de l'empire de la Chine et de la Tartarie chinoise* (1735); Andrew Michael Ramsay, *Les Voyages de Cyrus, avec un discours sur la mythologie* (Paris 1727).

philosophique'.[35] But Voltaire is not inspired solely by oriental sources. He is also indebted to works originating nearer home, such as Fénelon's *Télémaque*[36] or Ariosto's *Orlando furioso*.[37] A long and complex history antedates the Jesrad tale, dating back through seventeenth-century English literature (which may possibly account for the belief of contemporary readers like Raynal that *Zadig* was originally an English work) and also French writers, to Talmudic origins.[38] But the list of possible sources is countless. Voltaire amalgamates works both diverse and numerous – directly plagiarising some, and drawing general inspiration from others – in imparting local colour to the *conte*.[39]

Philosophically speaking, *Zadig* bears the clear stamp of Leibniz, with Voltaire following in the German thinker's footsteps in his attempt to square human freedom and cosmic necessity, or God's bounty with the existence of evil. By 1740, under the influence of Mme Du Châtelet, he had begun to read Leibniz, and more particularly the *Theodicy*.[40] Only once, in the period before 1748, does he react unfavourably towards the German philosopher.[41] Otherwise he shares Leibniz's opinion that the apparent incoherence of an individual destiny can be given meaning when set against the totality of the universe.

[35] Voltaire, *Romans et contes*, ed. R. Pomeau (Paris 1966), p.26.

[36] See R. J. Howells, '*Télémaque* et *Zadig*: apports et rapports', *SVEC* 215 (1982), p.63-75.

[37] See textual notes, ch.17.

[38] R. Waller, 'Voltaire, Parnell and the hermit', *SVEC* 191 (1980), p.994-96. See also textual note, ch.18, n.1.

[39] See textual notes for the more likely parallels. Ascoli draws up an extensive catalogue (i.xxxv-xlii), which Fabre, however, considers to be 'à la fois hétéroclite et incomplet' (p.121).

[40] Van den Heuvel, *Voltaire dans ses contes*, p.163, n.22.

[41] Letter to Ludwig Martin Kahle, ? March 1744, D2945.

4. *Significance*

Unassailably, *Zadig* occupies a position of central importance in the Voltaire *œuvre*. Although it seems that a substantial part of *Micromégas* was already to be found in the *Voyage du baron de Gangan* sent to Frederick in 1739,[42] and while *Le Crocheteur borgne* and *Cosi-Sancta* date from around 1715,[43] *Zadig* represents Voltaire's first excursion into print in the philosophical tale, the genre for which he remains above all renowned.

The very existence of *Zadig* as a prose tale, constituting such a major landmark, has led to much critical discussion about the reasons for this new venture by Voltaire. For some commentators, the cause may lie in the growing pessimism felt by him about man's situation in the world. Seen from this point of view, the crux of the problem is trenchantly summed up by René Pomeau, who asserts that 'le conte voltairien naît définitivement de la crise de 1748'.[44]

Plausible grounds for this opinion are readily to be found in the sombre aspects of the tale. But the switch to the *conte* may also have been due to formal as well as philosophical reasons. May not its very flexibility, freed of the classical canons affecting the *grands genres*, have proved attractive as a form of self-expression, the more so for an author who did not write easily about himself? The *conte* generically 'offers a relief from elevation and seriousness'.[45] The use of fable admits of disguise and distantiation: a ludic attempt to destabilise an unduly rigid consciousness of things.

Voltaire had already, by this time, used the philosophical

[42] See Ira O. Wade, *Voltaire's 'Micromégas'* (Princeton 1950), who argues that '*Micromégas* was written in 1739' (p.32). This claim has given rise to a wide range of hypotheses for and against Wade's view: see A. Gunny, 'A propos de la date de composition de *Micromégas*', *SVEC* 140 (1975), p.73-83.

[43] 'Contes en prose: *Le Crocheteur borgne*; *Cosi-Sancta*', ed. Christiane Mervaud, *OC*, vol.1B (2002), p.47-129.

[44] R. Pomeau, *La Religion de Voltaire*, 2nd edn (Paris 1969), p.248.

[45] R. J. Howells, *Disabled powers: a reading of Voltaire's 'contes'* (Amsterdam 1993), p.7.

narrative in other prose forms. The *Histoire de Charles XII*, by his own admission, mingles historical truth with 'un peu de fabuleux'.[46] Letter XI of the *Lettres philosophiques* might well be titled 'How inoculation came to England', made up as it is of facts, half-truths, untruths and *philosophie*. The narrative form used philosophically recurs in the *Discours en vers sur l'homme*, nowhere more notably than in the 'Sixième discours', entitled 'De la nature de l'homme', where Voltaire couches his argument in what he describes as 'un récit véritable'. Here a 'vieux lettré chinois' appears on the scene, to propound such dilemmas of human existence as the brevity of life and the limitations of our being. An answer is offered by an angel who sets these queries in a cosmic context by taking the Chinese *savant* on a tour of the universe, revealing to him the sublime greatness of Creation as revealed in the depth of space. The scholar is momentarily persuaded. But back on earth, 'il y murmura, quand il fut arrivé'.[47]

The similarity between this 'discours' and Zadig's bewilderment in the face of Jesrad's sermon is all too evident. In *Zadig* the problematical nature of Providence is linked directly to virtue and to happiness. Can virtue triumph? And can it bring happiness? Take a hero worthy of the great Zoroaster, morally irreproachable and intellectually distinguished. Make him physically the most favoured of men and endow him with great wealth. Surely, then, happiness is assured? The question is broached in the second paragraph of the story, and the leitmotif of happiness is specifically invoked at the end of chapters 3, 4 and 5.

But fortune quickly dictates the difficulty of achieving such a state. Human malice is the norm, philanthropy the exception: 'L'occasion de faire du mal se trouve cent fois par jour, et celle de faire du bien une fois dans l'année, comme dit Zoroastre' (ch.4, lines 58-60). Zadig's exceptional virtues enter regularly into

[46] Letter from Voltaire to Johann Mathias von der Schulenburg, 17 January 1740, reproduced in *Histoire de Charles XII*, ed. Gunnar von Proschwitz, *OC*, vol.4 (1996), app.7, p.630. (This letter does not figure in the Besterman correspondence.)

[47] *Discours en vers sur l'homme*, ed. H. Mason, *OC*, vol.17 (1991), p.514-19.

conflict with ordinary human mediocrity or downright malice, starting with Sémire's inconstancy in the opening chapter. Judicial venality, sectarian dogmatism, envy, jealousy, deceit – all these he will encounter. Moreover, the women match the men in their own capacity for waywardness. This most misogynistic of Voltaire's *contes* opens with Zadig's betrayal by an aristocratic lady, followed by similar treatment from 'une citoyenne': his underlying disillusionment with the noble Mme Du Châtelet, as well as the turbulence of his new love affair with his commoner niece Mme Denis, are not far beneath the surface. The lovely Astarté is the sole exception in a female rogues' gallery, in which also figure the fisherman's unfaithful wife, the intolerant Azora and the capricious Missouf. Zadig is denounced by Astarté's chambermaid to Arimaze's wife, who betrays him to the king, bringing about his downfall and exile. Even Almona, though she eventually attains wisdom, has to be dissuaded from pursuing her masochistic desire to immolate herself on her dead husband's pyre.

No less reprehensible are the courtiers of Babylon: venal, jealous, fickle, lascivious, slanderous. The *conte* has justly been described as an 'anti-Versailles'.[48] Here too the recent experiences of its author show through, in a 'règlement de comptes' for the locust years he had spent at the French court.

It would however be imprudent to extrapolate from these comments the conclusion that *Zadig* is simply a pessimistic work. Virtually all the darker elements it possesses are already present in the *Discours en vers sur l'homme*. Despite sombre intimations along the way, the tale ends on a positive note. This cannot be dismissed simply as an ironic pirouette on Voltaire's part. The plot leads logically up to Jesrad; as we have noted, Voltaire strengthened this link by adding the chapter 'Le Pêcheur' in the 1748 edition. He thereby confers on *Zadig* an even clearer sense of destiny. As Jesrad demonstrates, there is a hidden meaning

[48] *Zadig*, ed. Saulnier, p.xii.

behind even the most bewildering of events. To cite Van den Heuvel:

> *tout se passe comme si* la liberté, cette exigence fondamentale de l'homme, arrivait à se concilier avec un ordre nécessaire et immuable, par le ministère d'une Providence [...] tout se passe comme si, en définitive, la sagesse menait au bonheur, et comme si le mal pouvait s'intégrer dans une perspective générale.[49]

Yet, in recounting Jesrad's murder of a young boy, Voltaire penetrates to the very heart of the mystery of evil. Anticipating Camus's view in *La Peste* that the supreme scandal of our world is the unjustifiable death of innocent children, he poses a problem that, unsurprisingly, does not receive an answer that makes sense in human terms. Nor is Zadig convinced by Jesrad's homily. The hero's 'Mais...' abides. While he himself will prosper and bring peace and justice to Babylon, he must put aside his questioning and rejoice in his good fortune: 'On bénissait Zadig, et Zadig bénissait le ciel' (ch.19, lines 99-100). But the fairytale nature of the ending is all too evident: 'ce fut le plus beau siècle de la terre' (line 98). Like Eldorado, this is a privileged dream-world that the reader will never enter. The scandalous murder of the boy must be placed in the wider context of a universe which is nonetheless majestic, awesomely beautiful and infinitely rich in its diversity. The Voltairian perspective is perhaps best glimpsed in the opening paragraph of the chapter 'La Femme battue'. On this 'petit atome de boue', human beings devour each other. And yet... 'l'ordre immuable de l'univers' is glorious, and the aesthetic elevation from it sublime. And yet... 'rendu à lui-même [...] l'univers disparaissait à ses yeux'. There is no end to 'ce flux et [...] ce reflux de philosophie sublime et de douleur accablante' (ch.9, lines 8, 12-14, 15-16). This alternating movement reflects the characteristic duality of Voltaire's ironic stance.[50] The enigma will remain, but

[49] Van den Heuvel, *Voltaire dans ses contes*, p.178; author's italics.

[50] This pattern in Voltaire's style has been brilliantly perceived by J. Starobinski, 'Le fusil à deux coups de Voltaire: la philosophie d'un style et le style d'une

human beneficence and justice will not thereby be rendered nugatory. Zadig, the champion of truth, follows the line of the great sages of antiquity, and most specifically Zoroaster, of whom he is a disciple. He himself harbours no doubts about a universal God behind all the diverse creeds that humankind has conjured up over the centuries. He incarnates the hope that enlightenment will eventually triumph over barbarism. The seeds of the future campaigner who will seek to *écraser l'infâme* have already been planted.

But it is also important not to overlook the delight in fantasy which Voltaire shows in *Zadig*, an aspect too often underestimated by comparison with the philosophic aspects. The episodic nature of the *conte* suited him admirably. A penchant for the brief note, article or chapter runs through much of his work. As he put it when referring to the *Dictionnaire philosophique*, 'j'aime assez en général, tous ces petits chapitres qui ne fatiguent pas l'esprit' (D12939). The remark could have applied just as well to the swift succession of episodes in *Zadig*, told with pungent brio. Cameos abound: to name only a few, the cheerful rogue Arbogad, who exploits a moral fable for totally immoral ends; the impossibly capricious Missouf; the dogmatic Azora, caught in the toils of her own logic.

Generic parody of the romance also abounds. Consider, for example, the scenes of combat in the *conte*: there are no fewer than six in all, culminating in Zadig's duels to win the hand of Astarté. Voltaire had already taken great pleasure in depicting battles in *La Henriade*, and he believed that he had broken new ground in his descriptions. He had proudly declared to Frederick: 'Je suis, je crois, monseigneur, [...] le premier Français qui ait peint des coups

---

philosophie', *Revue de métaphysique et de morale* 71 (1966), p.277-91. A similar view of the duality of *Zadig* is taken by Roger Pearson: '*Zadig* constantly gives the impression of telling only half the story, as if we too were reading the left-hand side of a broken tablet', *The Fables of reason: a study of Voltaire's 'contes philosophiques'* (Oxford 1993), p.92. This fertile observation allows one to see the tablet episode in chapter 4 as a *mise en abyme* of the whole story.

d'escrime portés, parés et détournés' (15 April [1739], D1978). Voltaire displays just such attention to detail in the combat scenes in *Zadig*, the most striking of which is the duel between the protagonist and Otame (ch.17, lines 85-91):

Les plumes de leur casque, les clous de leurs brassards, les mailles de leur armure sautent au loin sous mille coups précipités. Ils frappent de pointe et de taille, à droite, à gauche, sur la tête, sur la poitrine; ils reculent, ils avancent, ils se mesurent, ils se rejoignent, ils se saisissent, ils se replient comme des serpents, ils s'attaquent comme des lions; le feu jaillit à tout moment des coups qu'ils se portent.

A similar description of the fight between Zadig and Missouf's lover uses almost identical language. The perspective, however, is different. The action has a spectator – the lady whose cause Zadig believes he is defending. He is, of course, mistaken: 'La dame assise sur un gazon, rajuste sa coiffure, et les regarde' (ch.9, lines 44-45). The scene changes without transition from the heroic struggle to the narcissistically detached observer: a *double registre* worthy of Marivaux. When her lover is slain, Missouf pours imprecations upon her champion in terms parodically reminiscent of Racine.[51] Comic intertextuality runs right through *Zadig*. 'Les Combats', for instance, plunders Ariosto's *Orlando furioso*. Zadig's situation with Sémire recalls *Manon Lescaut*.[52] The marvellous coincidence that he arrives at the very moment when Astarté is tracing out the letters of his name (a welcome embellishment that is not found in *Memnon*) precedes an exchange of high-flown language that is the stuff of romance rhetoric. There is here a delight in story-telling for its own sake,[53] as in those 'contes qui sont sans raison', but ultimately the narrator speaks 'pour avoir l'honneur de vous parler

[51] See textual note, ch.9, n.4.

[52] See textual notes, ch.1, n.3-4.

[53] Compare the comments of J. Bianco: 'Il nous paraît évident que, malgré sa recherche d'une croyance universelle [...] Voltaire est séduit par la diversité du monde – charmé, même, par la diversité des préjugés. On y décèle comme un plaisir esthétique', in '*Zadig* et l'origine du conte philosophique: aux antipodes de l'unité', *Poétique* 68 (1986), p.450.

raison' (as he says in his dedication to the Sultane Shéraa). As promised in the 'Approbation', *Zadig* is 'curieux, amusant, moral, philosophique'. The full significance of the *conte* is lost if one does not remember that the first two epithets apply as relevantly as the latter pair.

5. *Manuscript, editions and translations*[54]

MS

Manuscript copy by Longchamp, corrected by Voltaire, equivalent to chapters 16, 17 and the beginning of chapter 18 of *Zadig*.

The individual manuscript pages are numbered from 62 to 85. 'Chapitre 12', running from page 62 to the middle of page 74, corresponds in *Zadig* to chapter 16 ('Le Basilic'). Page 70 of the manuscript consists of a later sheet of writing affixed with wax over an earlier sheet. 'Chapitre 13', running from the middle of page 74 to the middle of page 83, corresponds in *Zadig* to chapter 17 ('Les Combats'). An additional chapter, incorrectly entitled 'Chapitre 13', is incomplete, beginning in the middle of page 83 and ending on page 85. It corresponds in *Zadig* to the opening pages of chapter 18 ('L'Ermite').

The principal character is called 'Memnon' in the manuscript.

See Fernand Caussy, *Inventaire des manuscrits de la Bibliothèque de Voltaire, conservée à la Bibliothèque imperiale publique de St Pétersbourg* (Paris 1913), p.41.

St Petersburg, BV: manuscripts, volume ix, f.26*r*-38*v* [p.62-85].

47

MEMNON / *HISTOIRE* / ORIENTALE. / [*Engraved vignette, 50 x 40 mm, 3 cherubs, one holding a trumpet, another a wreath, the third an open book*] / *A LONDRES,* / POUR LA COMPAGNIE, / *MDCCXLVII.* / [*Lines 1, 3, 5 in red*]

[*Half-title*] MEMNON / HISTOIRE / ORIENTALE. /

8°. sig. π^2 A-K^8 L^6; pag. [*iv*] 172; $5 signed, arabic; page catchwords.

[54] This section was compiled by Michael Freyne.

[*i*] half-title; [*ii*] blank; [*iii*] title; [*iv*] blank; [1]-172 *Memnon Histoire Orientale.*

This edition was published in fact in Amsterdam by Arkstée and Merkus. It was announced in the Amsterdam issue of the *Journal des savants* for May 1748, p.140, which attributes the work to 'M. le chevalier Durand'. Consists of 15 untitled chapters. The copy in the Bodleian Library lacks a half-title.

Bengesco 1420; BnC 2973; Ascoli 1.

Oxford, Bodley: Douce V113. Paris, BnF: Z Beuchot 559.

48LO

MEMNON / *HISTOIRE* / ORIENTALE. / [*Ornament, 40 x 30 mm, foliage motifs*] / *A LONDRES,* / POUR LA COMPAGNIE. / *MDCCXLVIII.* / [*Lines 1, 3, 5 in red*]

[*Half-title*] MEMNON / HISTOIRE / ORIENTALE. /

8°. sig. π^2 A-K^8 L^6; pag. [*iv*] 172; $4 signed, arabic (A4, B4 signed 'A3', 'B3'; L4 not signed); sheet catchwords.

[*i*] half-title; [*ii*] blank; [*iii*] title; [*iv*] blank; [1]-172 *Memnon Histoire Orientale.*

A reprint of 47, in fact published in Rouen. It is inferior to 47 in major respects: typography, layout, paper quality. Consists of 15 untitled chapters. In the BnF copy half of page 17-18 [B1] has been torn out.

Bengesco, note to 1420; BnC 2974; Ascoli 2.

Paris, BnF: Z Beuchot 560.

48P

ZADIG / *OU* / LA DESTINÉE. / *HISTOIRE ORIENTALE.* / [*Double rule, thick and thin, 54 mm*] / M. DCC. XL. VIII. /

[*Half-title*] ZADIG / HISTOIRE / ORIENTALE. /

12°. sig. A^6 (A1 + ã^6 + A2-6) B-Q^6 R^4 (– R4); pag. xii 198; $3 signed, roman (– A1, ã1, ã3, R2, R3); sheet catchwords.

[1] half-title; [2] blank; [i] title; [ii] blank; [iii]-ix Epître dédicatoire; [x] Approbation; [xi] Table des matières; [xii] *Errata.* Bévuës de l'Editeur; [3]-195 *Zadig· Histoire Orientale*; [196]-[198] blank.

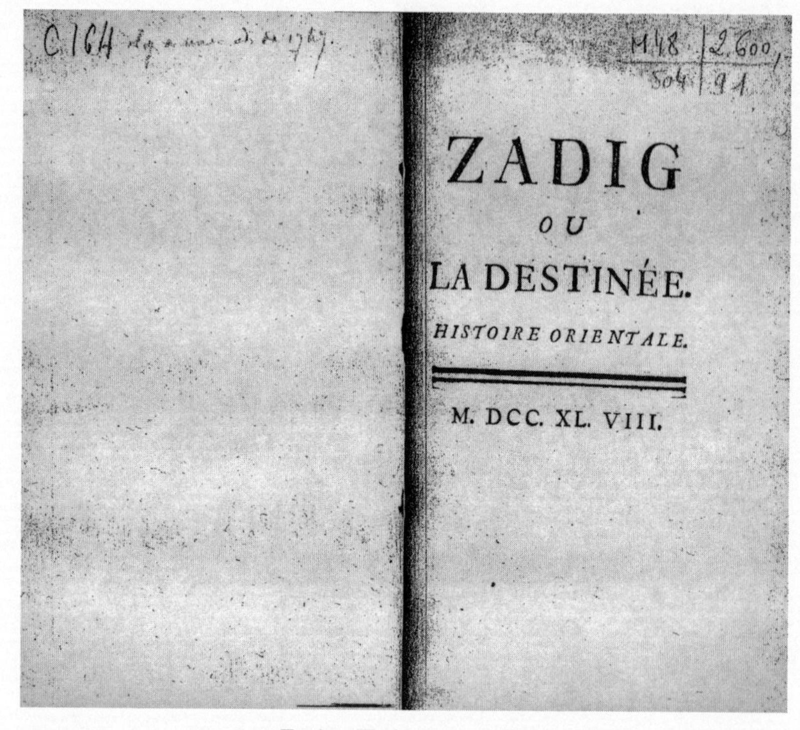

2. *Zadig*. Title page of 48P.

The first page of the *Epître dédicatoire* (p.[iii]) is signed 'ãij'; the first page of chapter 1 of *Zadig* (p.[3]) is signed 'Aij'. The 'O' and the 'U' of the second line of the title page appear to come from different type faces. In the *Epître dédicatoire* of all copies seen the final letter of the word 'Talestria' (p.viii) has been corrected to 's' by hand in black ink. The *Epître dédicatoire* of one BnF copy (Rés. P Y2 3017) shows (p.ix) a black ink correction which transforms the printed signature 'Zadig' to 'Sadi': the initial 'Z' is changed into a long 'S', and the final 'G' is struck out.

This is the first complete edition of *Zadig* in 18 chapters. Longchamp's assertion that it was printed in two parts by two different printers was rejected by Bengesco. However, as Ascoli observed, two different typographies are discernible in the text. From page 145 a slightly heavier paper is used, the print is placed a little higher on the pages, slightly larger numerals are used for the page numbers (see Figure 1). The authors of the BnC show convincingly that the printing of the 12 gatherings A-M, which include the half-title page [A1], is attributable to Prault fils in Paris, while gatherings N-R, and also the preliminary gathering ã, containing the title page, the *Epître dédicatoire*, the Approbation, the Table des Matières and the Errata, were the work of the printer Lefèvre of Nancy (see above, p.70-72).

In one BnF copy (Z Bengesco 226) the half-title follows gathering ã and immediately precedes the first page of *Zadig*. In this copy therefore gathering ã was not placed inside the first opening of gathering A. The collation is: $ã^6$ A-Q^6 R^4 (– R4), and the contents are arranged as follows: [i] title; [ii] blank; [iii]-[xii] (as for other copies above); [1] half-title; [2] blank; [3]-195 *Zadig· Histoire Orientale* (p.101-104, 113-16, 149-52 missing); [196]-[198] blank.

Bengesco 1421; BnC 2975-2977; Ascoli 3.

Paris, Arsenal: 8° NF 4849, 8° BL 34139; BnF: Rés. P Y2 3017, Rés. P Y2 2281, Z Beuchot 885, Z Bengesco 226.

48LY

ZADIG / *OU* / LA DESTINÉE. / *HISTOIRE ORIENTALE.* / [*Double rule, thick and thin, 50 mm*] / M. DCC. XLVIII. /

[*Half-title*] ZADIG. / HISTOIRE / ORIENTALE. /

12°. sig. $\pi^6(-\pi 6)$ A-P^6(– P6); pag. x 178; \$3 signed, roman; sheet catchwords.

[i] half-title; [ii] blank; [iii] title; [iv] blank; [v]-viii Epître dédicatoire; [ix] Approbation; [x] Table des matières; 1-178 *Zadig. Histoire Orientale.*

Probably printed in Lyon. The errors listed in the errata of 48P have been corrected.

Bengesco 1422; BnC 2978; Ascoli 4.

Paris, BnF: Z Beuchot 886.

W48D

Œuvres de M. de Voltaire. Dresde: Walther, 1748-1754. 10 vol. 8°.

Produced with Voltaire's participation.

'Zadig, ou la destinée, histoire orientale', volume viii, p.8-82.

Bengesco 2129; Trapnell 48D; BnC 28-35; Ascoli 5.

Oxford, Taylor: V1 1748 (8). Paris, BnF: Rés. Z Beuchot 12.

49X1

ZADIG, / OU, / LA DESTINE'E. / *HISTOIRE ORIENTALE.* / [*Single rule, 51 mm*] / M.DCC.XLIX. /

12°. sig. a^4 A-Q^6 R^2; pag. viii 196; \$3 signed, roman (– a1, a3, R2); sheet catchwords.

[i] title; [ii] blank; [iii]-viii Epître dédicatoire; [1] Approbation; [2] Table des matières; [3]-195 *Zadig. Histoire Orientale*; [196] blank.

Printed in England. The errors listed in the errata of 48P have been corrected. Mentioned in Besterman, 'Some eighteenth-century Voltaire editions unknown to Bengesco', *SVEC* 101 (1973), no.236.

Bengesco i.438n.; BnC 2979; Ascoli 6.

Paris, BnF: Rés. P Y2 2499.

49X2

ZADIG / OU / LA DESTINE'E, / HISTOIRE ORIENTALE. / *PAR* / MONSIEUR DE *** / DEUXIE'ME E'DITION, / Révuë & corrigée. / [*Double rule, thick and thin, 59 mm*] / M.DCC.XLIX. /

12°. sig. A-O^6 (O5, O6 blank); pag. 168 (p.164-68 not numbered); $3 signed, roman (– A1, A2; C2 signed 'C3'); sheet catchwords.

[1] title; [2] blank; [3]-6 Epître dédicatoire; [7] Approbation; [8] Table des matières; [9]-163 *Zadig Histoire Orientale*; [164]-[168] blank. Line 6 of the title page of the Bordeaux copy reads: / Mr. AROUET DE VOLTAIRE. /

The errors listed in the errata of 48P have been corrected, except for the signature of the *Epître dédicatoire*.

BnC 2980; not known to Bengesco or Ascoli.

Paris, BnF: Rés. P Y2 2295. Bordeaux, Bibliothèque municipale: D 41237.

BC1

BIBLIOTHEQUE / DE / CAMPAGNE, / OU / AMUSEMENS / DE / L'ESPRIT ET DU COEUR. / [*Rule, 59 mm*] / *Nouvelle Edition rectifiée & augmentée.* / [*Rule, 59 mm*] / TOME XVIII / [*Ornament, 30 x 18 mm, fern motifs*] / A LA HAYE, / Et se débite à GENEVE, / Chez les FR. CRAMER & CL. PHILIBERT. / [*Rule, 53 mm*] / M. DCC. XLIX. / [*Lines 1, 3, 5, 11, 14, 16 in red*]

[*i*] title; [*ii*] blank; [i]-viii, 9-280 Other texts by other authors; [281] M9*r* 'ZADIG, / HISTOIRE ORIENTALE, / *PAR* / MR de VOLTAIRE.'; [282] blank; 283-393 *Zadig, Histoire Orientale*; [394]-[396] Table des pièces contenues dans les 18 volumes de la Bibliothèque de Campagne.

Zadig consists of 17 chapters without titles: 'Le Souper' is absent.

Not listed by Bengesco; Ascoli 7.

Paris, Arsenal: 8° BL 28846 (18).

W38 (1749)

Œuvres de M. de Voltaire. Amsterdam: Ledet [or] Desbordes, 1738-1756. 9 vol. 8°.

Volumes i-iv at least were produced under Voltaire's supervision.

'Zadig, ou la destinée, histoire orientale', volume vii, p.1-99.

Bengesco 2120; Trapnell 39A; BnC 7-11.

Paris, BnF: Ye 9213, Z 24566, and Rés. Z Bengesco 468.

W51

Œuvres de M. de Voltaire. [Paris: Lambert], 1751. 11 vol. 12°.

Based on W48D, with additions and corrections. Produced with the participation of Voltaire.

'Zadig, ou la destinée, histoire orientale', volume viii, p.129-222.

The pagination in this edition is faulty.

Bengesco 2131; Trapnell 51P; BnC 40-41; Ascoli 8.

Oxford, Taylor: V1 1751 (8). Paris, Arsenal: 8° B 13057; BnF: Rés. Z Beuchot 13.

W50 (1752)

La Henriade et autres ouvrages. Londres [Rouen] Société, 1750-1752. 10 vol. 12°.

No evidence of Voltaire's participation.

'Zadig, ou la destinée, histoire orientale', volume x, pt 3, p.1-104.

Bengesco 2130; Trapnell 50R; BnC 39; Ascoli 9.

Geneva, ImV: A 1751/1. Grenoble, Bibliothèque municipale.

W52

Œuvres de M. de Voltaire. Dresde: Walther, 1752. 9 vol. 8°.

Based on W48D with revisions. Produced with the participation of Voltaire.

'Zadig, ou la destinée, histoire orientale', volume iv, p.7-82.

This edition contains a number of corrections and introduces the anecdote about Yébor.

Bengesco 2132; Trapnell 52 and 70X; BnC 36-38; Ascoli 10.

Oxford, Taylor: V1 1752. Paris, BnF: Rés. Z Beuchot 14. Vienna, Österreichische Nationalbibliothek: *38 L 1.

W56

Collection complette des œuvres de Mr. de Voltaire. [Genève: Cramer], 1756. 17 vol. 8°.

The first Cramer edition. Produced under Voltaire's supervision.

'Zadig, ou la destinée, histoire orientale', volume v (*Suite des mélanges de littérature, d'histoire et de philosophie*), p.51-150.

Voltaire revised the *conte* for this edition. The chapter 'Les Jugements' was expanded into two, 'Le Ministre' and 'Les Disputes et les audiences'. The *conte* now contains nineteen chapters.

Bengesco 2133; Trapnell 56, 57G; BnC 55-56; Ascoli 12.

Oxford, Taylor: VF. Paris, Arsenal: 8° B 34 048; BnF: Z 24585.

W57G1

Collection complette des œuvres de Mr. de Voltaire. [Genève: Cramer], 1757. 10 vol. 8°.

A revised edition of w56, produced with Voltaire's participation.

'Zadig, ou la destinée, histoire orientale', volume v (*Suite des mélanges de littérature, d'histoire et de philosophie*), p.51-150.

Bengesco 2134; Trapnell 56, 57G; BnC 67.

Paris, BnF: Rés. Z Beuchot 21.

W57G2

A reissue of W57G1.

'Zadig, ou la destinée, histoire orientale', volume v (*Suite des mélanges de littérature, d'histoire et de philosophie*), p.51-150.

Paris, BnF: Rés. Z Beuchot 20. St Petersburg, GpgbVM 11-74.

W57P

Œuvres de M. de Voltaire. [Paris: Lambert], 1757. 22 vol. 12°.

Based in part upon w56 and produced with Voltaire's participation.

'Zadig, ou la destinée, histoire orientale', volume viii (*Contenant ses mélanges de philosophie, de littérature et d'histoire*), p.147-273.

Bengesco 2135; Trapnell 57P; BnC 45-54; Ascoli 13.

Paris, BnF: Z 24642-24663.

BC2

BIBLIOTHEQUE / DE / CAMPAGNE, / OU / AMUSEMENS / DE / L'ESPRIT ET DU COEUR. / [*Rule, 57 mm*] / *Nouvelle Edition rectifiée & augmentée.* / Utile dulci .... / [*Rule, 58 mm*] / TOME SEIZIEME, / [*Cramer ornament, 30 x 11 mm*] / *A GENEVE.* / [*Double rule, thick and thin, 49 mm*] / MDCCLXI. /

[*Half-title*] BIBLIOTHEQUE / DE / CAMPAGNE / *TOME SEIZIEME.* /

[1] half-title; [2] blank; [3] title; [4] blank; [5]-346 Other texts by other authors; [347] Q2*r* 'ZADIG, / HISTOIRE / ORIENTALE. / Q2'; [348]-469 *Zadig, Histoire Orientale*; 470 Table des pièces contenues dans ce seizième volume.

A reprint of BC1.

Not listed by Bengesco; Ascoli 15.

Paris, BnF: Y2 8363 (16).

59

ZADIG, / OU / LA DESTINÉE, / *HISTOIRE ORIENTALE.* / [*Ornament, 20 x 18 mm, flower with many petals*] / [*Double rule, thick and thin, 50 mm*] / M. DCC. LIX. /

12°. sig. A-G^{12} H^{6} (– H6); pag. 178 (p.175 numbered '157'); $6 signed, roman (– A1, H4, H5); sheet catchwords.

[1] title; [2] blank; 3-6 Epître dédicatoire; 7-177 *Zadig, ou La Destinée, Histoire Orientale*; 177 Approbation; [178] blank.

Reproduces faithfully the text of W57P. Consists of 19 unnumbered chapters with titles.

Not listed as a separate edition by Bengesco or Ascoli, but see R63.

Oxford, Bodley: 275 o 101.

R63

RECUEIL / DES / ROMANS / DE MONSIEUR / *DE VOLTAIRE,* / Contenant Babouc, Memnon, Mi- / cromégas, le Songe de Platon, les / Voyages de Scarmentado, Zadig / & Candide. / *I.*

PARTIE. / [*Ornament, 15 x 15 mm, sun with rays*] / [*Double rule, thick and thin, 50 mm*] / M. DCC. LXIII. /

[*1764 imprint*] RECUEIL / *DES* / ROMANS / DE MONSIEUR / *DE VOLTAIRE,* / Contenant Babouc, Memnon, Mi- / cromégas, le Songe de Platon, les / Voyages de Scarmentado, Zadig / & Candide. / *II. PARTIE.* / [*Ornament, 20 x 15 mm, branch with leaves and blossoms*] / [*Double rule, thick and thin, 45 mm*] / M. DCC. LXIV. /

[*i*] title; [*ii*] blank; [1]-[178] *Zadig*, [Edition 1759].

Edition in three volumes of the *romans* of Voltaire. One volume, the first in the copy bearing the 1763 imprint (Arsenal), the second in the copy with the 1764 imprint (BnF), is filled entirely by the 1759 edition of *Zadig*. The collective title page was the only part of this volume printed in 1763 or 1764.

Bengesco 1517; BnC 2509; Ascoli 14.

Paris, Arsenal: NF 4851 (part 1 containing *Zadig* is bound in one volume with parts 2 and 3).

[*1764 imprint*] Paris, BnF: Y2 76241 (part 2 containing *Zadig* is a separate volume).

W64G

Collection complette des œuvres de M. de Voltaire. [Genève: Cramer], 1764. 10 vol. 8°.

A revised edition of W57G produced with Voltaire's participation.

'Zadig, ou la destinée, histoire orientale', volume V, pt 1 (*Suite des mélanges de littérature, d'histoire et de philosophie*), p.53-152.

Bengesco 2133; Trapnell 64; BnC 89; Ascoli 16.

Oxford, Merton College: 36 f 9; Taylor: V1 1764; VF.

W64R

Collection complette des œuvres de M. de Voltaire. Amsterdam: Compagnie [Rouen: Machuel], 1764. 22 tomes in 18 vol. 12°.

Volumes 1-12 were produced and belong to the edition suppressed by Voltaire (W48R).

'Zadig, ou la destinée, histoire orientale', volume xi, pt 2, p.1-104; volume xvii, pt 1, p.225-30.

Volume xi reproduces the text of the w52 edition of *Zadig* (in 18 chapters), while volume xvii supplies two chapters 'Le Ministre' and 'Les Disputes et les audiences' on their own.

Bengesco 2136; Trapnell 64R; BnC 145-48; Ascoli 17.

Paris, BnF: Rés. Beuchot 26.

W70G

Collection complette des œuvres de M. de Voltaire. [Genève: Cramer], 1770. 10 vol. 8°.

A new edition of w64G with few changes.

'Zadig, ou la destinée, histoire orientale', volume v, pt 1 (*Suite des mélanges de littérature, d'histoire et de philosophie*), p.53-152.

Bengesco 2133; Trapnell 64, 70G; BnC 90-91; Ascoli 18.

Oxford, Taylor: V1 1770G/1. Paris, Arsenal: 8 BL 34054.

W68 (1771)

Collection complette des œuvres de M. de Voltaire. [Genève: Cramer; Paris: Panckoucke], 1768-1777. 30 vol. 4°.

Volumes i-xxiv were produced by Cramer under Voltaire's supervision.

'Zadig, ou la destinée, histoire orientale', volume xiii (*Romans, contes philosophiques, etc.*), p.1-63.

Bengesco 2137; Trapnell 68; BnC 141-44; Ascoli 19.

Oxford, Taylor: VF. Paris, BnF: Rés. M Z 587.

R71

OEUVRES / DE MONSIEUR DE V*** / [*Rule, thick and thin, 70 mm*] / *ROMANS;* / CONTES ALLEGORIQUES, / PHILOSOPHIQUES, / ET HISTORIQUES, &c. / [*Ornamental rule, 64 mm*] / *NOUVELLE ÉDITION.* / [*Ornamental rule, 64 mm*] / TOME PREMIER. / [*Woodcut, vase with flowers, 30 x 20 mm*] / *A NEUCHATEL.* / [*Ornamental rule, 49 mm*] / M. DCC. LXXI. /

[*i*] title; [*ii*] blank; [*iii*] Table des pièces contenues dans ce volume; [*iv*]

blank; [1] A1*r* 'ZADIG / *OU* / LA DESTINÉE; / Histoire Orientale: / ET / LE MONDE COMME IL VA; / *Vision de* Babouc, *écrite par / lui-même.* / Tome I. A'; [2] Approbation; [3]-6 Epître dédicatoire; [7]-132 *Zadig, ou la Destinée, Histoire Orientale*; 133-66 other texts.

Edition in two volumes, probably produced by Panckoucke. The text of *Zadig* is based closely on W70G, and is found again in W72P. *Zadig* consists of 19 chapters with titles, the first numbered 'Chapitre soixante-quatrième', the rest unnumbered.

This is probably the edition referred to in Bengesco 1518; Ascoli 20.

Paris, Arsenal: 8° B.L. 34135 (1).

W70L (1772)

Collection complette des œuvres de M. de Voltaire. Lausanne: Grasset, 1770-1781. 57 vol. 8°.

Some volumes, particularly the theatre, were produced with Voltaire's participation.

'Zadig ou la destinée, histoire orientale', volume xxiv (*Mélanges contenant des romans, ou contes philosophiques*), p.86-188.

Bengesco 2138; Trapnell 70L; BnC 149 (1-6, 14-21, 25).

Lausanne, Bibliothèque cantonale et universitaire. Oxford, Taylor: V1 1770 L (24).

R72

ROMANS / *OU* / CONTES / *PHILOSOPHIQUES;* / QUI FORMENT UN CORPS D'OUVRAGES / PAR M. DE VOLTAIRE. / [*Rule, 72 mm*] / TOME PREMIER. / [*Rule, 72 mm*] / [*Engraved vignette, signed 'Leugnet', musical instruments superimposed on arms of war, 58 x 48 mm*] / *A LONDRES* / [*Ornamental rule, 85 mm*] / M. D. CCLXXII. /

[I] title; [II] blank; III-VI Table des pièces contenues dans ce volume; [1]-76 other texts; [77] E8*r* 'ZADIG / *OU* / LA DESTINÉE, / HISTOIRE ORIENTALE.'; [78] Approbation; [no pages numbered 79-80]; 81-82 Epître dédicatoire; 83-175 *Zadig, ou la Destinée, histoire orientale*; [176]-194 other texts.

This edition in two volumes follows R71. *Zadig* is composed of 19 unnumbered chapters with titles.

This is probably the edition referred to in Bengesco 1519; Ascoli 21.

Paris, Arsenal: 8° B.L. 34132 (1).

W72X

Collection complette des œuvres de M. de Voltaire. [Genève: Cramer?], 1772. 10 vol. 8°.

A new edition of W70G, probably printed for Cramer. No evidence of Voltaire's participation.

'Zadig, ou la destinée, histoire orientale', volume v, pt 1 (*Suite des mélanges de littérature, d'histoire et de philosophie*), p.53-152.

Bengesco 2133; Trapnell 72X; BnC 92, 105.

Oxford, Taylor: V1 1770G/2. Paris, BnF: 8° Yth. 5949.

W72P (1773)

Œuvres de M. de V.... Neuchâtel [Paris: Panckoucke], 1771-1777. 34 or 40 vol. 8° and 12°.

Reproduces the text of W68. No evidence of Voltaire's participation.

'Zadig, ou la destinée, histoire orientale', volume xxiv (*Romans; contes allégoriques, philosophiques et historiques*), p.3-128.

Bengesco 2140; Trapnell 72P; BnC 152-57; Ascoli 22.

Paris, Arsenal: Rf. 14095.

R73

ROMANS, / ET / *CONTES* / *PHILOSOPHIQUES,* / PAR M. DE VOLTAIRE / PREMIERE PARTIE. / [*Woodcut, floral motifs, 38 x 30 mm*] / *A LONDRES.* / [*Ornamental rule, 65 mm*] / M. DCC. LXXIII. /

[*Half-title*] ROMANS, / ET / *CONTES* / *PHILOSOPHIQUES.* / PREMIERE PARTIE. /

[*i*] half-title; [*ii*] blank; [*iii*] title; [*iv*] blank; [1]-2 Epître dédicatoire; 3-88

Zadig ou la Destinée, histoire orientale; 89-344 other texts; 345-48 Table des pièces contenues dans ce volume.

The *Epître dédicatoire* is preceded by a heading: [A1*r*] '[*Woodcut with geometrical designs*] / ROMANS / *ALLÉGORIQUES* / PHILOSOPHIQUES, &c. / [*Ornamental rule, 65 mm*]'.

This edition in two volumes follows w68. *Zadig* is composed of 19 unnumbered chapters with titles.

Not mentioned in Bengesco; Ascoli 23.

Paris, Arsenal: 8° B.L. 34133 (1).

w71 (1774)

Collection complette des œuvres de M. de Voltaire. Genève [Liège: Plomteux], 1771-1777. 32 vol. 12°.

No evidence of Voltaire's participation.

'Zadig, ou la destinée, histoire orientale', volume xiii (*Romans, contes philosophiques, etc.*), p.1-72.

Bengesco 2139; Trapnell 71; BnC 151; Ascoli 19.

Oxford, Taylor: VF.

R74

ROMANS, / *CONTES* / PHILOSOPHIQUES, / &c. / [*Rule, 70 mm*] / *GENEVE.* / [*Double rule, 67, 64 mm*] / M DCC. LXXIV. /

[*i*] title; [*ii*] Approbation; 1-2 Epître dédicatoire; 3-72 *Zadig, ou La Destinée, Histoire Orientale*; 73-554 other texts; 555-60 Table des pièces contenues dans ce volume.

A separate printing of volume xvii of w71. On p.1 the *Epître dédicatoire* is preceded by a heading: *Romans allégoriques, philosophiques, etc.* On p.3 the title appears beneath a woodcut showing a bear robbing a hive. The chapters have titles, but are not numbered.

Not known to Bengesco or Ascoli; Pléiade (Deloffre-Van den Heuvel) 74.

Paris, Arsenal: 8° BL 34136.

R75

ROMANS / *ET* / CONTES / *PHILOSOPHIQUES,* / PAR M. DE VOLTAIRE. / [*Double rule, thick and thin, 53 mm*] / *PREMIERE PARTIE.* / [*Double rule, thin and thick, 53 mm*] / [*Woodcut, 40 x 28 mm, vaulted colonnade with sun on horizon in background*] / *A LONDRES.* / [*Ornamental rule, 65 mm*] / M. DCC. LXXV. /

[*Half-title*] ROMANS / *ET* / CONTES / *PHILOSOPHIQUES.* / [*Double rule, thick and thin, 53 mm*] / PREMIERE PARTIE. / [*Double rule, thin and thick, 53 mm*] /

[*i*] half-title; [*ii*] blank; (facing p.[*iii*]) engraved portrait of Voltaire after La Tour; [*iii*] title; [*iv*] blank; [1]-2 *Epître dédicatoire de Zadig*; 3-88 *Zadig ou La Destinée, Histoire Orientale*; 89-344 other texts; 345-48 Table des pièces contenues dans ce volume.

The first part of a two-volume edition printed in Rouen by Machuel. A reprint of R73. On p.1 the *Epître dédicatoire* is preceded by a heading: *Romans allégoriques, philosophiques, etc.*

Bengesco 1520; BnC 2510; Ascoli 25.

Paris, BnF: Y2 73786.

W75G

La Henriade, divers autres poèmes et toutes les pièces relatives à l'épopée. Genève [Cramer & Bardin], 1775. 37 [40] vol. 8°.

The *encadrée* edition, produced at least in part under Voltaire's supervision.

'Zadig, ou la destinée, histoire orientale', volume xxxi (*Romans philosophiques; Eléments de Newton, précédés et suivis de divers morceaux intéressants*), p.1-73.

Bengesco 2141; Trapnell 75G; BnC 158-61; Ascoli 24.

Oxford, Taylor: V1 1775 (21); VF. Paris, BnF: Z Beuchot 32.

R78A

ROMANS / *ET* / CONTES / *DE* / M. DE VOLTAIRE. / [*Ornamental rule, 80 mm*] / TOME PREMIER. / [*Ornamental rule, 80 mm*] / [*Engraved vignette, lamp on pedestal with chain and measuring vessel, inscription on scroll:* NUPER SUB MODIO NUNC SUPER] / *A BOUILLON,* / Aux dépens de la Société Typographique. / [*Ornamental rule, 82 mm*] / M. DCC. LXXVIII. /

[*Half-title*] ROMANS / *ET* / CONTES / DE / M. DE VOLTAIRE. /

[*i*] half-title; [*ii*] blank; (facing p.[*iii*]) engraved portrait of Voltaire after La Tour; [*iii*] title; [*iv*] blank; [*v*] (numbered '2')-[*vi*] Table des pièces contenues dans le premier volume; [1]-4 Apologie de la fiction; [5] A3r '[*Rule, 80 mm*] / ZADIG, / *OU* / LA DESTINÉE, / *HISTOIRE ORIENTALE.* / [*Rule, 80 mm*] / Aiij'; [6] Approbation; [7]-8 Epître dédicatoire; [9]-[110] *Zadig ou La Destinée, Histoire Orientale* (p.[110] is numbered '100'); [111]-304 other texts.

Bengesco 1522; BnC 2512; Ascoli 26.

Paris, Arsenal: 8° B.L. 34131 (1); BnF: Rés. P Y2 1809 (1).

R78B

ROMANS / *ET* / CONTES / *DE* / M. DE VOLTAIRE. / [*Ornamental rule, 57 mm*] / TOME PREMIER. / [*Ornamental rule, 57 mm*] / [*Ornament, 22 x 17 mm*] / *A BOUILLON,* / Aux dépens de la Société Typographique. / [*Ornamental rule, 48 mm*] / M. DCC. LXXVIII. /

[*Half-title*] [*Rule, 53 mm*] / ROMANS / *ET* / CONTES / *DE* / M. DE VOLTAIRE. / [*Rule, 53 mm*] / *Tome I.* /

[*i*] half-title; [*ii*] blank; [*iii*] title; [*iv*] blank, except for catchword 'Apologie'; [1]-4 Apologie de la Fiction. Prologue; [5] A3r '[*Rule, 55 mm*] / ZADIG, / OU / *LA DESTINÉE*, / HISTOIRE ORIENTALE. / [*Rule, 55 mm*] / A3'; [6] Approbation; [7]-9 Epître dédicatoire; [10] blank, except for woodcut, 45 x 30 mm, flowers and leaves; [11]-136 *Zadig ou La Destinée, Histoire Orientale*; [137]-368 other texts; 369-71 Table des pièces contenues dans le premier volume.

Bengesco 1523; BnC 2513; Ascoli 26.

Paris, BnF: Y2 73776.

K

Œuvres complètes de Voltaire. [Kehl] Société littéraire-typographique, 1784-1789. 70 vol. 8°.

'Zadig, ou la destinée, histoire orientale', volume xliv, p.3-100.

This edition includes two new chapters, 'La Danse' and 'Les Yeux bleus', which it inserts as chapters 14 and 15, with an explanantory note at the end of the *conte*.

Bengesco 2142; BnC 164-193; Ascoli 27.

Oxford, Taylor: V1 1785/2 (44); VF. Paris, BnF: Rés. P Z 2209 (44).

Translations

Danish

Zadig eller Skaebnen, En Osterlansk Historie, I sidst afvigte Aar udgiven paa Fransk af Hr. Voltaire, Oversat paa Dansk af Frid. Christian Eilschov. Copenhagen: Christoph Georg Glasing, 1750.

Dutch

Mengelwerken van Wysbegeerte Geschied- en Letterkunde door den Heer de Voltaire, trans. Hendrik Beman. Rotterdam, 1768. 2 vol.

Zadig appears in volume ii.

English

Zadig; or, the Book of Fate. An Oriental History, Translated from the French Original of Mr. Voltaire. London, 1749.

Zadig; or, the Book of Fate. An Oriental History, Translated from the French Original of Mr. Voltaire. London, *c*.1775.

Select pieces of M. de Voltaire, trans. Joseph Collyer. London, 1754.

'Zadig; or Destiny. An Eastern History', p.1-88.

The Works of M. de Voltaire, trans. T. Smollett and others. London, 1761-1764. 23 vol.

'Zadig; or Destiny. An Eastern History', volume x-xi.

German

Memnon. Eine Morgenländische Helden- und Liebes-Geschichte. Frankfurt, Leipzig: Knock und Eßlinger, 1748.

Zadig. Eine gantz neue morgenländische Geschichte. Göttingen: Vandenhöck, 1748.

Zadig, eine morgenländische Geschichte. Frankfurt, Leipzig [Göttingen: Vandenhöck; Glogau: Günther], 1762.

Polish

Zadyg, albo przeznaczenie. 1775.

Historya Wschodnia, o Zadigu z francuzkiego na polski wyeozona język. Grodno, 1776.

Russian

Zadig ili Sudba, vostochnaya povest'. St Petersburg, 1765.

Spanish

Diario noticioso, curioso-erudito y comercial, público y económico (22 June-17 July 1759).

'Instrucción para un joven que desea conducirse bien.'

Swedish

Oesterlaendske Prinsens Zadigs Historia, Sammanfattad Af Herr Woltaire, Och Fraon Fransoeskan oefwersatt, trans. Göran Rothman. Uppsala: David Segerdahls, 1760.

6. *Principles of this edition*

The base text is w56. Variants are drawn from ms, 47, 48p, 48ly, w48d, 49xi, bc1, w51, w50, w52, w57g, w57p, bc2, r63, w64g, w64r, w70g, w68, r71, w70l, r72, w72p, r73, w71, r74, r75, w75g, r78a, r78b and k.[55]

Treatment of the base text

The original punctuation has been retained, except in ch.12, line 12, where a question mark has been replaced by a full stop. The spelling of the names of persons and places has been respected, except in the case of 'Caldée', which has been changed to 'Chaldée' (ch.12, line 57, etc.) to conform with the modernised noun 'Chaldéen'.

55 The text has been established on the basis of work by Ulla Kölving.

I. Spelling

1. Consonants

– *p* was not used in: domter, exemt, longtems, printems, promte, tems.
– *t* was not used in syllable endings *–ans* and *–ens*: habitans, importans, Négocians, savans, touchans; agrémens, événemens, excellens, gémissemens, momens, parens, présens, sentimens, violens, etc. (exceptions: embellissements, instants).
– a single consonant was used in: aparence, aparemment, apartemente, apartient, apliquer, aporter, aprendre, aprenez, apris, aprit, aprocher, s'apropriait, canelle, chandèle, combatu, courier, couroucant, déchifrer, developa, échapa, engoufré, essouflé, falu, falait, flater, flateurs, folet, frapa, fraper, gouteux, grifon, insuportable, nourit, oposant, oposer, opriment, oprimait, pate, poura, pouraient, pourez, raporter, suplice.
– double consonants were used in: caracolle, complette, jetta, pannache, rappella, secrette.

2. Vowels

– *a* was used in place of *e* in: avanture(s), panchaient, panchant, panchée.
– *i* was used in place of *y* in: Empirée, Hircaniens, stile.
– *y* was used in place of *i* in: aye, ayent, gayeté, playe, renvoye, soye, voye, voyent, yvoire.

II. Accents

1. The acute accent

– was used in place of the grave in: aréne, bibliothéque, caractére, colére, deraiéres, derniére, entiére, fidéle, fiérement, fléches, frére, frontiéres, grossiére, inquiéte, légére, lése, léve, lévres, lumiére, matiére, mére, modéle, particuliéres, pére, piéce, piége, poussiére, premiére, priéres, quatriéme, réglent, riviére, séches, secrétement, siécle(s), sincérement, soulévemens, sphére, troisiéme.
– was not used in: deshonneur, desormais, préferé, proprietés, reclamer, reprimée.
– was used inconsistently in: désespérer and désespoir.

2. The circumflex accent

– was used in: â (for: à), aîles, ajoûta-t-il, aperçû, assûra, bû, crême, émû, éperdûment, lû, oublîrai, prês, Prophêtes, rassûrée, récû, reçûës, sû, toûjours, vîte, vû.

– was not used in: ainé, ame, battit, brulées, bucher, cotoyait, coutait, couterait, disgrace, gout, grace, piqure, rafraichir, renaitre, tete a tete, théatre, voute; nor in certain instances of the imperfect subjunctive: apprites, dependit, eut, fit, laissat, retint, vint, etc.

3. The dieresis

– was used in: avouë, Battuë, bleuë(s), combattuë, eblouïr, eblouïssante, évanouïe, jouïr, lieuës, perduë, Poëte, prévenuë, queuë, reconnuë, reçûës, résoluë, rompuë, ruïne, statuë, Theürgite, tuë, vûë.

4. The grave accent

– was not used in: ça et là (for: çà et là), déja, secrette.

– was used in: célèbrait.

III. Capitalisation

– initial capitals were attributed to: Abstrait, Accident, Amphithéatre, Ange, Annales, Apoticaire, Archers, Archimage, Arithmétique, Artistes, Arts, Astre, Astrologie, Aurore, Barbare, Basilic, Bourgade, Bracmanes, Bramin, Bréviaire, Brigand, Bucher, Cahos, Cavalier, Chanceilier, Chef(s), Chevalier, Ciel, Cirque, College, Comédies, Concret, Conseil, Constellation, Corps, Couchant, Cour, Couronne, Courtisan, Dame, Demoiselle, Démonomanie, Députés, Derviches, Desterham, Destin, Destinée, Dialectique, Dieux, Dignité, Divan, Docteur, Ecuyer, Empire, Empirée, Envoyé, Eté, Eternité, Etoiles, Etre Suprême, Eunuque, Faiblesse, Favori, Firmament, Foire, Fortune, Genie, Genre, Globe, Greffier, Gui, Harmonie, Harpies, Hégire, Homme, Horison, Huissier, Juges, Justice, Knout, Léze-Majesté, Loi, Lumiére, Lune, Madame, Mage, Maison de Ville, Maître, Majesté, Marchand, Médecin, Médecine, Mer, Métaphysique, Ministère, Ministre, Monades, Monarche, Monde, Monsieur, Morale, Nations, Natur, Negocian(s), Officier(s), Oracle, Oraison, Orient, Page, Palais, Pére, Philosophe, Philosophie, Physicien, Pierre, Poësie, Poëte, Pontife, Prêtres, Prince, Princesse, Principe, Procureur, Prophête, Puissance, Reine, Roi, Romans, Royaume, Sage, Saint, Saisons, Satrape, Sceptre, Schewal, Sécretaire, Seigneur(s), Serrail, Sieur, Soleil, Souverain, Substance, Sultan, Sultane, Temple, Tems,

Terre, Théologie, Thëurgite, Tragédies, Tribu, Tribunal, Trône, Tyran, Univers, Veneur, Vertus, Vices, Ville, Visir.

– and to adjectives denoting nationality: Arabe, Babylonien, Chinois, Egyptien, Gangaride, Hyrcanien, Oriental.

IV. Points of grammar

– agreement of the past participle was not consistent.
– the cardinal number *cent* was invariable.
– the noun *outre* was maculine.
– the noun was in the singular in the expressions: mille et une nuit, mille et un jour.
– the plural in *-x* was used in: cloux, filoux, loix.

V. Various

– the ampersand was used.
– the hyphen was used in: au-lieu, aussi-bien, c'était-là, ceux-mêmes, de-là, Demoiselle-suivante, dès-lors, eau-rose, honnête-homme, mal-adroit, par-là, sur-tout, tour-à-tour; and where *très* modified an adjective (très-longues, très-petite, etc.); and in certain numerals with *cent* (trois-cent, etc.).
– the hyphen was not used in: au devant, gardez vous, sang froid, sur le champ.
– archaic forms were used, as in: abscès, almanac, Apoticaire, azile, encor, fauxbourg, hazarder, hermite, mords, nuds, pié, prens, r'attacher, Sécretaire, solemnellement, solemnité, sopha, verd, vuide.

ZADIG, OU LA DESTINÉE

Histoire orientale

APPROBATION

Je soussigné, qui me suis fait passer pour savant, et même pour homme d'esprit, ai lu ce manuscrit, que j'ai trouvé, malgré moi, curieux, amusant, moral, philosophique, digne de plaire à ceux mêmes qui haïssent les romans. Ainsi je l'ai décrié, et j'ai assuré monsieur le Cadi-Lesquier,[1] que c'est un ouvrage détestable.

a-5 47, BC, R73, W71, R75, W75G, K: [*absent*]
48P, 48LY, 49X1, W48D, W51, W50: [*appear after the* Epître dédicatoire]
W57P, R63: [*appear at the end of the conte*]
3-4 48LY: ceux même qui
5 W68, R71, W70L, R72, W75G: Cadilesquier
R78: Cadileskier

[1] Cadilesker: a chief judge in the Turkish empire.

ÉPÎTRE DÉDICATOIRE À LA SULTANE SHÉRAA, PAR SADI[1]

Le 18 du mois de schewal. L'an 837 de l'hégire.

Charme des prunelles, tourment des cœurs, lumière de l'esprit, je ne baise point la poussière de vos pieds, parce que vous ne marchez guère, ou que vous marchez sur des tapis d'Iran ou sur des roses. Je vous offre la traduction d'un livre d'un ancien sage, qui ayant le bonheur de n'avoir rien à faire, eut celui de s'amuser à écrire l'histoire de Zadig;[2] ouvrage, qui dit plus qu'il ne semble dire. Je vous prie de le lire et d'en juger; car quoique vous soyez dans le printemps de votre vie, quoique tous les plaisirs vous cherchent, quoique vous soyez belle, et que vos talents ajoutent à votre beauté; quoiqu'on vous loue du soir au matin, et que par toutes ces raisons vous soyez en droit de n'avoir pas le sens commun; cependant vous avez l'esprit très sage, et le goût très fin, et je vous ai entendue raisonner mieux que de vieux derviches à longue barbe et à bonnet pointu; vous êtes discrète, et vous n'êtes point défiante; vous êtes douce sans être faible; vous êtes bienfaisante avec discernement;

a-42 47, BC: [*absent*]

a-b W68, R73, W71, R75, W75G, K: Epître dédicatoire de Zadig à
R78: Epître dédicatoire de Sadi à

1 K: Charmes des

13 48LY: vieux dervis à

[1] Persian author (*c.*1194-*c.*1272) of the miscellaneous *Gulistan*, translated into French in 1634; but the attribution is purely whimsical. Voltaire elsewhere states that Sadi was a contemporary of Dante (M.xxiv.30), which is just possible.

[2] Possible sources for this name abound. It has been variously related to the Hebrew 'zaddik' ('the righteous one'), the Arabic 'Saddyq' ('the truthful one'), and Zadok the Priest from Handel's *Coronation anthem*, which Voltaire may have heard during his stay in England. His liking for oriental colour is seen in his frequent use of the letter *z*, as in, for example, Azora, Zaïre, Alzire, Zamore.

vous aimez vos amis, et vous ne vous faites point d'ennemis. Votre esprit n'emprunte jamais ses agréments des traits de la médisance; vous ne dites de mal, ni n'en faites, malgré la prodigieuse facilité que vous y auriez. Enfin votre âme m'a toujours paru pure comme votre beauté. Vous avez même un petit fonds de philosophie, qui m'a fait croire que vous prendriez plus de goût qu'une autre à cet ouvrage d'un sage.

Il fut écrit d'abord en ancien chaldéen, que ni vous ni moi n'entendons. On le traduisit en arabe, pour amuser le célèbre sultan Oulougbeg.[3] C'était du temps où les Arabes et les Persans commençaient à écrire des Mille et une nuits, des Mille et un jours, etc. Ouloug aimait mieux la lecture de *Zadig*; mais les sultanes aimaient mieux les Mille et un. Comment pouvez-vous préférer, leur disait le sage Ouloug, des contes qui sont sans raison, et qui ne signifient rien? C'est précisément pour cela que nous les aimons, répondaient les sultanes.

Je me flatte que vous ne leur ressemblerez pas, et que vous serez un vrai Ouloug. J'espère même, quand vous serez lasse des conversations générales, qui ressemblent assez aux Mille et un, à cela près qu'elles sont moins amusantes, je pourrai trouver une minute pour avoir l'honneur de vous parler raison. Si vous aviez été Talestris du temps de Scander[4] fils de Philippe, si vous aviez été

18 K: dites du mal
20 R73, K: petit fond de
21 48LY, R72: qu'un autre
25 W51, W50: Ouloug-beg
W68, W75G: Oulougbeb
K: Ouloug-beb
33 W64G, W70G, R72, R78, K: même, que quand
W52: serez lassé des [errata: β]
33-34 K: lasse de conversations
37 W68, W70L, R72, W75G, R78, K: Thalestris

[3] Grandson of Tamburlaine, Ulugh Beg reigned from 1416 to 1449. Voltaire praises him as an enlightened ruler in the *Essai sur les mœurs* (M.xii.93).

[4] Arabic name for Alexander the Great, to whom Thalestris, Queen of the Amazons, had offered herself as wife.

la reine de Sabée, du temps de Soleiman,[5] c'eussent été ces rois qui auraient fait le voyage.

Je prie les vertus célestes, que vos plaisirs soient sans mélange, votre beauté durable, et votre bonheur sans fin.

SADI

38 W50: temps Soleiman
42 48P, 48LY, W48D, 49X1: ZADIG

[5] Arabic name for Solomon.

[I]

LE BORGNE

Du temps du roi Moabdar il y avait à Babylone un jeune homme nommé Zadig, né avec un beau naturel fortifié par l'éducation. Quoique riche et jeune, il savait modérer ses passions, il n'affectait rien, il ne voulait point toujours avoir raison, et savait respecter la faiblesse des hommes. On était étonné de voir, qu'avec beaucoup d'esprit, il n'insultât jamais par des railleries, à ces propos si vagues, si rompus, si tumultueux, à ces médisances téméraires, à ces décisions ignorantes, à ces turlupinades grossières, à ce vain bruit de paroles, qu'on appelait conversation dans Babylone. Il avait appris dans le premier livre de Zoroastre, que l'amour-propre est un ballon gonflé de vent, dont il sort des tempêtes, quand on lui a fait une piqûre. Zadig surtout ne se vantait pas de mépriser les femmes et de les subjuguer. Il était généreux: il ne craignait point d'obliger des ingrats, suivant ce grand précepte de Zoroastre: *Quand tu manges, donne à manger aux chiens, dussent-ils te mordre.*[1]

a 47, BC: Chapitre Premier
48P, 48LY, W48D, 49X1, W51, W50, W52, K: Chapitre Premier / Le Borgne
1 W68, R73, R75, W75G: Babilone [*passim*]
2 47: Memnon [*passim*]
3-4 R71: passions, il ne voulait
6 47, BC, K: n'insultait jamais
9 W68, W75G, K: *conversation*
47, BC: Babylone. ¶Il
15 47, BC: *mordre*. ¶Il

[1] Exceptionally amongst Voltaire's allusions to Zoroaster in *Zadig*, this precept has a source, albeit approximate and more cynical in tone: 'Quando panem comedis, tres buccellas pro canibus sepone' ('When you eat bread, set aside three mouthfuls for the dogs'): *Sadder*, 35th Porte. See T. Hyde, *Historia religionis veterum Persarum* (Oxford 1700), p.453.

Il était aussi sage qu'on peut l'être; car il cherchait à vivre avec des sages. Instruit dans les sciences des anciens Chaldéens, il n'ignorait pas les principes physiques de la nature tels qu'on les connaissait alors, et savait de la métaphysique ce qu'on en a su dans tous les âges, c'est-à-dire fort peu de chose. Il était fermement persuadé que l'année était de trois cent soixante et cinq jours et un quart, malgré la nouvelle philosophie de son temps, et que le soleil était au centre du monde; et quand les principaux mages lui disaient avec une hauteur insultante, qu'il avait de mauvais sentiments, et que c'était être ennemi de l'Etat que de croire que le soleil tournait sur lui-même, et que l'année avait douze mois, il se taisait sans colère et sans dédain.

Zadig avec de grandes richesses, et par conséquent avec des amis, ayant de la santé, une figure aimable, un esprit juste et modéré, un cœur sincère et noble, crut qu'il pouvait être heureux. Il devait se marier à Sémire,[2] que sa beauté, sa naissance et sa fortune rendaient le premier parti de Babylone. Il avait pour elle un attachement solide et vertueux, et Sémire l'aimait avec passion. Ils touchaient au moment fortuné qui allait les unir, lorsque se promenant ensemble vers une porte de Babylone sous les palmiers qui ornaient le rivage de l'Euphrate, ils virent venir à eux des

17 47: sages, instruits dans [...] Chaldéens; il
21 48LY, K: soixante-cinq
47-W52: jours et demi malgré
23 47: monde planétaire; et
25-26 47, 48P: tournait et que
48P errata, 48LY-W52: tournait autour de lui-même
28 48P-W48D, W51, W50, W52: avec des grandes
31-32 R73, R75: sa beauté, sa fortune et sa naissance
35 47: ensemble à une

[2] Like Sémiramis, eponymous protagonist of the tragedy which Voltaire was writing at about the same time as the *Memnon* version, Sémire is capable of infidelity. The further allusion to 'le rivage de l'Euphrate' parallels Voltaire's first reference to *Sémiramis* in his correspondence: 'tant que je serai sur les bords de l'Euphrate' (letter to Thiriot, 10 August [1746], D3444).

hommes armés de sabres et de flèches. C'était les satellites du jeune Orcan, neveu d'un ministre, à qui les courtisans de son oncle avaient fait accroire que tout lui était permis.[3] Il n'avait aucune des grâces ni des vertus de Zadig; mais croyant valoir beaucoup mieux, il était désespéré de n'être pas préféré. Cette jalousie qui ne venait que de sa vanité, lui fit penser qu'il aimait éperdument Sémire. Il voulait l'enlever. Les ravisseurs la saisirent, et dans les emportements de leur violence ils la blessèrent, et firent couler le sang d'une personne dont la vue aurait attendri les tigres du mont Imaüs. Elle perçait le ciel de ses plaintes. Elle s'écriait: Mon cher époux! on m'arrache à ce que j'adore. Elle n'était point occupée de son danger: elle ne pensait qu'à son cher Zadig. Celui-ci dans le même temps la défendait avec toute la force que donnent la valeur et l'amour.[4] Aidé seulement de deux esclaves, il mit les ravisseurs en fuite, et ramena chez elle Sémire évanouie et sanglante, qui en ouvrant les yeux vit son libérateur. Elle lui dit: O Zadig! je vous aimais comme mon époux: je vous aime comme celui à qui je dois l'honneur et la vie. Jamais il n'y eut un cœur plus pénétré que celui de Sémire. Jamais bouche plus ravissante n'exprima des sentiments

37 w51, w50, r71, w72p, r73, r78, k: C'étaient les
39 48p, w48d, w52: fait à croire que
43-44 47: dans l'emportement de
45 47: tigres. Elle
w51, w50: Emaüs
w70g, r78, k: Immaüs
w70l: Imaus
53 47: époux, à présent je vous

[3] Compare Ramsay, *Les Voyages de Cyrus* (1727), where Zoroaster mourns for Sélime after she has been abducted by 'plusieurs hommes armés d'arcs et de flèches' (p.44). There is also a strong echo of Prévost's *Manon Lescaut*, where Synnelet, nephew of the Governor of New Orleans, has similar designs on the heroine. In both cases, the intervention prevents an impending marriage, and armed conflict ensues. See abbé Prévost, *Histoire du chevalier des Grieux et de Manon Lescaut*, ed. Frédéric Deloffre and Raymond Picard (Paris 1965), p.192-95.

[4] Compare 'l'amour conduisait mon épée', *Manon Lescaut*, p.195.

plus touchants par ces paroles de feu qu'inspirent le sentiment du plus grand des bienfaits, et le transport le plus tendre de l'amour le plus légitime. Sa blessure était légère, elle guérit bientôt. Zadig était blessé plus dangereusement; un coup de flèche reçu près de l'œil lui avait fait une plaie profonde. Sémire ne demandait aux dieux que la guérison de son amant. Ses yeux étaient nuit et jour baignés de larmes: elle attendait le moment où ceux de Zadig pourraient jouir de ses regards: mais un abcès survenu à l'œil blessé fit tout craindre. On envoya jusqu'à Memphis chercher le grand médecin Hermès, qui vint avec un nombreux cortège. Il visita le malade, et déclara qu'il perdrait l'œil; il prédit même le jour et l'heure, où ce funeste accident devait arriver. Si c'eût été l'œil droit, dit-il, je l'aurais guéri; mais les plaies de l'œil gauche sont incurables. Tout Babylone en plaignant la destinée de Zadig, admira la profondeur de la science d'Hermès. Deux jours après l'abcès perça de lui-même, Zadig fut guéri parfaitement. Hermès écrivit un livre, où il lui prouva qu'il n'avait pas dû guérir. Zadig ne le lut point: mais dès qu'il put sortir, il se prépara à rendre visite à celle qui faisait l'espérance du bonheur de sa vie, et pour qui seule il voulait avoir des yeux. Sémire était à la campagne depuis trois jours. Il apprit en chemin que cette belle dame ayant déclaré hautement qu'elle avait une aversion insurmontable pour les borgnes,[5] venait de se marier à Orcan, la nuit même. A cette

56 47: qu'inspiraient le
BC: qu'inspire le
64-65 W50: grand Hermès
66 47: prédit le
71 47: fut parfaitement guéri.
72 47-W52: écrivit contre lui un
75 47: depuis deux ou trois
77 48P, W51, W50: aversion insupportable pour [48P errata: β]
78 47, BC: même. ¶A

[5] The misfortune of having only one eye also comes up in two other early *contes*: *Le Crocheteur borgne* and *Memnon, ou la sagesse humaine*. Freudian overtones of a sexual deficiency may be relevant. In *Le Crocheteur borgne*, as here, the disfigurement exposes the hero to female disdain.

nouvelle, il tomba sans connaissance; sa douleur le mit au bord du tombeau; il fut longtemps malade: mais enfin la raison l'emporta sur son affliction, et l'atrocité de ce qu'il éprouvait, servit même à le consoler.

Puisque j'ai essuyé, dit-il, un si cruel caprice d'une fille élevée à la cour, il faut que j'épouse une citoyenne. Il choisit Azora,[6] la plus sage et la mieux née de la ville; il l'épousa, et vécut un mois avec elle dans les douceurs de l'union la plus tendre. Seulement il remarquait en elle un peu de légèreté, et beaucoup de penchant à trouver toujours que les jeunes gens les mieux faits étaient ceux qui avaient le plus d'esprit et de vertu.

82-83 47, BC: consoler; puisque
89 R78: et le plus de

[6] This name possibly derives from the Hebrew 'hatsoroh' ('woe'), or from Azor in Dom Calmet's *Dictionnaire de la Bible*, 4 vol. (Paris 1863), i.678.

[II]

LE NEZ[1]

Un jour Azora revint d'une promenade tout en colère, et faisant de grandes exclamations. Qu'avez-vous, lui dit-il, ma chère épouse? qui vous peut mettre ainsi hors de vous-même? Hélas! dit-elle, vous seriez indigné comme moi, si vous aviez vu le spectacle dont je viens d'être témoin. J'ai été consoler la jeune veuve Cosrou,[2] qui vient d'élever depuis deux jours un tombeau à son jeune époux auprès du ruisseau qui borde cette prairie. Elle a promis aux dieux dans sa douleur de demeurer auprès de ce tombeau, tant que l'eau de ce ruisseau coulerait auprès. Eh bien, dit Zadig, voilà une femme estimable, qui aimait véritablement son mari! Ah, reprit Azora, si vous saviez à quoi elle s'occupait, quand je lui ai rendu visite! A quoi donc, belle Azora? Elle faisait détourner le ruisseau. Azora se

a 47, BC: Chapitre II
48P, 48LY, W48D, 49X1, W51, W50, W52, K: Chapitre II / Le Nez
2-3 47: chère Azora! qui
4 W75G, K: seriez comme
7 W57P, R63: qui borne cette
R63, R78: Elle avait promis
8-9 48P, R71: l'eau coulerait
9 47-W50: coulerait. Eh

[1] This chapter is based on Petronius's *The Widow of Ephesus*. But Voltaire doubtless has in mind a tale related by Du Halde in his *Description de la Chine*, to which he refers in his *Notebooks*, *OC*, vol.81 (1968), p.135, 261. Ursula Schick shows how Voltaire has improved on the version in Du Halde, rendering it more concise, dramatic and plausible – see 'Voltaire's adaptation of a literary source in *Zadig*', *SVEC* 57 (1967), p.1377-86. One might add the piquant detail that the nose in *Zadig* substitutes for the brain in Du Halde's tale.

[2] A name applied to several Persian kings, D'Herbelot, *Bibliothèque orientale*, 4 vol. (The Hague 1777-1779), ii.441ff. Voltaire erroneously uses it as a feminine name.

répandit en des invectives si longues, éclata en reproches si violents contre la jeune veuve, que ce faste de vertu ne plut pas à Zadig.

Il avait un ami nommé Cador, qui était un de ces jeunes gens à qui sa femme trouvait plus de probité et de mérite qu'aux autres: il le mit dans sa confidence, et s'assura, autant qu'il le pouvait, de sa fidélité par un présent considérable. Azora ayant passé deux jours chez une de ses amies à la campagne, revint le troisième jour à la maison. Des domestiques en pleurs lui annoncèrent que son mari était mort subitement la nuit même, qu'on n'avait pas osé lui porter cette funeste nouvelle, et qu'on venait d'ensevelir Zadig dans le tombeau de ses pères au bout du jardin. Elle pleura, s'arracha les cheveux, et jura de mourir. Le soir, Cador lui demanda la permission de lui parler, et ils pleurèrent tous deux. Le lendemain, ils pleurèrent moins, et dînèrent ensemble. Cador lui confia, que son ami lui avait laissé la plus grande partie de son bien, et lui fit entendre qu'il mettrait son bonheur à partager sa fortune avec elle. La dame pleura, se fâcha, s'adoucit; le souper fut plus long que le dîner; on se parla avec plus de confiance: Azora fit l'éloge du défunt; mais elle avoua qu'il avait des défauts dont Cador était exempt.

Au milieu du souper, Cador se plaignit d'un mal de rate violent; la dame inquiète et empressée fit apporter toutes les essences dont elle se parfumait, pour essayer, s'il n'y en avait pas quelqu'une qui fût bonne pour le mal de rate; elle regretta beaucoup que le grand Hermès ne fût pas encore à Babylone; elle daigna même toucher le côté où Cador sentait de si vives douleurs. Etes-vous sujet à cette cruelle maladie? lui dit-elle avec compassion. Elle me met quelquefois au bord du tombeau, lui répondit Cador, et il n'y a qu'un seul remède qui puisse me soulager; c'est de m'appliquer sur le côté le nez d'un homme qui soit mort la veille. Voilà un

17 48P, W51, W50: confiance [48P errata: β]

23 47: Elle s'arracha
BC: pleura, elle s'arracha

32-33 47, 48P, 48LY, W48D, BC, W51, W52: exempt. Au

3. 'Le projet de me couper le nez, vaut bien celui de détourner un ruisseau.' *Zadig*, ch.2, lines 54-55. Engraving by J. M. Moreau le jeune.

étrange remède, dit Azora. Pas plus étrange, répondit-il, que les sachets du sieur Arnou (*a*)[3] contre l'apoplexie. Cette raison jointe à l'extrême mérite du jeune homme, détermina enfin la dame. Après tout, dit-elle, quand mon mari passera du monde d'hier dans le monde du lendemain sur le pont Tchinavar,[4] l'ange Asraël[5] lui accordera-t-il moins le passage, parce que son nez sera un peu moins long dans la seconde vie que dans la première? Elle prit donc un rasoir; elle alla au tombeau de son époux, l'arrosa de ses larmes, et s'approcha pour couper le nez à Zadig, qu'elle trouva tout étendu dans la tombe. Zadig se relève en tenant son nez d'une main, et arrêtant le rasoir de l'autre. Madame, lui dit-il, ne criez plus tant contre la jeune Cosrou; le projet de me couper le nez, vaut bien celui de détourner un ruisseau.

(*a*) Il y avait dans ce temps un Babylonien nommé Arnou, qui guérissait et prévenait toutes les apoplexies, dans les gazettes, avec un sachet pendu au cou.

43 47: répondit Cador,
44 47, BC: de M. Arnoult [BC: *inserts* (*a*)] pour l'apoplexie.
W72P: Arnoud
n.*a* 47: [*absent*]
n.*a*, 1 BC: ce temps-là un
n.*a*, 3 BC: au col.
45 47, BC: homme déterminèrent enfin
47 47: Tchivar
48P-W52: Tchimavar
47, BC, W64G, R71, W70G, W68, R72, W70L, R73, W75G: Asrael
W72P: Israel
R78: Asraïl
49-50 47: première? Elle alla
51 47: trouva étendu

[3] Refers to an apothecary Arnoult (spelt correctly in the 1747 edition) who was notorious for his anti-apoplectic specific, advertised in the *Mercure de France*.

[4] Zoroastrian bridge to the next world. See *Sadder*, 6th Porte, in Hyde, *Historia religionis veterum Persarum*, p.439.

[5] The angel of destruction – but derived from the Islamic rather than the Zoroastrian religion, local colour being evidently more attractive here to Voltaire than accuracy.

[III]

LE CHIEN ET LE CHEVAL

Zadig éprouva que le premier mois du mariage, comme il est écrit dans le livre du Zend,[1] est la lune du miel, et que le second est la lune de l'absinthe. Il fut quelque temps après obligé de répudier Azora, qui était devenue trop difficile à vivre, et il chercha son bonheur dans l'étude de la nature. Rien n'est plus heureux, disait-il, qu'un philosophe qui lit dans ce grand livre, que Dieu a mis sous nos yeux. Les vérités qu'il découvre sont à lui: il nourrit et il élève son âme; il vit tranquille; il ne craint rien des hommes, et sa tendre épouse ne vient point lui couper le nez.

Plein de ces idées, il se retira dans une maison de campagne sur les bords de l'Euphrate. Là il ne s'occupait pas à calculer combien de pouces d'eau coulaient en une seconde sous les arches d'un pont, ou s'il tombait une ligne cube de pluie dans le mois de la souris, plus que dans le mois du mouton. Il n'imaginait point de faire de la soie avec des toiles d'araignée, ni de la porcelaine avec des bouteilles cassées;[2] mais il étudia surtout les propriétés des animaux et des

a 47, BC: Chapitre III
48P, 48LY, W48D, 49X1, W51, W50, W52, K: Chapitre III / Le Chien et le cheval
1-2 47: comme dit un sage, est la lune
11 47: calculer inutilement combien
12 47, BC: coulaient sous
14 R78: n'imaginait pas de
15 48P, W48D, W51, W52: d'araignées,
16 48P, 49X1, W51, W50: surtout la propriété des [48P errata: β]

[1] A sacred Zoroastrian commentary on sacred texts.

[2] A typically sceptical observation about scientific discoveries. Voltaire's frustrations with the Académie des sciences (see Vaillot, *Voltaire en son temps*, i.344ff.) probably played a part, though already in letter XII of the *Lettres philosophiques* he indicates that scientific progress is not necessarily consonant with the spread of

plantes, et il acquit bientôt une sagacité qui lui découvrait mille différences où les autres hommes ne voient rien que d'uniforme.

Un jour[3] se promenant auprès d'un petit bois, il vit accourir à lui un eunuque de la reine, suivi de plusieurs officiers qui paraissaient dans la plus grande inquiétude, et qui couraient çà et là, comme des hommes égarés, qui cherchent ce qu'ils ont perdu de plus précieux. Jeune homme, lui dit le premier eunuque, n'avez-vous point vu le chien de la reine? Zadig répondit modestement: C'est une chienne, et non pas un chien. Vous avez raison, reprit le premier eunuque. C'est une épagneule très petite, ajouta Zadig. Elle a fait depuis peu des chiens, elle boite du pied gauche de devant, et elle a les oreilles très longues. Vous l'avez donc vue, dit le premier eunuque tout essoufflé. Non, répondit Zadig, je ne l'ai jamais vue, et je n'ai jamais su si la reine avait une chienne.

Précisément dans le même temps, par une bizarrerie ordinaire de la fortune, le plus beau cheval de l'écurie du roi s'était échappé des mains d'un palefrenier dans les plaines de Babylone. Le grand veneur, et tous les autres officiers couraient après lui avec autant d'inquiétude que le premier eunuque après la chienne. Le grand veneur s'adressa à Zadig, et lui demanda, s'il n'avait point vu passer

19 47: vit courir à
28 47, BC: vue, reprit le
31 R78: bizarrerie de
34 47: après avec
35 47: après sa chienne.

---

enlightenment. The 'pouces d'eau' refer to a *mémoire* presented to the Académie des sciences by Pitot in 1732; the 'toiles d'araignée' probably to Réaumur's reports to the Académie (compare a satiric allusion to Réaumur, M.xxv.252); and the 'bouteilles cassées' also to Réaumur (confirmed in Voltaire's correspondence, D7500, 10894). See also Ascoli, ii.27-31.

[3] This tale probably comes from an oriental source which Voltaire had found in D'Herbelot, *Bibliothèque orientale*, art. 'Arabe', i.236. However, the version which appears in Voltaire's *Notebooks*, *OC*, vol.81, p.382, includes details not in D'Herbelot. See Ascoli, ii.32-33.

le cheval du roi. C'est, répondit Zadig, le cheval qui galope le mieux. Il a cinq pieds de haut, le sabot fort petit; il porte une queue de trois pieds et demi de long: les bossettes de son mors sont d'or à vingt-trois carats, ses fers sont d'argent à onze deniers.[4] Quel chemin a-t-il pris? où est-il? demanda le grand veneur. Je ne l'ai point vu, répondit Zadig, et je n'en ai jamais entendu parler.

Le grand veneur et le premier eunuque ne doutèrent pas que Zadig n'eût volé le cheval du roi, et la chienne de la reine; ils le firent conduire devant l'assemblée du grand desterham,[5] qui le condamna au knout, et à passer le reste de ses jours en Sibérie. A peine le jugement fut-il rendu qu'on retrouva le cheval et la chienne. Les juges furent dans la douloureuse nécessité de réformer leur arrêt. Mais ils condamnèrent Zadig à payer quatre cents onces d'or, pour avoir dit qu'il n'avait point vu ce qu'il avait vu; il fallut d'abord payer cette amende; après quoi il fut permis à Zadig de plaider sa cause au conseil du grand desterham; il parla en ces termes:

Etoiles de justice, abîmes des sciences, miroirs de vérité, qui avez la pesanteur du plomb, la dureté du fer, l'éclat du diamant, et beaucoup d'affinité avec l'or. Puisqu'il m'est permis de parler devant cette auguste assemblée, je vous jure par Orosmade,[6] que je

37 47: répondit Memnon, le cheval du monde qui
40 R78: deniers de fin.
42-43 47, BC: parler. Le
45 47: desturham
47 47: peine ce jugement
52-54 47: cause; il parla ainsi au conseil du grand desturham. Etoiles
54 47, 48P, W48D, 49X1, BC, W51, W50, K: abîmes de sciences
48LY, R78: abîmes de science

[4] The gold and silver are almost pure, a significant point in Zadig's deductions.

[5] More correctly, 'Defterdar', a kind of *contrôleur-général des finances* amongst the Turks and Persians (D'Herbelot, *Bibliothèque orientale*, i.570); but such a figure would scarcely have enjoyed the power attributed to him here.

[6] The divine principle of good in Zoroastrianism. Voltaire had given the hero of *Zaïre* the name of Orosmane.

n'ai jamais vu la chienne respectable de la reine, ni le cheval sacré du roi des rois. Voici ce qui m'est arrivé. Je me promenais vers le petit bois, où j'ai rencontré depuis le vénérable eunuque, et le très illustre grand veneur. J'ai vu sur le sable les traces d'un animal, et j'ai jugé aisément que c'était celles d'un petit chien. Des sillons légers et longs, imprimés sur de petites éminences de sable entre les traces des pattes, m'ont fait connaître que c'était une chienne dont les mamelles étaient pendantes, et qu'ainsi elle avait fait des petits il y a peu de jours. D'autres traces en un sens différent, qui paraissaient toujours avoir rasé la surface du sable à côté des pattes de devant, m'ont appris qu'elle avait les oreilles très longues; et comme j'ai remarqué que le sable était toujours moins creusé par une patte que par les trois autres, j'ai compris que la chienne de notre auguste reine était un peu boiteuse, si je l'ose dire.

A l'égard du cheval du roi des rois, vous saurez que me promenant dans les routes de ce bois, j'ai aperçu les marques de fers d'un cheval; elles étaient toutes à égales distances. Voilà, ai-je dit, un cheval qui a un galop parfait. La poussière des arbres, dans une route étroite qui n'a que sept pieds de large, était un peu enlevée à droite et à gauche à trois pieds et demi du milieu de la route. Ce cheval, ai-je dit, a une queue de trois pieds et demi, qui par ses mouvements de droite et de gauche a balayé cette poussière. J'ai vu sous les arbres qui formaient un berceau de cinq pieds de haut, les feuilles des branches nouvellement tombées; et j'ai connu

59 48P, 48LY, W48D, W51, W52: ce qu'il m'est
62 R63: jugé que
W51: c'étaient
W64G, W70G: celle d'un
63 47: éminences entre
67 47: paraissaient avoir toujours rasé
72 47: saurez qu'en me
73-74 47, 48P, 48LY, BC, W51, W68, W70L, W75G, K: marques des fers
75-77 47: parfait. Dans une route très étroite d'arbres la poussière était un peu élevée à
77 47: gauche, à un pied et trois quarts du

que ce cheval y avait touché; et qu'ainsi il avait cinq pieds de haut. Quant à son mors, il doit être d'or à vingt-trois carats, car il en a frotté les bossettes contre une pierre que j'ai reconnue être une pierre de touche, et dont j'ai fait l'essai. J'ai jugé enfin par les marques que ses fers ont laissées sur des cailloux d'une autre espèce, qu'il était ferré d'argent à onze deniers de fin. Tous les juges admirèrent le profond et subtil discernement de Zadig; la nouvelle en vint jusqu'au roi, et à la reine. On ne parlait que de Zadig dans les antichambres, dans la chambre[7] et dans le cabinet;[8] et quoique plusieurs mages opinassent qu'on devait le brûler comme sorcier, le roi ordonna qu'on lui rendît l'amende de quatre cents onces d'or à laquelle il avait été condamné. Le greffier, les huissiers, les procureurs vinrent chez lui en grand appareil lui rapporter ses quatre cents onces; ils en retinrent seulement trois cent quatre-vingt-dix-huit pour les frais de justice; et leurs valets demandèrent des honoraires.

Zadig vit combien il était dangereux quelquefois d'être trop savant, et se promit bien à la première occasion de ne point dire ce qu'il avait vu.

Cette occasion se trouva bientôt. Un prisonnier d'Etat s'échappa; il passa sous les fenêtres de sa maison. On interrogea Zadig, il ne répondit rien; mais on lui prouva qu'il avait regardé par

82 47: cheval les avait fait tomber en courant, et
84-85 R63: contre une pierre de touche, dont
84 K: reconnu
86 47, BC: que ces fers ont imprimées sur
87 47, BC: fin. ¶Tous
90 BC: Zadig dans la chambre, et
92-93 W48D, W51, W68, K: l'amende des quatre
94-95 47: lui rendre ses
95 47: en retirèrent seulement
97-98 47, BC: honoraires. Memnon [BC: Zadig]
100 R78: qu'il aurait vu.

[7] That is, 'du roi'.

[8] That is, 'conseil du roi'.

la fenêtre. Il fut condamné pour ce crime à cinq cents onces d'or, et il remercia ses juges de leur indulgence, selon la coutume de Babylone. Grand Dieu! dit-il en lui-même, qu'on est à plaindre quand on se promène dans un bois, où la chienne de la reine et le cheval du roi ont passé! Qu'il est dangereux de se mettre à la fenêtre! Et qu'il est difficile d'être heureux dans cette vie!

[IV]

L'ENVIEUX

Zadig voulut se consoler, par la philosophie et par l'amitié, des maux que lui avait faits la fortune. Il avait dans un faubourg de Babylone une maison ornée avec goût, où il rassemblait tous les arts, et tous les plaisirs dignes d'un honnête homme. Le matin sa bibliothèque était ouverte à tous les savants; le soir sa table l'était à la bonne compagnie; mais il connut bientôt combien les savants sont dangereux: il s'éleva une grande dispute sur une loi de Zoroastre, qui défendait de manger du griffon.[1] Comment défendre le griffon, disaient les uns, si cet animal n'existe pas? Il faut bien qu'il existe, disaient les autres, puisque Zoroastre ne veut pas qu'on en mange. Zadig voulut les accorder, en leur disant: S'il y a des griffons, n'en mangeons point; s'il n'y en a point, nous en mangerons encore moins, et par là nous obéirons tous à Zoroastre.

Un savant, qui avait composé treize volumes sur les propriétés du griffon, et qui de plus était grand théurgite, se hâta d'aller accuser Zadig devant un archimage nommé Yébor,[2] le plus sot des

a 47, BC: Chapitre IV
48P, 48LY, W48D, 49X1, W51, W50, W52, K: Chapitre IV / L'Envieux

15-34 47, 48P, 48LY, W48D, 49X1, BC: griffon, lui fit une affaire très sérieuse dont il ne se tira que par le crédit d'un mage qui était frère de son ami Cador. ¶De ce jour, il préféra la bonne compagnie aux savants. Il rassemblait

15 W51, W50: était un grand

16-17 W70L, R78: sot et le plus fanatique des Chaldéens. Cet

[1] Ironic reference to dietary restrictions, as in Deuteronomy xiv, for example.

[2] 'Anagramme de Boyer, théatin, confesseur de dévotes titrées, évêque par leurs intrigues, qui n'avaient pu réussir à le faire supérieur de son couvent; puis précepteur du dauphin, et enfin ministre de la feuille, par le conseil du cardinal Fleury qui, comme tous les hommes médiocres, aimait à faire donner les places à des hommes incapables de les remplir, mais aussi incapables de se rendre dangereux. Ce Boyer

Chaldéens, et partant le plus fanatique. Cet homme aurait fait empaler Zadig pour la plus grande gloire du soleil, et en aurait récité le bréviaire de Zoroastre d'un ton plus satisfait. L'ami Cador (un ami vaut mieux que cent prêtres) alla trouver le vieux Yébor, et lui dit: Vivent le soleil et les griffons, gardez-vous bien de punir Zadig: c'est un saint; il a des griffons dans sa basse-cour, et il n'en mange point; et son accusateur est un hérétique qui ose soutenir que les lapins ont le pied fendu, et ne sont point immondes.[3] Eh bien, dit Yébor, en branlant sa tête chauve, il faut empaler Zadig, pour avoir mal pensé des griffons, et l'autre pour avoir mal parlé des lapins. Cador apaisa l'affaire, par le moyen d'une fille d'honneur à laquelle il avait fait un enfant, et qui avait beaucoup de crédit dans le collège des mages. Personne ne fut empalé; de quoi plusieurs docteurs murmurèrent, et en présagèrent la décadence de Babylone. Zadig s'écria, A quoi tient le bonheur! tout me persécute dans ce monde, jusqu'aux êtres qui n'existent pas. Il maudit les savants, et ne voulut plus vivre qu'en bonne compagnie.

Il rassemblait chez lui les plus honnêtes gens de Babylone, et les dames les plus aimables; il donnait des soupers délicats, souvent précédés de concerts, et animés par des conversations charmantes, dont il avait su bannir l'empressement de montrer de l'esprit, qui est la plus sûre manière de n'en point avoir, et de gâter la société la

18 W50: la grande
20 W51, W50: cent mages)
21 W51: Vive le
22 W51, W50: et n'en
23 W75G: mangé [*error*]
30 W51, W50: et présagèrent
33-34 W51: compagnie. Il

était un fanatique imbécile qui persécuta M. de Voltaire dans plus d'une occasion' (note in Kehl edition). See Vaillot, *Voltaire en son temps*, i.420-22 and *passim*, on the implacable hostility between Voltaire and Boyer.

[3] Deuteronomy xiv.6-7.

plus brillante. Ni le choix de ses amis, ni celui des mets n'étaient faits par la vanité; car en tout il préférait l'être au paraître, et par là il s'attirait la considération véritable, à laquelle il ne prétendait pas.

Vis-à-vis sa maison demeurait Arimaze,[4] personnage dont la méchante âme était peinte sur sa grossière physionomie. Il était rongé de fiel et bouffi d'orgueil; et pour comble c'était un bel esprit ennuyeux. N'ayant jamais pu réussir dans le monde, il se vengeait par en médire. Tout riche qu'il était, il avait de la peine à rassembler chez lui des flatteurs. Le bruit des chars qui entraient le soir chez Zadig l'importunait, le bruit de ses louanges l'irritait davantage. Il allait quelquefois chez Zadig, et se mettait à table sans être prié: il y corrompait toute la joie de la société, comme on dit que les harpies infectent les viandes qu'elles touchent. Il lui arriva un jour de vouloir donner une fête à une dame, qui, au lieu de la recevoir, alla souper chez Zadig. Un autre jour, causant avec lui dans le palais, ils abordèrent un ministre, qui pria Zadig à souper, et ne pria point Arimaze. Les plus implacables haines n'ont pas souvent des fondements plus importants. Cet homme, qu'on appelait l'*Envieux* dans Babylone, voulut perdre Zadig, parce qu'on l'appelait l'*Heureux*. L'occasion de faire du mal se trouve cent fois par jour, et celle de faire du bien une fois dans l'année, comme dit Zoroastre.

L'Envieux alla chez Zadig, qui se promenait dans ses jardins avec deux amis et une dame, à laquelle il disait souvent des choses

39-40 47, BC: n'était fait par

41 W51, W50: considération, à

42-45 47, 48P, 48LY, W48D, 49X1, BC, W51, W50: personnage rempli d'orgueil, qui n'ayant pu réussir dans le monde s'en vengeait

48-49 K: Il alla quelquefois

55 R71: Les implacables

60-61 47, BC: Zoroastre; L'Envieux

[4] Evocative of Ahriman, the divine principle of evil in the Zoroastrian religion. Manicheism long fascinated Voltaire, though he never embraced it: see H. Mason, *Pierre Bayle and Voltaire* (Oxford 1963), p.67-77, and 'Voltaire and Manichean dualism', *SVEC* 26 (1963), p.1143-60.

galantes, sans autre intention que celle de les dire. La conversation roulait sur une guerre que le roi venait de terminer heureusement contre le prince d'Hircanie son vassal. Zadig qui avait signalé son courage dans cette courte guerre, louait beaucoup le roi, et encore plus la dame. Il prit ses tablettes, et écrivit quatre vers qu'il fit sur-le-champ, et qu'il donna à lire à cette belle personne. Ses amis le prièrent de leur en faire part: la modestie, ou plutôt un amour-propre bien entendu l'en empêcha. Il savait que des vers impromptus ne sont jamais bons que pour celle en l'honneur de qui ils sont faits: il brisa en deux la feuille des tablettes sur laquelle il venait d'écrire, et jeta les deux moitiés dans un buisson de roses où on les chercha inutilement. Une petite pluie survint, on regagna la maison. L'Envieux qui resta dans le jardin, chercha tant qu'il trouva un morceau de la feuille. Elle avait été tellement rompue, que chaque moitié de vers qui remplissait la ligne, faisait un sens, et même un vers d'une plus petite mesure: mais par un hasard encore plus étrange, ces petits vers se trouvaient former un sens qui contenait les injures les plus horribles contre le roi; on y lisait:

Par les plus grands forfaits
Sur le trône affermi,
Dans la publique paix
C'est le seul ennemi.

L'Envieux fut heureux pour la première fois de sa vie. Il avait entre les mains de quoi perdre un homme vertueux et aimable. Plein de cette cruelle joie, il fit parvenir jusqu'au roi cette satire écrite de la main de Zadig: on le fit mettre en prison, lui, ses deux amis, et la dame. Son procès lui fut bientôt fait, sans qu'on daignât l'entendre. Lorsqu'il vint recevoir sa sentence, l'Envieux se trouva sur son passage, et lui dit tout haut, que ses vers ne valaient rien. Zadig ne se piquait pas d'être bon poète; mais il était au désespoir d'être condamné comme criminel de lèse-majesté, et de voir qu'on retînt

71 47, 48P, 48LY: impromptu [*error*]
79 R78: un quatrain qui

en prison une belle dame et deux amis pour un crime qu'il n'avait pas fait. On ne lui permit pas de parler, parce que ses tablettes parlaient. Telle était la loi de Babylone. On le fit donc aller au supplice à travers une foule de curieux, dont aucun n'osait le plaindre, et qui se précipitaient pour examiner son visage, et pour voir s'il mourrait avec bonne grâce. Ses parents seulement étaient affligés, car ils n'héritaient pas. Les trois quarts de son bien étaient confisqués au profit du roi, et l'autre quart au profit de l'Envieux.

Dans le temps qu'il se préparait à la mort, le perroquet du roi s'envola de son balcon, et s'abattit dans le jardin de Zadig sur un buisson de roses. Une pêche y avait été portée d'un arbre voisin par le vent: elle était tombée sur un morceau de tablettes à écrire auquel elle s'était collée. L'oiseau enleva la pêche et la tablette, et les porta sur les genoux du monarque. Le prince curieux y lut des mots qui ne formaient aucun sens, et qui paraissaient des fins de vers. Il aimait la poésie, et il y a toujours de la ressource avec les princes qui aiment les vers:[5] l'aventure de son perroquet le fit rêver. La reine qui se souvenait de ce qui avait été écrit sur une pièce de la tablette de Zadig, se la fit apporter. On confronta les deux morceaux, qui s'ajustaient ensemble parfaitement; on lut alors les vers tels que Zadig les avait faits:

> Par les plus grands forfaits j'ai vu troubler la terre.
> Sur le trône affermi le roi sait tout dompter.

94 47, BC: deux de ses amis
95 47: pas commis. On
99 47: grâce. Les parents
101 47: l'autre quatre au [*error*]
105 47: vent, et était
106-107 47: collée; l'oiseau emporta la pêche et la tablette et les laissa tomber sur
108 47, BC: vers. ¶Il
109 W51: poésie; il
109-110 47, 48P, 48LY, W48D, 49X1, BC: poésie; l'aventure

[5] 'et il y a toujours de la ressource avec les princes qui aiment les vers': phrase added by Voltaire in 1751 as a compliment to Frederick during his sojourn at the king's court.

Dans la publique paix l'amour seul fait la guerre:
C'est le seul ennemi qui soit à redouter.[6]

Le roi ordonna aussitôt qu'on fît venir Zadig devant lui, et qu'on fît sortir de prison ses deux amis, et la belle dame. Zadig se jeta le visage contre terre aux pieds du roi et de la reine: il leur demanda très humblement pardon d'avoir fait de mauvais vers: il parla avec tant de grâce, d'esprit et de raison, que le roi et la reine voulurent le revoir. Il revint, et plut encore davantage. On lui donna tous les biens de l'Envieux qui l'avait injustement accusé: mais Zadig les rendit tous; et l'Envieux ne fut touché que du plaisir de ne pas perdre son bien. L'estime du roi s'accrut de jour en jour pour Zadig. Il le mettait de tous ses plaisirs, et le consultait dans toutes ses affaires. La reine le regarda dès lors avec une complaisance qui pouvait devenir dangereuse pour elle, pour le roi son auguste époux, pour Zadig et pour le royaume. Zadig commençait à croire qu'il n'est pas si difficile d'être heureux.

119 47, BC: fît revenir Memnon [BC: Zadig]
120 W50: et sa belle
121 47: reine et demanda
128 K: plaisirs, le
129-132 47: ses affaires.//
132 W68, W75G, K: pas difficile

[6] An episode surely intended to display Voltaire's poetic ingenuity. Various sources have been proposed, none of them particularly convincing.

[V]

LES GÉNÉREUX

Le temps arriva où l'on célébrait une grande fête, qui revenait tous les cinq ans. C'était la coutume à Babylone de déclarer solennellement, au bout de cinq années, celui des citoyens qui avait fait l'action la plus généreuse. Les grands et les mages étaient les juges. Le premier satrape chargé du soin de la ville, exposait les plus belles actions qui s'étaient passées sous son gouvernement. On allait aux voix: le roi prononçait le jugement. On venait à cette solennité des extrémités de la terre. Le vainqueur recevait des mains du monarque une coupe d'or garnie de pierreries, et le roi lui disait ces paroles: *Recevez ce prix de la générosité, et puissent les dieux me donner beaucoup de sujets qui vous ressemblent!*

Ce jour mémorable venu, le roi parut sur son trône, environné des grands, des mages, et des députés de toutes les nations qui venaient à ces jeux, où la gloire s'acquérait non par la légèreté des chevaux, non par la force du corps, mais par la vertu. Le premier satrape rapporta à haute voix les actions, qui pouvaient mériter à leurs auteurs ce prix inestimable. Il ne parla point de la grandeur d'âme avec laquelle Zadig avait rendu à l'Envieux toute sa fortune: ce n'était pas une action qui méritât de disputer le prix.

Il présenta d'abord un juge, qui ayant fait perdre un procès considérable à un citoyen, par une méprise dont il n'était pas même responsable, lui avait donné tout son bien, qui était la valeur de ce que l'autre avait perdu.[1]

a 47, BC: Chapitre V
48P, 48LY, W48D, 49X1, W51, W50, W52: Chapitre V / Les Généreux
K: Chapitre V / Le Généreux

21-22 BC: pas responsable

[1] Among the many sources which have been cited, the most likely seems to be La Chaussée's *La Gouvernante*, or, more specifically, the report of the play given in the

Il produisit ensuite un jeune homme, qui étant éperdument épris d'une fille qu'il allait épouser, l'avait cédée à un ami près d'expirer d'amour pour elle, et qui avait encore payé la dot en cédant la fille.

Ensuite il fit paraître un soldat, qui dans la guerre d'Hircanie avait donné encore un plus grand exemple de générosité. Des soldats ennemis lui enlevaient sa maîtresse, et il la défendait contre eux: on vint lui dire que d'autres Hyrcaniens enlevaient sa mère à quelques pas de là: il quitta en pleurant sa maîtresse, et courut délivrer sa mère: il retourna ensuite vers celle qu'il aimait, et la trouva expirante. Il voulut se tuer; sa mère lui remontra qu'elle n'avait que lui pour tout secours, et il eut le courage de souffrir la vie.

Les juges penchaient pour ce soldat. Le roi prit la parole, et dit: Son action et celle des autres sont belles; mais elles ne m'étonnent point; hier Zadig en a fait une qui m'a étonné. J'avais disgracié depuis quelques jours mon ministre et mon favori Coreb.[2] Je me

25 w52, w64g, w68, r71, w70l, r72, w75g, r78: ami prêt d'expirer
26-27 47, bc: fille; ensuite
27 bc: Après cela il
28 47: un autre exemple
29-30 47: contre deux. On vint
35-36 47, bc: vie. Les
37 48p, 48ly, w48d, 49x1, w51, w64g, r71, w70l, r72, w75g, r78, k: et celles des
47: des deux autres
38 47: point; j'avais

Mercure de France: 'Ce magistrat *a fait perdre* il y a douze ans *un procès juste* qui a ruiné une famille illustre, *par la négligence qu'il a eue* de se laisser tromper par son secrétaire; le crime de ce traître étant connu, il veut le réparer en restituant *la valeur de la perte qu'il a causée*' (emphasis added). The underlined passages reveal a considerable parallelism of both vocabulary and sentence structure, suggesting an echo by Voltaire of an article that he had recently read. The relevant excerpt dates from the *Mercure* of February 1747, p.130, suggesting a possible *terminus a quo* for the composition of the original *Memnon* edition. See also Ascoli, ii.190-91, 484-89.

[2] Another possible Hebrew affiliation, as it is used in Esther i.14 to designate ministers close to the king.

plaignais de lui avec violence, et tous mes courtisans m'assuraient que j'étais trop doux; c'était à qui me dirait le plus de mal de Coreb. Je demandai à Zadig ce qu'il en pensait, et il osa en dire du bien.[3] J'avoue que j'ai vu, dans nos histoires, des exemples qu'on a payé de son bien une erreur; qu'on a cédé sa maîtresse; qu'on a préféré une mère à l'objet de son amour: mais je n'ai jamais lu qu'un courtisan ait parlé avantageusement d'un ministre disgracié, contre qui son souverain était en colère.[4] Je donne vingt mille pièces d'or à chacun de ceux dont on vient de réciter les actions généreuses: mais je donne la coupe à Zadig.

Sire, lui dit-il, c'est Votre Majesté seule qui mérite la coupe, c'est elle qui a fait l'action la plus inouïe, puisqu'étant roi, vous ne vous êtes point fâché contre votre esclave, lorsqu'il contredisait votre passion. On admira le roi et Zadig. Le juge qui avait donné son bien, l'amant qui avait marié sa maîtresse à son ami, le soldat qui avait préféré le salut de sa mère à celui de sa maîtresse, reçurent les présents du monarque; ils virent leurs noms écrits dans le livre des généreux. Zadig eut la coupe. Le roi acquit la réputation d'un bon prince, qu'il ne garda pas longtemps. Ce jour fut consacré par des fêtes plus longues que la loi ne le portait. La mémoire s'en conserve encore dans l'Asie. Zadig disait: Je suis donc enfin heureux; mais il se trompait.

49-50 47, BC: Memnon [BC: Zadig]. Sire

53 47, BC: passion. ¶On

59 47: ne les portait, et la mémoire

48P, 48LY, W48D, 49X1, BC, W51, W50, W52: portait. On y représenta des tragédies qui faisaient répandre des larmes et des comédies qui faisaient rire, ce qui était passé de mode à Babylone. La

48P: La manière s'en [errata: β]

60-61 47: dans l'Asie.//

[3] Compare: 'Locke [...] ose quelquefois parler affirmativement, mais il ose aussi douter', *Lettres philosophiques*, XIII (M.xxii.122-23).

[4] The sort of comment that justifies *Zadig* being described as an 'anti-Versailles' (see Introduction, p.86).

[VI]

LE MINISTRE

Le roi avait perdu son premier ministre. Il choisit Zadig pour remplir cette place. Toutes les belles dames de Babylone applaudirent à ce choix; car depuis la fondation de l'empire il n'y avait jamais eu de ministre si jeune. Tous les courtisans furent fâchés; l'Envieux en eut un crachement de sang, et le nez lui enfla prodigieusement. Zadig ayant remercié le roi et la reine, alla remercier aussi le perroquet: Bel oiseau, lui dit-il, c'est vous qui m'avez sauvé la vie, et qui m'avez fait premier ministre: la chienne et le cheval de Leurs Majestés m'avaient fait beaucoup de mal, mais vous m'avez fait plus de bien. Voilà donc de quoi dépendent les destins des hommes: mais, ajouta-t-il, un bonheur si étrange sera peut-être bientôt évanoui. Le perroquet répondit, Oui. Ce mot frappa Zadig; cependant comme il était bon physicien, et qu'il ne croyait pas que les perroquets fussent prophètes, il se rassura bientôt, et se mit à exercer son ministère de son mieux.

Il fit sentir à tout le monde le pouvoir sacré des lois, et ne fit sentir à personne le poids de sa dignité. Il ne gêna point les voix du divan, et chaque vizir pouvait avoir un avis sans lui déplaire.

a 47, BC: Chapitre VI
48P, 48LY, W48D, 49X1, W51, W50, W52: Chapitre VI / Les Jugements
K: Chapitre VI / Le Ministre

1-23 47, 48P, 48LY, W48D, 49X1, BC, W51, W50, W52: Tout jeune qu'il était, il fut [47: Memnon tout jeune qu'il était fut] établi juge suprême de tous les tribunaux de l'empire. Il remplit cette place [47: ce poste] comme un homme à qui Dieu avait donné la science et la justice. C'est

4 R63: courtisans en furent

10 W64G, W68, R71, W70L, R72, W75G, K: fait du bien.
R78: fait beaucoup de

12-13 K: mot frappe Zadig

15 K: bientôt; il se

Quand il jugeait une affaire, ce n'était pas lui qui jugeait, c'était la loi; mais quand elle était trop sévère, il la tempérait;[1] et quand on manquait de lois, son équité en faisait qu'on aurait prises pour celles de Zoroastre.

C'est de lui que les nations tiennent ce grand principe, qu'il vaut mieux hasarder de sauver un coupable que de condamner un innocent. Il croyait que les lois étaient faites pour secourir les citoyens autant que pour les intimider. Son principal talent était de démêler la vérité que tous les hommes cherchent à obscurcir. Dès les premiers jours de son administration il mit ce grand talent en usage. Un fameux négociant de Babylone était mort aux Indes; il avait fait ses héritiers ses deux fils par portions égales, après avoir marié leur sœur; et il laissait un présent de trente mille pièces d'or à celui de ses deux fils qui serait jugé l'aimer davantage. L'aîné lui bâtit un tombeau: le second augmenta d'une partie de son héritage la dot de sa sœur: chacun disait, C'est l'aîné qui aime le mieux son père; le cadet aime mieux sa sœur; c'est à l'aîné qu'appartiennent les trente mille pièces.

Zadig les fit venir tous deux l'un après l'autre. Il dit à l'aîné: Votre père n'est point mort, il est guéri de sa dernière maladie, il revient à Babylone. Dieu soit loué, répondit le jeune homme, mais voilà un tombeau qui m'a coûté bien cher! Zadig dit ensuite la même chose au cadet. Dieu soit loué, répondit-il, je vais rendre à mon père tout ce que j'ai, mais je voudrais qu'il laissât à ma sœur ce

24 R78: sauver cent coupables que
30 R78: fait héritiers
31 47: il faisait un
34 47: de la sœur. Chacun
37-38 47: dit au premier, Votre
41 47, BC: au second; Dieu

[1] Compare Voltaire's account of British constitutional monarchy: 'le prince, tout-puissant pour faire du bien, a les mains liées pour faire du mal', *Lettres philosophiques*, VIII (M.xxii.103).

que je lui ai donné. Vous ne rendrez rien, dit Zadig, et vous aurez les trente mille pièces; c'est vous qui aimez le mieux votre père.

Une fille fort riche avait fait une promesse de mariage à deux mages, et après avoir reçu quelques mois des instructions de l'un et de l'autre, elle se trouva grosse. Ils voulaient tous deux l'épouser. Je prendrai pour mon mari, dit-elle, celui des deux qui m'a mise en

43 47, BC: donné. ¶Vous

45-60 47 (*also in* BC, *see variant to line* 60, *line* 35): Quelque temps après on lui amena un homme juridiquement convaincu d'avoir commis un meurtre six ans auparavant. Deux témoins déposaient l'avoir vu; ils indiquaient le lieu, le jour, et l'heure, ils ne s'étaient point coupés dans leurs interrogatoires [BC2: interrogations]. L'accusé avait été l'ennemi déclaré du mort. Plusieurs personnes l'avaient vu passer armé dans le chemin où l'assassinat avait été commis; jamais preuves n'avaient été plus fortes; et cependant cet homme protestait de son innocence avec cet air de vérité qui peut balancer les preuves mêmes aux yeux d'un juge éclairé; mais il pouvait exciter la pitié et non éviter la condamnation; il ne se plaignait point de ses juges; il accusait seulement sa destinée, et il était résigné à la mort. Memnon [BC: Zadig, *passim*] s'attendrit sur lui et entreprit, de découvrir la vérité; il se fit amener les deux dénonciateurs l'un après l'autre. Il dit au premier: Je sais mon ami que vous êtes un homme de bien et un témoin irréprochable: vous avez rendu un grand service à la patrie en découvrant l'auteur du meurtre qui fut commis il y a six ans en hiver au temps du solstice à sept heures du soir aux yeux mêmes du soleil: Monseigneur lui répondit l'accusateur, je ne sais pas ce que c'est que le solstice, mais c'était le troisième jour de la semaine et il faisait encore un très beau soleil; Allez en paix, lui dit Memnon, et soyez toujours homme de bien.

Ensuite il fit venir l'autre témoin et lui dit; Que la vertu vous accompagne, dans toutes vos voies; vous avez rendu gloire à la vérité; et vous méritez des récompenses pour avoir convaincu un citoyen d'un meurtre abominable qui fut commis il y a six ans aux rayons sacrés de la pleine lune, dans le temps qu'elle était dans le même signe et dans le même degré que le soleil. Monseigneur, répondit l'accusateur, je ne connais ni les signes ni les degrés; mais il faisait alors la plus belle pleine lune du monde. Alors Memnon fit revenir le premier témoin et leur dit à tous deux: Vous êtes des scélérats, qui avez porté faux témoignage contre un innocent, l'un assure que le meurtre a été fait à sept heures avant que le soleil fût sous l'horizon, et ce jour-là il s'était couché avant six heures. L'autre affirme que le coup a été fait à la clarté de la pleine lune [BC: la lune] et ce jour-là il n'y avait point de lune; vous serez tous deux pendus pour avoir été faux témoins et mauvais astronomes. [BC: astronomes. ¶Zadig montrait (*continues as in final paragraph of variant to line* 60, *below*)] ¶Memnon rendait tous les jours de pareils arrêts qui montraient la subtilité [*continues as in final paragraph of variant to line* 60, *below*]

état de donner un citoyen à l'empire. C'est moi qui ai fait cette bonne œuvre, dit l'un: c'est moi qui ai eu cet avantage, dit l'autre. Eh bien, répondit-elle; je reconnais pour père de l'enfant celui des deux qui lui pourra donner la meilleure éducation. Elle accoucha d'un fils. Chacun des mages veut l'élever: la cause est portée devant Zadig. Il fait venir les deux mages. Qu'enseigneras-tu à ton pupille? dit-il au premier. Je lui apprendrai, dit le docteur, les huit parties d'oraison, la dialectique, l'astrologie, la démonomanie, ce que c'est que la substance et l'accident, l'abstrait et le concret, les monades et l'harmonie préétablie.[2] Moi, dit le second, je tâcherai de le rendre juste et digne d'avoir des amis. Zadig prononça, *Que tu sois son père ou non tu épouseras sa mère.*

49-50 48P, W48D, 49X1, W51: qui ait fait [...] qui ait eu

49 W50: qui a fait

50 W50: qui a eu

51-52 W48D: celui de deux [*error*]

52 W51: qui pourra lui donner

57-58 48P-W50: concret, etcetera. etcetera. etcetera. Moi

59-60 48P: prononça, Tu es son père et tu [errata: β]
49X1: prononça, Sois son père ou non, tu
W50: Que tu sois père ou non, tu

60 48P, 48LY, W48D, 49X1, BC, W51, W50, W52, K: *mère.* ¶Il venait tous les jours des plaintes à la cour contre l'itamadoulet de Médie nommé Irax. C'était un grand seigneur dont le fond [48LY, BC: fonds] n'était pas mauvais, mais qui était corrompu par la vanité et par la volupté. Il souffrait rarement qu'on lui parlât, et jamais qu'on l'osât contredire. Les paons ne sont pas plus vains, les colombes ne sont pas plus voluptueuses, les tortues ont moins de paresse. Il ne respirait que la fausse gloire et les faux plaisirs. Zadig entreprit de le corriger.

Il lui envoya de la part du roi un maître de musique avec douze voix et vingt-quatre violons, un maître d'hôtel avec six cuisiniers, et quatre chambellans qui ne devaient [48LY: doivent] pas le quitter. L'ordre du roi portait que l'étiquette suivante serait inviolablement observée, et voici comme [BC: comment] les choses se passèrent.

Le premier jour dès que le voluptueux Irax fut éveillé le maître de musique entra

[2] One should note that this ironic reference to Leibnizian monads and pre-established harmony does not appear until the 1752 edition.

suivi des voix et des violons: on chanta une cantate qui dura deux heures, et de trois minutes en trois minutes le refrain était:

Que son mérite est extrême!
Que de grâces, que de grandeur,
Ah combien monseigneur
Doit être content de lui-même!

Après l'exécution de la cantate, un chambellan lui fit une harangue de trois quarts d'heure, dans laquelle on le louait expressément de toutes les bonnes qualités qui lui manquaient. La harangue finie on le conduisit à table au son des instruments. Le dîner dura trois heures; dès qu'il ouvrit la bouche pour parler le premier chambellan dit: Il aura raison; à peine eut-il prononcé quatre paroles que le second chambellan s'écria [K: s'écrie]: Il a raison. Les deux autres chambellans firent de grands éclats de rire du bon mot [W52, K: des bons mots] qu'Irax [BC: il] avait dit ou qu'il avait dû dire. Après dîner on lui répéta sa [K: la] cantate.

Cette première journée lui parut délicieuse, il crut que le roi des rois l'honorait selon [BC: suivant] ses mérites; la seconde lui parut moins agréable; la troisième fut gênante; la quatrième fut insupportable; la cinquième fut un supplice: enfin outré d'entendre toujours chanter [BC: entendre chanter]: *Ah combien monseigneur doit être content de lui-même!* d'entendre toujours dire qu'il avait raison, et d'être harangué chaque jour à la même heure: il écrivit en cour pour supplier le roi qu'il daignât rappeler ses chambellans, ses musiciens, son maître d'hôtel, il promit d'être désormais moins vain et plus appliqué. Il se fit moins encenser, eut moins de fêtes, et fut plus heureux; car, comme dit Sadder: *toujours du plaisir, n'est pas du plaisir.* [BC: *inserts anecdote given in variant to lines* 45-60 *above*] [K: *chapter ends here*]

Zadig montrait tous les jours la subtilité de son génie et la bonté de son âme; il était adoré des peuples et chéri du roi; les premières traverses de sa vie augmentaient encore [47: donnaient encore un nouveau prix à] sa félicité présente; mais toutes les nuits il avait un songe qui lui faisait quelque peine. Il lui semblait [*concludes as in the following chapter, lines* 86-92]

[VII]

LES DISPUTES ET LES AUDIENCES

C'est ainsi qu'il montrait tous les jours la subtilité de son génie et la bonté de son âme; on l'admirait, et cependant on l'aimait. Il passait pour le plus fortuné de tous les hommes; tout l'empire était rempli de son nom; toutes les femmes le lorgnaient;[1] tous les citoyens célébraient sa justice; les savants le regardaient comme leur oracle, les prêtres même avouaient qu'il en savait plus que le vieux archimage Yébor. On était bien loin alors de lui faire des procès sur les griffons; on ne croyait que ce qui lui semblait croyable.

Il y avait[2] une grande querelle dans Babylone, qui durait depuis quinze cents années, et qui partageait l'empire en deux sectes opiniâtres; l'une prétendait qu'il ne fallait jamais entrer dans le temple de Mitra que du pied gauche; l'autre avait cette coutume en abomination, et n'entrait jamais que du pied droit. On attendait le jour de la fête solennelle du feu sacré, pour savoir quelle secte serait favorisée par Zadig. L'univers avait les yeux sur ses deux pieds, et

a-85 47, 48P, 48LY, W48D, 49X1, BC, W51, W50, W52: [*absent; text continues from previous chapter as in line* 86 *below*]

a K: Chapitre VII / Les Disputes et les audiences

1 K: ainsi que Zadig montrait

5 R63: comme un oracle

6 W57P, R63, R71, K: prêtres mêmes avouaient

K: savait même plus

12 R78: Mitrah [K: Mithra]

[1] Compare: 'elle le regarda du coin de l'œil, ce qui plusieurs siècles après s'est appelé lorgner', *La Princesse de Babylone*, ed. Jacqueline Hellegouarc'h, *OC*, vol.66 (1999), p.114.

[2] The most likely source for this grotesque quarrel is the conflict between the High-Heels and Low-Heels, and the Big-Endians and Little-Endians, in Swift's *Gulliver's travels*, pt 1: *A voyage to Lilliput*, ch.4. Voltaire had read and admired the novel on its appearance in 1726, during his stay in England.

toute la ville était en agitation et en suspens. Zadig entra dans le temple en sautant à pieds joints, et il prouva ensuite par un discours éloquent que le Dieu du ciel et de la terre, qui n'a acception de personne, ne fait pas plus de cas de la jambe gauche que de la jambe droite. L'Envieux et sa femme prétendirent que dans son discours il n'y avait pas assez de figures, qu'il n'avait pas fait assez danser les montagnes et les collines. Il est sec et sans génie, disaient-ils, on ne voit chez lui ni la mer s'enfuir, ni les étoiles tomber, ni le soleil se fondre comme de la cire: il n'a point le bon style oriental.[3] Zadig se contentait d'avoir le style de la raison. Tout le monde fut pour lui, non pas parce qu'il était dans le bon chemin, non pas parce qu'il était raisonnable, non pas parce qu'il était aimable, mais parce qu'il était premier vizir.

Il termina aussi heureusement le grand procès entre les mages blancs et les mages noirs.[4] Les blancs soutenaient que c'était une impiété de se tourner en priant Dieu vers l'orient d'hiver: les noirs assuraient que Dieu avait en horreur les prières des hommes, qui se tournaient vers le couchant d'été. Zadig ordonna qu'on se tournât comme on voudrait.

24 R63: comme la
29 W56: terminat [*error*]

[3] Voltaire regularly condemned the excesses of the *style oriental* (see R. Naves, *Le Goût de Voltaire*, Paris 1938, p.211ff.), but the allusions here are, in fact, all biblical. Compare: 'Les monts sautèrent comme des béliers, et les collines comme les agneaux des brebis' (Psalms cxiii.4, trans. Lemaître de Sacy); 'La mer [...] s'enfuit' (Psalms cxiii.3); 'Comment es-tu tombé du ciel, Lucifer, toi qui paraissais si brillant au point du jour?' (Isaiah xiv.12). The reference to the melting sun appears to come from the Book of Judith xvi.18, but the sun is not mentioned: 'Les pierres se fondront comme la cire [...]'.

[4] Voltaire notes: 'entre les anciens moines noirs et les nouveaux moines blancs il régnait une inimitié scandaleuse' (*Essai sur les mœurs*, M.xii.337), and he remarks on the hostility between the Catholic priests wearing a white surplice and the black-robed Protestant clergy (*Traité sur la tolérance*, ed. John Renwick, *OC*, vol.56C, 2000, p.251). But the precise quarrel here is between the Zoroastrian and Judaic customs of prayer: see M.xi.33.

Il trouva ainsi le secret d'expédier le matin les affaires particulières et les générales: le reste du jour il s'occupait des embellissements de Babylone:[5] il faisait représenter des tragédies où l'on pleurait, et des comédies où l'on riait,[6] ce qui était passé de mode depuis longtemps, et ce qu'il fit renaître parce qu'il avait du goût. Il ne prétendait pas en savoir plus que les artistes; il les récompensait par des bienfaits et des distinctions, et n'était point jaloux en secret de leurs talents. Le soir il amusait beaucoup le roi, et surtout la reine. Le roi disait, Le grand ministre! la reine disait, L'aimable ministre! et tous deux ajoutaient, C'eût été grand dommage qu'il eût été pendu.

Jamais homme en place ne fut obligé de donner tant d'audiences aux dames. La plupart venaient lui parler des affaires qu'elles n'avaient point, pour en avoir une avec lui. La femme de l'Envieux s'y présenta des premières; elle lui jura par Mitra, par Zenda Vesta,[7] et par le feu sacré, qu'elle avait détesté la conduite de son mari; elle lui confia ensuite que ce mari était un jaloux, un brutal; elle lui fit entendre que les dieux le punissaient, en lui refusant les précieux effets de ce feu sacré par lequel seul l'homme est semblable aux immortels: elle finit par laisser tomber sa jarretière;

35 W56: trouvat [*error*]
36 R63, R78: et générales
42 K: de leur talent.
49-50 R78B: par le Mitrah, par le Zenda-Vesta
49 R78A: Mitrah [K: Mithra]

[5] Compare Voltaire's preoccupation with urban planning in, for example, *Des embellissements de Paris*, ed. Mark Waddicor, *OC*, vol.31B (1994), p.199-233. See also Jean Mohsen Fahmy, *Voltaire et Paris*, *SVEC* 195 (1981), p.121-42.

[6] This apparent tautology is an expression of Voltaire's dislike for 'metaphysical' comedies like Marivaux's or the 'comédies larmoyantes' of Nivelle de La Chaussée and others. Compare, for example, M.xxiii.486. Ascoli points out the totally anachronistic nature of these remarks (Ascoli, ii.66).

[7] Voltaire confusedly seems to believe that Zenda Vesta is a god. See above, ch.3, n.1.

Zadig la ramassa avec sa politesse ordinaire, mais il ne la rattacha point au genou de la dame; et cette petite faute, si c'en est une, fut la cause des plus horribles infortunes. Zadig n'y pensa pas, et la femme de l'Envieux y pensa beaucoup.

D'autres dames se présentaient tous les jours. Les annales secrètes de Babylone prétendent qu'il succomba une fois, mais qu'il fut tout étonné de jouir sans volupté, et d'embrasser son amante avec distraction. Celle à qui il donna, sans presque s'en apercevoir, des marques de sa protection, était une femme de chambre de la reine Astarté.[8] Cette tendre Babylonienne se disait à elle-même pour se consoler: Il faut que cet homme-là ait prodigieusement d'affaires dans la tête, puisqu'il y songe encore, même en faisant l'amour. Il échappa à Zadig, dans les instants où plusieurs personnes ne disent mot, et où d'autres ne prononcent que des paroles sacrées, de s'écrier tout d'un coup, *La reine*. La Babylonienne crut qu'enfin il était revenu à lui dans un bon moment, et qu'il lui disait, *Ma reine*. Mais Zadig toujours très distrait, prononça le nom d'Astarté. La dame qui dans ces heureuses circonstances interprétait tout à son avantage, s'imagina que cela voulait dire, Vous êtes plus belle que la reine Astarté; elle sortit du sérail de Zadig avec de très beaux présents. Elle alla conter son aventure à l'Envieuse, qui était son amie intime; celle-ci fut cruellement piquée de la préférence: Il n'a pas daigné seulement, dit-elle, me rattacher cette jarretière que voici, et dont je ne veux plus me servir. Oh! oh! dit la fortunée à l'Envieuse, vous portez les mêmes jarretières que la reine! Vous les prenez donc chez la même faiseuse? L'Envieuse rêva profondément, ne répondit rien, et alla consulter son mari l'Envieux.

Cependant Zadig s'apercevait qu'il avait toujours des distractions quand il donnait des audiences, et quand il jugeait; il ne savait à quoi les attribuer: c'était là sa seule peine.

55 R63: ne l'attacha

[8] This name may well come from Montesquieu's *Lettres persanes*, LXVII, which includes the 'Histoire d'Aphéridon et d'Astarté'.

Il eut un songe: il lui semblait qu'il était couché d'abord sur des herbes sèches, parmi lesquelles il y en avait quelques-unes de piquantes qui l'incommodaient, et qu'ensuite il reposait mollement sur un lit de roses dont il sortait un serpent qui le blessait au cœur de sa langue acérée et envenimée. Hélas, disait-il, j'ai été longtemps couché sur ces herbes sèches et piquantes, je suis maintenant sur le lit de roses; mais quel sera le serpent?

86 47, 48P, 48LY, W48D, 49X1, BC, W51, W50, W52: [*see variants for lines* a-85 *and for previous chapter*]

87 47: herbes parmi

91-92 47, BC: sur un lit

[VIII]

LA JALOUSIE

Le malheur de Zadig vint de son bonheur même, et surtout de son mérite. Il avait tous les jours des entretiens avec le roi et avec Astarté son auguste épouse. Les charmes de sa conversation redoublaient encore par cette envie de plaire qui est à l'esprit ce que la parure est à la beauté; sa jeunesse et ses grâces firent insensiblement sur Astarté une impression dont elle ne s'aperçut pas d'abord. Sa passion croissait dans le sein de l'innocence. Astarté se livrait sans scrupule et sans crainte au plaisir de voir et d'entendre un homme cher à son époux et à l'Etat; elle ne cessait de le vanter au roi; elle en parlait à ses femmes, qui enchérissaient encore sur ses louanges; tout servait à enfoncer dans son cœur le trait qu'elle ne sentait pas. Elle faisait des présents à Zadig, dans lesquels il entrait plus de galanterie qu'elle ne pensait; elle croyait ne lui parler qu'en reine contente de ses services, et quelquefois ses expressions étaient d'une femme sensible.

Astarté était beaucoup plus belle que cette Sémire qui haïssait tant les borgnes, et que cette autre femme qui avait voulu couper le nez à son époux. La familiarité d'Astarté, ses discours tendres dont elle commençait à rougir, ses regards qu'elle voulait détourner, et qui se fixaient sur les siens, allumèrent dans le cœur de Zadig un feu dont il s'étonna. Il combattit; il appela à son secours la philosophie, qui l'avait toujours secouru; il n'en tira que des lumières, et n'en

a 47, BC: Chapitre VII
48P, 48LY, W48D, 49X1, W51, W50, W52: Chapitre VII / La Jalousie
K: Chapitre VIII / La Jalousie

3 R78B: de la conversation

16-17 47: haïssait tous les

20 47: siens allumaient dans

21 47: s'étonna. Il en fut effrayé. Il appela

reçut aucun soulagement. Le devoir, la reconnaissance, la majesté souveraine violée se présentaient à ses yeux comme des dieux vengeurs; il combattait, il triomphait, mais cette victoire qu'il fallait remporter à tous moments lui coûtait des gémissements et des larmes. Il n'osait plus parler à la reine avec cette douce liberté qui avait eu tant de charmes pour tous deux; ses yeux se couvraient d'un nuage; ses discours étaient contraints et sans suite; il baissait la vue; et quand malgré lui ses regards se tournaient vers Astarté, ils rencontraient ceux de la reine mouillés de pleurs dont il partait des traits de flamme: ils semblaient se dire l'un à l'autre; Nous nous adorons et nous craignons de nous aimer; nous brûlons tous deux d'un feu que nous condamnons.

Zadig sortait d'auprès d'elle, égaré, éperdu, le cœur surchargé d'un fardeau qu'il ne pouvait plus porter: dans la violence de ces agitations, il laissa pénétrer son secret à son ami Cador, comme un homme qui ayant soutenu longtemps les atteintes d'une vive douleur fait enfin connaître son mal par un cri qu'un redoublement aigu lui arrache, et par la sueur froide qui coule sur son front.

Cador lui dit: J'ai déjà démêlé les sentiments que vous vouliez vous cacher à vous-même; les passions ont des signes auxquels on ne peut se méprendre; jugez, mon cher Zadig, puisque j'ai lu dans votre cœur, si le roi n'y découvrira pas un sentiment qui l'offense. Il n'a d'autre défaut que celui d'être le plus jaloux des hommes. Vous résistez à votre passion avec plus de force que la reine ne combat la sienne, parce que vous êtes philosophe, et parce que vous êtes Zadig. Astarté est femme, elle laisse parler ses regards avec d'autant plus d'imprudence, qu'elle ne se croit pas encore coupable.

23 47, 48P, W48D, BC, W51: soulagement. ¶Le

26 W68, W70L, W75G, K: à tout moment lui

28 47: deux; sa langue hésitait; ses

31 R78: pleurs d'où partaient des

36-37 R63, W64G, W70G, W68, W70L, R72, W72P, R73, R75, W75G, R78, K: de ses agitations

43 47: jugez, ô mon cher Memnon,

44-46 47: l'offense. Vous résistez

Malheureusement rassurée sur son innocence, elle néglige des dehors nécessaires. Je tremblerai pour elle, tant qu'elle n'aura rien à se reprocher. Si vous étiez d'accord l'un et l'autre, vous sauriez tromper tous les yeux: une passion naissante et combattue éclate; un amour satisfait sait se cacher. Zadig frémit à la proposition de trahir le roi son bienfaiteur; et jamais il ne fut plus fidèle à son prince, que quand il fut coupable envers lui d'un crime involontaire. Cependant la reine prononçait si souvent le nom de Zadig; son front se couvrait de tant de rougeur en le prononçant; elle était tantôt si animée, tantôt si interdite, quand elle lui parlait en présence du roi; une rêverie si profonde s'emparait d'elle, quand il était sorti, que le roi fut troublé. Il crut tout ce qu'il voyait, et imagina tout ce qu'il ne voyait point. Il remarqua surtout, que les babouches de sa femme étaient bleues, et que les babouches de Zadig étaient bleues; que les rubans de sa femme étaient jaunes, et que le bonnet de Zadig était jaune: c'était là de terribles indices pour un prince délicat.[1] Les soupçons se tournèrent en certitude dans son esprit aigri.

51-52 47: dehors qui la perdront; si vous étiez
56-57 47, BC: involontaire. ¶Cependant
57-58 47, BC: Memnon [BC: Zadig], et son
58 47: de rougeurs en
60 47: s'emparait tellement d'elle
61 47: fut jaloux.
61-62 47: et remarquait tout
62-66 47: remarqua sur l'habit de la reine des diamants que Memnon avait pris la liberté de lui présenter en présence du roi même, et avec sa permission. Il oublia que ces diamants avaient été l'hommage respectueux d'un sujet; il n'y vit qu'un gage d'un amour téméraire; les soupçons
65 BC, W51, W50, R63, R71, K: c'étaient là

[1] This sentence, introduced in 1748, leads Voltaire into an error (see below, n.3). The reference to yellow ribbons was probably a discreet homage to the duchesse du Maine, whose favourite colour it was and who awarded the chevaliers of the *Ordre de la mouche à miel* (of which she was queen) a medal on a yellow ribbon. This lends added force to the theory that Voltaire was making revisions to *Memnon* during his stay at the duchess's château of Sceaux in late 1747. See Jacqueline Hellegouarc'h, 'Encore la duchesse du Maine: note sur les rubans jaunes de *Zadig*', *SVEC* 176 (1979), p.37-40.

Tous les esclaves des rois et des reines sont autant d'espions de leurs cœurs. On pénétra bientôt qu'Astarté était tendre, et que Moabdar était jaloux. L'Envieux engagea l'Envieuse à envoyer au roi sa jarretière, qui ressemblait à celle de la reine. Pour surcroît de malheur cette jarretière était bleue. Le monarque ne songea plus qu'à la manière de se venger. Il résolut une nuit d'empoisonner la reine, et de faire mourir Zadig par le cordeau, au point du jour. L'ordre en fut donné à un impitoyable eunuque, exécuteur de ses vengeances. Il y avait alors dans la chambre du roi un petit nain qui était muet, mais qui n'était pas sourd.[2] On le souffrait toujours: il était témoin de ce qui se passait de plus secret, comme un animal domestique. Ce petit muet était très attaché à la reine et à Zadig. Il entendit avec autant de surprise que d'horreur, donner l'ordre de leur mort. Mais comment faire pour prévenir cet ordre effroyable, qui allait s'exécuter dans peu d'heures? Il ne savait pas écrire, mais il avait appris à peindre, et savait surtout faire ressembler. Il passa une partie de la nuit à crayonner ce qu'il voulait faire entendre à la reine. Son dessin représentait le roi agité de fureur, dans un coin du tableau, donnant des ordres à son eunuque; un cordeau bleu, et un vase sur une table, avec des jarretières bleues, et des rubans

68-69 47, BC: de leur cœur.

70-72 47-W52: L'Envieux qui ne s'était point corrigé parce que le caillou ne se ramollit pas et que [BC: pas, que] les animaux venimeux conservent toujours leur poison, l'Envieux, dis-je, écrivit à Moabdar une lettre anonyme, recours infâme des esprits pervers qui est toujours méprisé mais qui cette fois porta coup car [48P-W52: parce que] cette lettre secondait les sentiments funestes qui déchiraient le cœur du prince. ¶Enfin Moabdar [48P-W52: il] ne songea

75 47: donné pendant la nuit à

84 W48D, W52: de nuit [W52 errata: β]

86-88 47-W52: un cordeau, et un [W48D, W52: une; errata: β] vase sur une table, la reine

[2] One possible source for the oriental notion of mute dwarfs is Paul Rycaut, *Histoire de l'état présent de l'Empire ottoman*, trans. Pierre Briot (Amsterdam 1670), p.92ff. See Ascoli, ii.71-72.

jaunes;[3] la reine, dans le milieu du tableau, expirante entre les bras de ses femmes; et Zadig étranglé à ses pieds. L'horizon représentait un soleil levant, pour marquer que cette horrible exécution devait se faire aux premiers rayons de l'aurore. Dès qu'il eut fini cet ouvrage, il courut chez une femme d'Astarté, la réveilla, et lui fit entendre qu'il fallait dans l'instant même porter ce tableau à la reine.

Cependant au milieu de la nuit, on vient frapper à la porte de Zadig; on le réveille; on lui donne un billet de la reine; il doute si c'est un songe; il ouvre la lettre d'une main tremblante. Quelle fut sa surprise, et qui pourrait exprimer la consternation et le désespoir dont il fut accablé, quand il lut ces paroles: *Fuyez dans l'instant même, ou l'on va vous arracher la vie. Fuyez, Zadig, je vous l'ordonne au nom de notre amour et de mes rubans jaunes. Je n'étais point coupable; mais je sens que je vais mourir criminelle.*

Zadig eut à peine la force de parler. Il ordonna qu'on fît venir Cador; et sans lui rien dire, il lui donna ce billet. Cador le força d'obéir, et de prendre sur-le-champ la route de Memphis. Si vous osez aller trouver la reine, lui dit-il, vous hâtez sa mort; si vous parlez au roi, vous la perdez encore. Je me charge de sa destinée: suivez la vôtre. Je répandrai le bruit que vous avez pris la route des Indes. Je viendrai bientôt vous trouver, et je vous apprendrai ce qui se sera passé à Babylone.

93-94 47: porter à la reine ce tableau.

100 47: *même, on va*

W48D: *même, où*

101 47-W52: *nom d'un amour funeste que j'ai toujours combattu et que je vous avoue enfin sur le point de l'expier par ma mort, je n'étais*

102 R63: *mourir criminellement.*

104 K: sans rien lui dire

[3] Jacqueline Hellegouarc'h notes that the phrase 'avec des jarretières bleues, et des rubans jaunes' did not appear before 1756 ('Encore la duchesse du Maine', p.38-39), and argues that the implied indecency of juxtaposing the duchesse du Maine's yellow ribbons with garters would have been unthinkable during her lifetime (she had died in 1753). See also the reference to yellow ribbons in the next paragraph.

Cador, dans le moment même, fit placer deux dromadaires des plus légers à la course vers une porte secrète du palais; il fit monter Zadig, qu'il fallut porter, et qui était près de rendre l'âme. Un seul domestique l'accompagna: et bientôt Cador, plongé dans l'étonnement et dans la douleur, perdit son ami de vue.

Cet illustre fugitif arrivé sur le bord d'une colline, dont on voyait Babylone, tourna la vue sur le palais de la reine, et s'évanouit: il ne reprit ses sens que pour verser des larmes, et pour souhaiter la mort. Enfin, après s'être occupé de la destinée déplorable de la plus aimable des femmes et de la première reine du monde, il fit un moment de retour sur lui-même, et s'écria: Qu'est-ce donc que la vie humaine? O vertu! à quoi m'avez-vous servi? Deux femmes m'ont indignement trompé; la troisième qui n'est point coupable, et qui est plus belle que les autres, va mourir! Tout ce que j'ai fait de bien a toujours été pour moi une source de malédictions, et je n'ai été élevé au comble de la grandeur, que pour tomber dans le plus horrible précipice de l'infortune. Si j'eusse été méchant, comme tant d'autres, je serais heureux comme eux. Accablé de ces réflexions funestes, les yeux chargés du voile de la douleur, la pâleur de la mort sur le visage, et l'âme abîmée dans l'excès d'un sombre désespoir, il continuait son voyage vers l'Egypte.

113 47-W57P: était prêt de
115 47: perdit Memnon de
116-117 BC, R78: colline, d'où l'on voyait
K: colline, d'où on voyait
121 K, errata: un mouvement de
130 R63: visage, l'âme

[IX]

LA FEMME BATTUE

Zadig dirigeait sa route sur les étoiles. La constellation d'Orion, et le brillant astre de Syrius le guidaient vers le pôle de Canope.[1] Il admirait ces vastes globes de lumière qui ne paraissent que de faibles étincelles à nos yeux, tandis que la terre, qui n'est en effet qu'un point imperceptible dans la nature, paraît à notre cupidité quelque chose de si grand, et de si noble. Il se figurait alors les hommes tels qu'ils sont en effet, des insectes se dévorant les uns les autres sur un petit atome de boue. Cette image vraie semblait anéantir ses malheurs en lui retraçant le néant de son être et celui de Babylone. Son âme s'élançait jusque dans l'infini, et contemplait, détachée de ses sens, l'ordre immuable de l'univers. Mais lorsqu'ensuite rendu à lui-même, et rentrant dans son cœur, il pensait qu'Astarté était peut-être morte pour lui, l'univers disparaissait à ses yeux, et il ne voyait dans la nature entière qu'Astarté mourante et Zadig infortuné.[2] Comme il se livrait à ce flux et à ce reflux de

a 47, BC: Chapitre VIII
48P, 48LY, W48D, 49X1, W51, W50, W52: Chapitre VIII / La Femme battue
K: Chapitre IX / La Femme battue
2 BC, W64G, W70G, R71, W68, R72, W72P, R73, W75G, R78, K: Sirius
4-5 R78: n'est qu'un
7 47: insectes en petit nombre confondus avec d'autres insectes, et se
11 49X1: l'ordre immutable de
13 47: était morte
14 W57P, R63: yeux, il
15 47, BC: infortuné. ¶Comme
R78B: flux et reflux

[1] Compare 'pôle antartique, autrefois canope', *Notebooks*, *OC*, vol.81, p.390.

[2] This remarkably eloquent description of Zadig's mental state closely follows one of Pascal's most trenchant 'Pensées': 'Qu'il regarde cette éclatante lumière, mise comme une lampe éternelle pour éclairer l'univers; que la terre lui paraisse comme un

philosophie sublime et de douleur accablante, il avançait vers les frontières de l'Egypte; et déjà son domestique fidèle était dans la première bourgade, où il lui cherchait un logement. Zadig cependant se promenait vers les jardins qui bordaient ce village. Il vit non loin du grand chemin, une femme éplorée qui appelait le ciel et la terre à son secours, et un homme furieux qui la suivait. Elle était déjà atteinte par lui; elle embrassait ses genoux. Cet homme l'accablait de coups et de reproches. Il jugea à la violence de l'Egyptien, et aux pardons réitérés que lui demandait la dame, que l'un était un jaloux, et l'autre une infidèle; mais quand il eut considéré cette femme, qui était d'une beauté touchante, et qui même ressemblait un peu à la malheureuse Astarté, il se sentit pénétré de compassion pour elle, et d'horreur pour l'Egyptien. Secourez-moi, s'écria-t-elle à Zadig, avec des sanglots: tirez-moi des mains du plus barbare des hommes: sauvez-moi la vie. A ces cris, Zadig courut se jeter entre elle et ce barbare. Il avait quelque connaissance de la langue égyptienne. Il lui dit en cette langue: Si vous avez quelque humanité, je vous conjure de respecter la beauté et la faiblesse. Pouvez-vous outrager ainsi un chef-d'œuvre de la nature, qui est à vos pieds, et qui n'a pour sa défense que des larmes? Ah! ah! lui dit cet emporté, tu l'aimes donc aussi, et c'est de

23 47: reproches. Memnon jugea
36 R78: aussi? C'est

---

point au prix du vaste tour que cet astre décrit [...] Tout ce monde visible n'est qu'un trait imperceptible dans l'ample sein de la nature [...] Que l'homme, étant revenu à soi, considère [...] Car enfin, qu'est-ce que l'homme dans la nature? un néant à l'égard de l'infini' (Pascal, *Pensées*, ed. Louis Lafuma, Paris 1973, no.390). But Voltaire may also have been impressed by La Bruyère's reference to the murderous tendencies of the human species as 'des insectes se dévorant les uns les autres' (*Les Caractères*, 'Des jugements', 119). Nor does this rule out the possible contribution from Fénelon's *Télémaque*: '[les dieux] voient le globe de la terre comme un petit amas de boue [...] les peuples innombrables et les plus puissantes armées ne sont que comme des fourmis qui se disputent les uns aux autres un brin d'herbe sur ce morceau de boue' (*Les Aventures de Télémaque*, ed. Jeanne-Lydie Goré, Paris 1987, p.274). See Howells, '*Télémaque* et *Zadig*', p.63-75.

toi qu'il faut que je me venge. En disant ces paroles, il laisse la dame qu'il tenait d'une main par les cheveux, et prenant sa lance, il veut en percer l'étranger. Celui-ci qui était de sang-froid, évita aisément le coup d'un furieux. Il se saisit de la lance près du fer dont elle est armée. L'un veut la retirer, l'autre l'arracher. Elle se brise entre leurs mains. L'Egyptien tire son épée: Zadig s'arme de la sienne. Ils s'attaquent l'un l'autre. Celui-ci porte cent coups précipités; celui-là les pare avec adresse. La dame assise sur un gazon, rajuste sa coiffure, et les regarde. L'Egyptien était plus robuste que son adversaire; Zadig était plus adroit. Celui-ci se battait en homme dont la tête conduisait le bras, et celui-là comme un emporté, dont une colère aveugle guidait les mouvements au hasard. Zadig passe à lui,[3] et le désarme; et tandis que l'Egyptien devenu plus furieux, veut se jeter sur lui, il le saisit, le presse, le fait tomber en lui tenant l'épée sur la poitrine, il lui offre de lui donner la vie. L'Egyptien hors de lui, tire son poignard; il en blesse Zadig dans le temps même que le vainqueur lui pardonnait. Zadig indigné, lui plonge son épée dans le sein. L'Egyptien jette un cri horrible, et meurt en se

39 47: percer Memnon. Celui-ci
W56: évitat [*error*]
R63: évitait
43 47, W51, W50: l'un et l'autre.
R63, K: l'autre. Celui-là porte
43-44 47: précipités avec fureur, celui-là
K: précipités; celui-ci les
44 R78: sur le gazon
45 47, BC: regarde. ¶L'Egyptien
46 47: adversaire; Memnon plus
47 47: bras; celui-là
48 47: aveugle laissait aller les
50 47: lui, Memnon le saisit
47, BC: tomber et lui

[3] Fencing term (more commonly 'passe sur lui'): 'avancer sur lui en portant le pied gauche devant le pied droit pour gagner le fort de l'épée de l'adversaire et le désarmer' (Littré).

débattant. Zadig alors s'avança vers la dame, et lui dit d'une voix soumise: Il m'a forcé de le tuer: je vous ai vengée; vous êtes délivrée de l'homme le plus violent que j'aie jamais vu. Que voulez-vous maintenant de moi, madame? Que tu meures, scélérat, lui répondit-elle, que tu meures; tu as tué mon amant; je voudrais pouvoir déchirer ton cœur. En vérité, madame, vous aviez là un étrange homme pour amant, lui répondit Zadig; il vous battait de toutes ses forces, et il voulait m'arracher la vie, parce que vous m'avez conjuré de vous secourir. Je voudrais qu'il me battît encore, reprit la dame, en poussant des cris. Je le méritais bien, je lui avais donné de la jalousie. Plût au ciel qu'il me battît, et que tu fusses à sa place.[4] Zadig plus surpris et plus en colère qu'il ne l'avait été de sa vie, lui dit: Madame, toute belle que vous êtes, vous mériteriez que je vous battisse à mon tour, tant vous êtes extravagante: mais je n'en prendrai pas la peine. Là-dessus, il remonta sur son chameau, et avança vers le bourg. A peine avait-il fait quelques pas, qu'il se retourne au bruit que faisaient quatre courriers de Babylone. Ils venaient à toute bride. L'un d'eux, en voyant cette femme, s'écria: C'est elle-même; elle ressemble au portrait qu'on nous en a fait. Ils ne s'embarrassèrent pas du mort, et se saisirent incontinent de la dame. Elle ne cessait de crier à Zadig: Secourez-moi encore une fois, étranger généreux: je vous demande pardon de m'être plainte de vous. Secourez-moi, et je suis à vous jusqu'au tombeau. L'envie avait passé à Zadig de se battre désormais pour elle. A d'autres, répond-il, vous ne m'y attraperez plus. D'ailleurs, il était blessé; son sang coulait; il avait besoin de

55 47, BC: débattant. ¶Memnon [BC: Zadig]
63 K: m'aviez conjuré
66 W51, W50: qu'il n'avait
70 47, BC: bourg. ¶A
79 48LY, W48D, W51, R71: répondit-il
79-80 47, BC: m'y rattraperez plus; et d'ailleurs

[4] One may discern here a parodic version of Racine's *Andromaque* (V.iii), where Hermione berates Oreste for the death of Pyrrhus. Montesquieu had depicted a similarly masochistic woman in the *Lettres persanes*, LI.

secours; et la vue des quatre Babyloniens probablement envoyés par le roi Moabdar, le remplissait d'inquiétude. Il s'avance en hâte vers le village, n'imaginant pas pourquoi quatre courriers de Babylone venaient prendre cette Egyptienne, mais encore plus étonné du caractère de cette dame.

82 W56, W68, W70L: remplissaient [*error*]
84 47: venaient de prendre

[X]

L'ESCLAVAGE

Comme il entrait dans la bourgade égyptienne, il se vit entouré par le peuple. Chacun criait: Voilà celui qui a enlevé la belle Missouf, et qui vient d'assassiner Clétofis. Messieurs, dit-il, Dieu me préserve d'enlever jamais votre belle Missouf; elle est trop capricieuse; et à l'égard de Clétofis, je ne l'ai point assassiné; je me suis défendu seulement contre lui. Il voulait me tuer, parce que je lui avais demandé très humblement grâce pour la belle Missouf, qu'il battait impitoyablement. Je suis un étranger, qui vient chercher un asile dans l'Egypte; et il n'y a pas d'apparence, qu'en venant demander votre protection, j'aie commencé par enlever une femme, et par assassiner un homme.

Les Egyptiens étaient alors justes et humains. Le peuple conduisit Zadig à la maison de ville. On commença par le faire panser de sa blessure, et ensuite on l'interrogea, lui et son domestique séparément, pour savoir la vérité. On reconnut que Zadig n'était point un assassin; mais il était coupable du sang d'un homme; la loi le condamnait à être esclave. On vendit au profit de la

a 47, BC: Chapitre IX
48P, 48LY, W48D, 49X1, W51, W50, W52: Chapitre IX / L'Esclavage
K: Chapitre X / L'Esclavage

2 47: qui enlève la belle mariée et

3 R78: Clétophis [*passim*]

4 47: belle mariée, elle

6-7 47: avais humblement demandé grâce
R78: avais très humblement demandé grâce

7 47: belle mariée qu'il

8 BC: qui viens chercher

17 48P, 48LY, W48D, 49X1, BC: vendit au peuple au profit

bourgade ses deux chameaux. On distribua aux habitants tout l'or qu'il avait apporté; sa personne fut exposée en vente dans la place publique, ainsi que celle de son compagnon de voyage. Un marchand arabe, nommé Sétoc, y mit l'enchère; mais le valet plus propre à la fatigue, fut vendu bien plus chèrement que le maître. On ne faisait pas de comparaison entre ces deux hommes. Zadig fut donc esclave subordonné à son valet: on les attacha ensemble avec une chaîne qu'on leur passa aux pieds, et en cet état ils suivirent le marchand arabe dans sa maison. Zadig en chemin consolait son domestique, et l'exhortait à la patience; mais selon sa coutume, il faisait des réflexions sur la vie humaine. Je vois, lui disait-il, que les malheurs de ma destinée se répandent sur la tienne. Tout m'a tourné jusqu'ici d'une façon bien étrange. J'ai été condamné à l'amende pour avoir vu passer une chienne;[1] j'ai pensé être empalé pour un griffon; j'ai été envoyé au supplice, parce que j'avais fait des vers à la louange du roi; j'ai été sur le point d'être étranglé, parce que la reine avait des rubans jaunes; et me voici esclave avec toi, parce qu'un brutal a battu sa maîtresse. Allons, ne perdons point courage; tout ceci finira peut-être; il faut bien que les marchands arabes aient des esclaves; et pourquoi ne le serais-je pas comme un autre, puisque je suis homme comme un autre? Ce marchand ne sera pas impitoyable; il faut qu'il traite bien

19 R72: qu'ils avaient apporté
47: apporté; à l'égard de sa personne elle fut
25 47: pieds. En cet
28-29 47, BC: vois, disait-il
30 47: d'une manière bien
31-33 47, 48P, 48LY, W48D, 49X1, BC: condamné à la mort dans Babylone, parce que
31 R78: pour n'avoir pas vu
34 47-W52: reine m'a parlé avec bonté, et
38 47, BC: serai-je
K: suis un homme

[1] In fact, Zadig had described the animal without ever having seen it.

ses esclaves, s'il en veut tirer des services. Il parlait ainsi, et dans le fond de son cœur, il était occupé du sort de la reine de Babylone.

Sétoc le marchand partit deux jours après pour l'Arabie déserte, avec ses esclaves et ses chameaux. Sa tribu habitait vers le désert d'Oreb. Le chemin fut long et pénible. Sétoc dans la route faisait bien plus de cas du valet que du maître, parce que le premier chargeait bien mieux les chameaux; et toutes les petites distinctions furent pour lui. Un chameau mourut à deux journées d'Oreb: on répartit sa charge sur le dos de chacun des serviteurs; Zadig en eut sa part. Sétoc se mit à rire en voyant tous ses esclaves marcher courbés. Zadig prit la liberté de lui en expliquer la raison, et lui apprit les lois de l'équilibre. Le marchand étonné, commença à le regarder d'un autre œil. Zadig voyant qu'il avait excité sa curiosité, la redoubla, en lui apprenant beaucoup de choses qui n'étaient point étrangères à son commerce; les pesanteurs spécifiques des métaux et des denrées, sous un volume égal; les propriétés de plusieurs animaux utiles; le moyen de rendre tels ceux qui ne l'étaient pas; enfin il lui parut un sage. Sétoc lui donna la préférence sur son camarade, qu'il avait tant estimé. Il le traita bien, et n'eut pas sujet de s'en repentir.

Arrivé dans sa tribu, Sétoc commença par redemander cinq cents onces d'argent à un Hébreu, auquel il les avait prêtées en présence de deux témoins; mais ces deux témoins étaient morts, et l'Hébreu ne pouvant être convaincu, s'appropriait l'argent du marchand, en remerciant Dieu de ce qu'il lui avait donné le moyen de tromper un Arabe. Sétoc confia sa peine à Zadig, qui était

40 47: s'il veut en tirer

41 47: cœur il était dévoré de son amour, et pénétré d'une mortelle crainte sur la destinée de la

45 47: valet de Memnon que du

47 47, BC: lui. ¶Un

48 47: répartit une petite partie de sa charge sur le dos des
R78: chacun de ses serviteurs

49 47, R78: tous ces esclaves

60 R63: par demander cinq

61 47, BC: prêtés

devenu son conseil. En quel endroit, demanda Zadig, prêtâtes-vous vos cinq cents onces à cet infidèle? Sur une large pierre, répondit le marchand, qui est auprès du mont Oreb. Quel est le caractère de votre débiteur? dit Zadig: Celui d'un fripon, reprit Sétoc: Mais je vous demande, si c'est un homme vif ou flegmatique, avisé ou imprudent. C'est de tous les mauvais payeurs, dit Sétoc, le plus vif que je connaisse. Eh bien, insista Zadig, permettez que je plaide votre cause devant le juge. En effet, il cita l'Hébreu au tribunal, et il parla ainsi au juge: Oreiller du trône d'équité, je viens redemander à cet homme, au nom de mon maître, cinq cents onces d'argent qu'il ne veut pas rendre. Avez-vous des témoins? dit le juge. Non, ils sont morts: mais il reste une large pierre sur laquelle l'argent fut compté; et s'il plaît à Votre Grandeur d'ordonner qu'on aille chercher la pierre, j'espère qu'elle portera témoignage. Nous resterons ici l'Hébreu et moi, en attendant que la pierre vienne: je l'enverrai chercher aux dépens de Sétoc mon maître. Très volontiers, répondit le juge, et il se mit à expédier d'autres affaires.

A la fin de l'audience; Eh bien, dit-il à Zadig, votre pierre n'est pas encore venue? L'Hébreu en riant répondit: Votre Grandeur resterait ici jusqu'à demain, que la pierre ne serait pas encore arrivée; elle est à plus de six milles d'ici; et il faudrait quinze hommes pour la remuer. Eh bien, s'écria Zadig, je vous avais bien dit que la pierre porterait témoignage: puisque cet homme sait où elle est, il avoue donc que c'est sur elle que l'argent fut compté. L'Hébreu déconcerté, fut bientôt contraint de tout avouer. Le juge ordonna qu'il serait lié à la pierre, sans boire ni manger, jusqu'à ce qu'il eût rendu les cinq cents onces, qui furent bientôt payées.

L'esclave Zadig et la pierre furent en grande recommandation dans l'Arabie.

66 47, BC: endroit, lui demanda

74-75 R63: viens demander à

75 47: de Sétoc mon

86 48P, 48LY, 49XI, W52: six mille d'ici

89-91 47: compté. Le débiteur pâlit, se coupa, fut convaincu. Le juge ordonna que l'Hébreu serait

92-93 47, 48P, 48LY, W48D, BC, W51, W52: payées [47: payés]. L'esclave

[XI]
LE BÛCHER

Sétoc enchanté, fit de son esclave son ami intime. Il ne pouvait pas plus se passer de lui, qu'avait fait le roi de Babylone; et Zadig fut heureux que Sétoc n'eût point de femme. Il découvrait dans son maître un naturel porté au bien, beaucoup de droiture et de bon sens. Il fut fâché de voir qu'il adorait l'armée céleste, c'est-à-dire, le soleil, la lune et les étoiles, selon l'ancien usage d'Arabie.[1] Il lui en parlait quelquefois avec beaucoup de discrétion. Enfin il lui dit que c'étaient des corps comme les autres, qui ne méritaient pas plus son hommage qu'un arbre, ou un rocher. Mais, disait Sétoc, ce sont des êtres éternels dont nous tirons tous nos avantages: ils animent la nature: ils règlent les saisons: ils sont d'ailleurs si loin de nous, qu'on ne peut pas s'empêcher de les révérer. Vous recevez plus d'avantages, répondit Zadig, des eaux de la mer Rouge qui porte vos marchandises aux Indes. Pourquoi ne serait-elle pas aussi ancienne que les étoiles? Et si vous adorez ce qui est éloigné de vous, vous devez adorer la terre des Gangarides[2] qui est aux

a 47, BC: Chapitre X
48P, 48LY, W48D, 49X1, W51, W50, W52: Chapitre X / Le Bûcher
K: Chapitre XI / Le Bûcher
1 W57P: fit son
6 47, BC, R63: de l'Arabie.
8 BC2, R63: c'était des
10 R63: ils aiment la
13 47, BC: répondait Memnon [BC: Zadig]
13-14 W57P, R63, W64G, W70G, W68, R71, R72, R73, R75, W75G, R78, K: qui portent vos

[1] Compare: 'les Perses [...] adoraient le feu, le soleil et les astres', Ramsay, *Les Voyages de Cyrus*, ii.185.

[2] Compare: 'peuple [...] qui habite la rive orientale du Gange', *La Princesse de Babylone*, *OC*, vol.66, p.102.

extrémités du monde. Non, disait Sétoc, les étoiles sont trop brillantes pour que je ne les adore pas. Le soir venu, Zadig alluma un grand nombre de flambeaux dans la tente où il devait souper avec Sétoc; et dès que son patron parut, il se jeta à genoux devant ces cires allumées, et leur dit, Eternelles et brillantes clartés, soyez-moi toujours propices. Ayant proféré ces paroles, il se mit à table, sans regarder Sétoc. Que faites-vous donc? lui dit Sétoc étonné. Je fais comme vous, répondit Zadig; j'adore ces chandelles, et je néglige leur maître et le mien. Sétoc comprit le sens profond de cet apologue. La sagesse de son esclave entra dans son âme; il ne prodigua plus son encens aux créatures, et adora l'Etre éternel qui les a faites.[3]

Il y avait alors dans l'Arabie une coutume affreuse[4] venue originairement de Scythie, et qui s'étant établie dans les Indes par le crédit des brachmanes, menaçait d'envahir tout l'Orient. Lorsqu'un homme marié était mort, et que sa femme bien-aimée voulait être sainte, elle se brûlait en public sur le corps de son mari. C'était une fête solennelle, qui s'appelait *le bûcher du veuvage*. La tribu dans laquelle il y avait eu le plus de femmes brûlées, était la plus

18 48P, 48LY, W48D, W51: pas. ¶Le
19 BC: la terre où
25 47, 48P, 48LY, W48D, W51: mien. ¶Sétoc
30 47: Scitie
48LY: Scytie
BC: Scithie

[3] Ramsay makes the point that Zoroastrianism is compatible with monotheism (*Les Voyages de Cyrus*, ii.185), as does Hyde (*Historia religionis veterum Persarum*, i.5), copied with acknowledgement by Bayle, *Dictionnaire historique et critique*, art. 'Zoroastre', rem. G.

[4] The custom of suttee described in this episode is treated in similar terms by Montesquieu, *Lettres persanes*, CXXV. Another possible source is Bernier, *Voyages [...] contenant la description des Etats du grand Mogol, de l'Hindoustan, du royaume de Kachemire, etc.*, 2 vol. (Paris 1830), ii.96ff.

considérée. Un Arabe de la tribu de Sétoc étant mort, sa veuve, nommée Almona,[5] qui était fort dévote, fit savoir le jour et l'heure où elle se jetterait dans le feu au son des tambours et des trompettes. Zadig remontra à Sétoc, combien cette horrible coutume était contraire au bien du genre humain; qu'on laissait brûler tous les jours de jeunes veuves, qui pouvaient donner des enfants à l'Etat, ou du moins élever les leurs; et il le fit convenir qu'il fallait, si on pouvait, abolir un usage si barbare. Sétoc répondit: Il y a plus de mille ans que les femmes sont en possession de se brûler. Qui de nous osera changer une loi que le temps a consacrée? Y a-t-il rien de plus respectable qu'un ancien abus? La raison est plus ancienne, reprit Zadig. Parlez aux chefs des tribus, et je vais trouver la jeune veuve.

Il se fit présenter à elle; et après s'être insinué dans son esprit par des louanges sur sa beauté, après lui avoir dit combien c'était dommage de mettre au feu tant de charmes, il la loua encore sur sa constance et sur son courage. Vous aimiez donc prodigieusement votre mari? lui dit-il. Moi? point du tout, répondit la dame arabe. C'était un brutal, un jaloux, un homme insupportable; mais je suis fermement résolue de me jeter sur son bûcher. Il faut, dit Zadig, qu'il y ait apparemment un plaisir bien délicieux à être brûlée vive. Ah! cela fait frémir la nature, dit la dame; mais il faut en passer par là. Je suis dévote; je serais perdue de réputation; et tout le monde se moquerait de moi, si je ne me brûlais pas. Zadig l'ayant fait

36 47, BC: considérée. ¶Un
36-37 47: veuve qui
38 47, 48P, 48LY, W48D, 49X1, BC, W51, W50: le bûcher au
41 47: jours des jeunes
42 47, BC, R78: si l'on
43-44 47: de dix mille
47 48LY, W51, W50: des tributs,
50 W72P: beauté et après
55 47, BC: jeter dans le bûcher

[5] Possibly from the Hebrew ('widow').

convenir qu'elle se brûlait pour les autres, et par vanité, lui parla longtemps d'une manière à lui faire aimer un peu la vie, et parvint même à lui inspirer quelque bienveillance pour celui qui lui parlait. Que feriez-vous enfin, lui dit-il, si la vanité de vous brûler ne vous tenait pas? Hélas! dit la dame, je crois que je vous prierais de m'épouser.

Zadig était trop rempli de l'idée d'Astarté, pour ne pas éluder cette déclaration; mais il alla dans l'instant trouver les chefs des tribus, leur dit ce qui s'était passé, et leur conseilla de faire une loi, par laquelle il ne serait permis à une veuve de se brûler, qu'après avoir entretenu un jeune homme, tête à tête, pendant une heure entière. Depuis ce temps, aucune dame ne se brûla en Arabie. On eut au seul Zadig l'obligation d'avoir détruit en un jour une coutume si cruelle, qui durait depuis tant de siècles. Il était donc le bienfaiteur de l'Arabie.

60 47: brûlait par vanité,
BC: autres par
62 47, BC: même jusqu'à lui inspirer quelque inclination pour
64 47: Hélas, reprit la
69 47, BC: à aucune dame de
71 47, BC: Arabie. ¶On
73-74 47: siècles, mais comme la destinée de Memnon était que tout le bien qu'il faisait lui devînt funeste, les prêtres des étoiles se déchaînèrent contre lui. Les pierreries [*continues as at ch.*13, *line* 2]

[XII]
LE SOUPER

Sétoc, qui ne pouvait se séparer de cet homme en qui habitait la sagesse, le mena à la grande foire de Balzora,[1] où devaient se rendre les plus grands négociants de la terre habitable. Ce fut pour Zadig une consolation sensible de voir tant d'hommes de diverses contrées réunis dans la même place. Il lui paraissait que l'univers était une grande famille qui se rassemblait à Balzora. Il se trouva à table dès le second jour, avec un Egyptien, un Indien gangaride, un habitant du Cathay, un Grec, un Celte, et plusieurs autres étrangers, qui dans leurs fréquents voyages vers le golfe Arabique avaient appris assez d'arabe pour se faire entendre. L'Egyptien paraissait fort en colère. Quel abominable pays que Balzora! disait-il; on m'y refuse mille onces d'or sur le meilleur effet du monde. Comment donc? dit Sétoc; sur quel effet vous a-t-on refusé cette somme? Sur le corps de ma tante, répondit l'Egyptien; c'était la plus brave femme d'Egypte. Elle m'accompagnait toujours; elle est morte en chemin; j'en ai fait une des plus belles momies que nous ayons; et je trouverais dans mon pays tout ce que je voudrais en la

a-102 47, BC: [*absent*]
a 48P, 48LY, W48D, 49X1, W51, W50, W52: Chapitre XI / Le Souper
K: Chapitre XII / Le Souper
1 R72: se passer de
2 R78: Balsora
K: Bassora
13 48P: quelle effet [errata: β]
17 R72: je trouverai
W70L: je trouverai
R72: je voudrai

[1] Present-day Basra; well-known for its international trade, according to Tavernier, *Les Six Voyages de Jean-Baptiste Tavernier. Recueil de plusieurs relations et traités singuliers et curieux*, 3 vol. (The Hague 1718), i.245.

mettant en gage.[2] Il est bien étrange qu'on ne veuille pas seulement me donner ici mille onces d'or sur un effet si solide. Tout en se courrouçant, il était prêt de manger d'une excellente poule bouillie, quand l'Indien le prenant par la main s'écria avec douleur: Ah! qu'allez-vous faire? Manger de cette poule, dit l'homme à la momie. Gardez-vous-en bien, dit le Gangaride. Il se pourrait faire que l'âme de la défunte fût passée dans le corps de cette poule, et vous ne voudriez pas vous exposer à manger votre tante. Faire cuire des poules, c'est outrager manifestement la nature.[3] Que voulez-vous dire avec votre nature et vos poules? reprit le colérique Egyptien; nous adorons un bœuf, et nous en mangeons bien.[4] Vous adorez un bœuf; est-il possible? dit l'homme du Gange. Il n'y a rien de si possible, repartit l'autre; il y a cent trente-cinq mille ans que nous en usons ainsi; et personne parmi nous n'y trouve à redire. Ah! cent trente-cinq mille ans! dit l'Indien; ce compte est un peu exagéré; il n'y en a que quatre-vingt mille que l'Inde est peuplée, et assurément nous sommes vos anciens;[5] et Brama nous avait défendu de manger des bœufs avant que vous vous fussiez avisés de les mettre sur les autels et à la broche. Voilà un plaisant animal que votre Brama, pour le comparer à Apis, dit l'Egyptien; qu'a donc fait votre Brama de si beau? Le bramin

18 48P, W48D, W52: en gages.
20 W72P, K: prêt à manger
35 R78B: Bramah [*passim*]

[2] The abbé Guyon recounts that in Egypt one was obliged to offer one's father's body as guarantee for any debt contracted, *Histoire des empires et des républiques, depuis le déluge jusqu'à Jésus-Christ*, 12 vol. (Paris 1736-1741), i.116.

[3] Compare *Lettres persanes*, XLVI, where the Brahmin asserts that killing an animal is an abomination: 'Que savez-vous si l'âme de votre père n'était pas passée dans cette bête?' The source may well be Tavernier, *Les Six Voyages*, iii.193.

[4] Compare: 'On servit à table le bœuf Apis rôti', *La Princesse de Babylone*, *OC*, vol.66, p.204.

[5] Compare: 'les Indiens ont [...] dû être rassemblés les premiers en corps de peuples', *Notebooks*, *OC*, vol.82, p.497.

répondit: C'est lui qui a appris aux hommes à lire et à écrire, et à qui toute la terre doit le jeu des échecs.[6] Vous vous trompez, dit un Chaldéen qui était auprès de lui, c'est le poisson Oannés[7] à qui on doit de si grands bienfaits; et il est juste de ne rendre qu'à lui ses hommages. Tout le monde vous dira que c'était un être divin, qu'il avait la queue dorée, avec une belle tête d'homme, et qu'il sortait de l'eau pour venir prêcher à terre trois heures par jour. Il eut plusieurs enfants, qui furent rois, comme chacun sait. J'ai son portrait chez moi, que je révère comme je le dois. On peut manger du bœuf tant qu'on veut; mais c'est assurément une très grande impiété de faire cuire du poisson; d'ailleurs vous êtes tous deux d'une origine trop peu noble et trop récente pour me rien disputer.[8] La nation égyptienne ne compte que cent trente-cinq mille ans, et les Indiens ne se vantent que de quatre-vingt mille, tandis que nous avons des almanachs de quatre mille siècles. Croyez-moi, renoncez à vos folies, et je vous donnerai à chacun un beau portrait d'Oannés.

L'homme de Cambalu[9] prenant la parole dit, Je respecte fort les Egyptiens, les Chaldéens, les Grecs, les Celtes, Brama, le bœuf

41 W68, R75, W75G, K: Oannès [*passim*]
46 K: furent tous rois
51 W50: que trente-cinq mille

[6] Compare D'Herbelot, *Bibliothèque orientale*, art. 'Brahma', where Brahma is credited with knowledge of all the sciences (but not specifically with inventing the alphabet). Art. 'Schah' states that the game of chess 'nous est venu de Perse, et peut-être des Indes dans la Perse' (ii.226).

[7] Chaldean god, half-man, half-fish. The details probably come from the abbé Banier, *La Mythologie et les fables expliquées par l'histoire*, 3 vol. (Paris 1738-1740), i.75ff.

[8] Banier supports the Chaldean's claim to belong to the most ancient of nations (*La Mythologie*, i.74), though Voltaire has already attributed that distinction to the Indians (see n.5, above).

[9] Beijing. Compare D'Herbelot, *Bibliothèque orientale*, art. 'Cambalu'.

Apis, le beau poisson Oannés; mais peut-être[10] que le Li, (*a*) ou le Tien, comme on voudra l'appeler, vaut bien les bœufs et les poissons. Je ne dirai rien de mon pays; il est aussi grand que la terre d'Egypte, la Chaldée et les Indes ensemble. Je ne dispute pas d'antiquité, parce qu'il suffit d'être heureux, et que c'est fort peu de chose d'être ancien: mais s'il fallait parler d'almanachs,[11] je dirais que toute l'Asie prend les nôtres, et que nous en avions de fort bons avant qu'on sût l'arithmétique en Chaldée.

Vous êtes de grands ignorants tous tant que vous êtes, s'écria le Grec: est-ce que vous ne savez pas que le chaos est le père de tout, et que la forme et la matière ont mis le monde dans l'état où il est? Ce Grec parla longtemps; mais il fut enfin interrompu par le Celte,[12] qui ayant beaucoup bu pendant qu'on disputait, se crut alors plus savant que tous les autres, et dit en jurant qu'il n'y avait que Teutath[13] et le gui de chêne qui valussent la peine qu'on en parlât; que pour lui il avait toujours du gui dans sa poche; que les Scythes ses ancêtres[14] étaient les seuls gens de bien qui eussent jamais été au monde; qu'ils avaient à la vérité quelquefois mangé des hommes, mais que cela n'empêchait pas qu'on ne dût avoir

(*a*) Mots chinois qui signifient proprement, *Li*, la lumière naturelle, la raison, et *Tien*, le ciel, et qui signifient aussi Dieu.

74 K: les seules gens

[10] This modest admission of doubt, in contrast with the dogmatic assertions made by others, reveals Voltaire's preference for the Chinese religion which, as his own footnote indicates, is not far removed from a deist position.

[11] Compare: 'Les Chinois passent pour les plus anciens faiseurs d'almanachs', *Questions sur l'Encyclopédie*, art. 'Almanach' (M.xvii.122).

[12] The most uncouth of all the speakers. Voltaire has in mind his fellow-countrymen, of whom he considers the Celts to be the ancestors and whom he was to assimilate contemptuously to the 'Welches' in the *Discours aux Welches* (M.xxv.230).

[13] Druidic god, to whom human sacrifice was made – see Banier, *La Mythologie*, ii.667. Banier also mentions the 'gui de chêne' (ii.639).

[14] Banier associates 'Celtes' and 'Scythes' in the same migration of peoples into Europe (*La Mythologie*, i.659).

beaucoup de respect pour sa nation; et qu'enfin si quelqu'un parlait mal de Teutath, il lui apprendrait à vivre. La querelle s'échauffa pour lors, et Sétoc vit le moment où la table allait être ensanglantée. Zadig, qui avait gardé le silence pendant toute la dispute, se leva enfin. Il s'adressa d'abord au Celte, comme au plus furieux; il lui dit qu'il avait raison, et lui demanda du gui; il loua le Grec sur son éloquence, et adoucit tous les esprits échauffés. Il ne dit que très peu de chose à l'homme du Cathay, parce qu'il avait été le plus raisonnable de tous. Ensuite il leur dit; Mes amis, vous alliez vous quereller pour rien, car vous êtes tous du même avis. A ce mot ils se récrièrent tous. N'est-il pas vrai, dit-il au Celte, que vous n'adorez pas ce gui, mais celui qui a fait le gui et le chêne? Assurément, répondit le Celte. Et vous, monsieur l'Egyptien, vous révérez apparemment dans un certain bœuf celui qui vous a donné les bœufs? Oui, dit l'Egyptien. Le poisson Oannés, continua-t-il, doit céder à celui qui a fait la mer et les poissons. D'accord, dit le Chaldéen. L'Indien, ajouta-t-il, et le Cathayen reconnaissent comme vous un premier principe; je n'ai pas trop bien compris les choses admirables que le Grec a dites, mais je suis sûr qu'il admet aussi un Etre supérieur, de qui la forme et la matière dépendent. Le Grec qu'on admirait, dit que Zadig avait très bien pris sa pensée. Vous êtes donc tous de même avis, répliqua Zadig, et il n'y a pas là de quoi se quereller. Tout le monde l'embrassa. Sétoc après avoir vendu fort cher ses denrées reconduisit son ami Zadig dans sa tribu. Zadig apprit en arrivant qu'on lui avait fait son procès en son absence, et qu'il allait être brûlé à petit feu.

80 R78: Zadig avait
80-81 R78: dispute; il se leva enfin, et s'adressant d'abord
84 R75: l'homme de Cathay
99 R78: monde s'embrassa.

[XIII]
LES RENDEZ-VOUS

Pendant son voyage à Balzora les prêtres des étoiles avaient résolu de le punir. Les pierreries et les ornements des jeunes veuves qu'ils envoyaient au bûcher leur appartenaient de droit;[1] c'était bien le moins qu'ils fissent brûler Zadig pour le mauvais tour qu'il leur avait joué. Ils accusèrent donc Zadig d'avoir des sentiments erronés sur l'armée céleste; ils déposèrent contre lui, et jurèrent qu'ils lui avaient entendu dire que les étoiles ne se couchaient pas dans la mer. Ce blasphème effroyable fit frémir les juges; ils furent prêts de déchirer leurs vêtements, quand ils ouïrent ces paroles

a-2 47: [*continues from ch.*11, *variant to lines* 73-74] siècles, mais comme la destinée de Memnon était que tout le bien qu'il faisait lui devînt funeste, les prêtres des étoiles se déchaînèrent contre lui. Les pierreries

a BC: Chapitre XI
48P, 48LY, W48D, 49X1, W51, W50, W52: Chapitre XII / Les Rendez-vous
K: Chapitre XIII / Le Rendez-vous

1 R78: Balsora
K: Bassora

2 47: des dames qu'ils

3 47: droit, ils perdaient leurs plus beaux honoraires. C'était bien

5 47, BC: joué; ils représentèrent qu'il avait des

6-76 47: sur les étoiles; et il allait être brûlé sans miséricorde au lieu de la dame, si Sétoc son maître n'avait eu la bonté de le faire évader; il le fit partir secrètement avec cet ancien domestique compagnon de son esclavage, et lui donna de l'argent pour se conduire; ils se quittèrent

8-9 W72P, R78, K: furent près de

[1] Compare: 'Les Bramins ont intérêt que ces malheureuses femmes demeurent dans la résolution qu'elles prennent de se brûler, car tous les bracelets qu'elles ont tant aux bras qu'aux jambes avec leurs pendants d'oreilles et leurs anneaux appartiennent de droit à ces Bramins après que ces femmes se sont brûlées [...] pour les pierreries, elles n'en portent point lorsqu'elles se vont brûler', Tavernier, *Les Six Voyages*, ii.429-30.

impies, et ils l'auraient fait sans doute, si Zadig avait eu de quoi les payer. Mais dans l'excès de leur douleur ils se contentèrent de le condamner à être brûlé à petit feu. Sétoc désespéré employa en vain son crédit pour sauver son ami, il fut bientôt obligé de se taire. La jeune veuve Almona, qui avait pris beaucoup de goût à la vie, et qui en avait l'obligation à Zadig, résolut de le tirer du bûcher, dont il lui avait fait connaître l'abus. Elle roula son dessein dans sa tête, sans en parler à personne. Zadig devait être exécuté le lendemain; elle n'avait que la nuit pour le sauver: voici comme elle s'y prit en femme charitable et prudente.

Elle se parfuma;[2] elle releva sa beauté par l'ajustement le plus riche et le plus galant, et alla demander une audience secrète au chef des prêtres des étoiles. Quand elle fut devant ce vieillard vénérable, elle lui parla en ces termes: Fils aîné de la grande Ourse, frère du Taureau, cousin du grand Chien, (c'étaient les titres de ce pontife) je viens vous confier mes scrupules. J'ai bien peur d'avoir commis un péché énorme, en ne me brûlant pas dans le bûcher de mon cher mari. En effet qu'avais-je à conserver? Une chair périssable, et qui est déjà toute flétrie. En disant ces paroles elle tira, de ses longues manches de soie, ses bras nus d'une forme admirable et d'une blancheur éblouissante. Vous voyez, dit-elle, le peu que cela vaut. Le pontife trouva dans son cœur que cela valait beaucoup. Ses yeux le dirent, et sa bouche le confirma; il jura qu'il n'avait vu de sa vie de si beaux bras. Hélas! lui dit la veuve, les bras peuvent être un peu moins mal que le reste; mais vous m'avouerez que la gorge n'était pas digne de mes attentions. Alors elle laissa voir le sein le plus

12 BC: employait

15 W64G, W70G, R71, W68, R72, W72P, R73, R75, W75G, R78, K: avait obligation

18 48LY: pour se sauver

27 48P, W51, W50: à considérer? [48P errata: β]

[2] No close parallel to this episode seems to be known, the nearest perhaps being the *Histoires* of Arouya and of Fadlallah in *Les Mille et un jours*, 2 vol. (Amsterdam 1785), i.167ff., i.242ff. See Ascoli, ii.110-11.

charmant que la nature eût jamais formé. Un bouton de rose sur une pomme d'ivoire n'eût paru auprès que de la garance sur du buis, et les agneaux sortant du lavoir, auraient semblé d'un jaune brun. Cette gorge, ses grands yeux noirs qui languissaient en brillant doucement d'un feu tendre, ses joues animées de la plus belle pourpre mêlée au blanc de lait le plus pur, son nez qui n'était pas comme la tour du mont Liban,[3] ses lèvres qui étaient comme deux bordures de corail renfermant les plus belles perles de la mer d'Arabie, tout cela ensemble fit croire au vieillard qu'il avait vingt ans. Il fit en bégayant une déclaration tendre. Almona le voyant enflammé lui demanda la grâce de Zadig. Hélas! dit-il, ma belle dame, quand je vous accorderais sa grâce, mon indulgence ne servirait de rien; il faut qu'elle soit signée de trois autres de mes confrères. Signez toujours, dit Almona. Volontiers, dit le prêtre, à condition que vos faveurs seront le prix de ma facilité. Vous me faites trop d'honneur, dit Almona; ayez seulement pour agréable de venir dans ma chambre après que le soleil sera couché, et dès que la brillante étoile Sheat[4] sera sur l'horizon. Vous me trouverez sur un sofa couleur de rose, et vous en userez comme vous pourrez avec votre servante. Elle sortit alors emportant avec elle la signature, et laissa le vieillard plein d'amour et de défiance de ses forces. Il employa le reste du jour à se baigner; il but une liqueur composée

37 48P: parut [errata: β]
38-39 BC: jaune brut. ¶Cette
39 R78: gorge, ces grands
39-40 BC: languissaient et brillaient doucement
40 R78: tendre, ces joues
41 R78: pur, ce nez
42 R78: Liban, ces lèvres
44 R78: qu'il n'avait que vingt
52 R78: ma tente après
54 48P, 48LY, W48D, BC, 49X1, W51, W50: de rose et argent, [BC: et] vous
55 W57P: alors en portant avec

[3] This reference (to the Song of Solomon vii.4) accords with Voltaire's earlier comments on biblical imagery (see above, ch.7, n.3).

[4] Like Algenib (below), a star in the Pegasus constellation. As the first lines of this chapter make clear, we are here concerned with 'les prêtres des étoiles'.

de la cannelle de Ceilan, et des précieuses épices de Tidor et de Ternate,[5] et attendit avec impatience que l'étoile Sheat vînt à paraître.

Cependant la belle Almona alla trouver le second pontife. Celui-ci l'assura que le soleil, la lune et tous les feux du firmament n'étaient que des feux follets en comparaison de ses charmes. Elle lui demanda la même grâce, et on lui proposa d'en donner le même prix. Elle se laissa vaincre, et donna rendez-vous au second pontife au lever de l'étoile Algenib. De là elle passa chez le troisième et chez le quatrième prêtre, prenant toujours une signature, et donnant un rendez-vous d'étoile en étoile. Alors elle fit avertir les juges de venir chez elle pour une affaire importante. Ils s'y rendirent: elle leur montra les quatre noms, et leur dit à quel prix les prêtres avaient vendu la grâce de Zadig; chacun d'eux arriva à l'heure prescrite. Chacun fut bien étonné d'y trouver ses confrères, et plus encore d'y trouver les juges devant qui leur honte fut manifestée. Zadig fut sauvé. Sétoc fut si charmé de l'habileté d'Almona, qu'il en fit sa femme. Zadig partit après s'être jeté aux pieds de sa belle libératrice. Sétoc et lui se quittèrent en pleurant, en se jurant une amitié éternelle, et en se promettant que le premier des deux qui ferait une grande fortune en ferait part à l'autre.[6]

Zadig marcha du côté de la Syrie, toujours pensant à la malheureuse Astarté, et toujours réfléchissant sur le sort qui

58 R71, R78: Ceylan

59 48P, 48LY, W48D, 49X1, W51, W50: Ternaté

64-65 W68, R73, R75, W75G, K: le prix.

68 48P, 48LY, W48D, BC, W51: étoile. ¶Alors

75-87 K: femme.// [*Here* K *inserts the chapters 'La Danse' and 'Les Yeux bleus' as ch.*14 *and* 15. *These appear below in Appendix A.* K *gives lines* 75-87 *of base text in a footnote.*]

76 48P, 48LY, W48D, 49X1, BC, W51, W50, W52: pleurant et en

79 47: Sirie [*passim*]

[5] Tidor and Ternate: two towns in the Moluccan archipelago.

[6] Almona's success shows that the abuse of authority can still, in *Zadig*, be overcome by the adroit use of feminine charms. The reverse situation applies to Saint-Yves in the more sombre climate of *L'Ingénu*.

s'obstinait à se jouer de lui et à le persécuter. Quoi, disait-il, quatre cents onces d'or pour avoir vu passer une chienne![7] condamné à être décapité pour quatre mauvais vers à la louange du roi! prêt à être étranglé, parce que la reine avait des babouches de la couleur de mon bonnet![8] réduit en esclavage pour avoir secouru une femme qu'on battait; et sur le point d'être brûlé pour avoir sauvé la vie à toutes les jeunes veuves arabes!

82 47, BC: avoir deviné que la chienne de la reine était une épagneule boiteuse, condamné

R78: pour n'avoir pas vu

83-84 47, BC: prêt d'être

84-85 47, 48P, 48LY, 49X1, BC, W51, W50, W52: reine m'a regardé! réduit

[7] See ch.10, n.1.

[8] Compare above: 'les babouches de sa femme [Astarté] étaient bleues, et [...] le bonnet de Zadig était jaune' (ch.8, lines 62-65). The phrase here, which was not included before the 1756 edition, represents a further inconsistency, indicating that the colour yellow, which had held a symbolic significance in 1748, has now ceased to be of interest. See above, ch.8, n.3.

[XIV]

LE BRIGAND

En arrivant aux frontières qui séparent l'Arabie Pétrée de la Syrie, comme il passait près d'un château assez fort, des Arabes armés en sortirent. Il se vit entouré; on lui criait: Tout ce que vous avez nous appartient, et votre personne appartient à notre maître. Zadig pour réponse tira son épée; son valet qui avait du courage en fit autant. Ils renversèrent morts les premiers Arabes qui mirent la main sur eux; le nombre redoubla, ils ne s'étonnèrent point et résolurent de périr en combattant. On voyait deux hommes se défendre contre une multitude; un tel combat ne pouvait durer longtemps. Le maître du château, nommé Arbogad, ayant vu d'une fenêtre les prodiges de valeur que faisait Zadig, conçut de l'estime pour lui. Il descendit en hâte, et vint lui-même écarter ses gens, et délivrer les deux voyageurs. Tout ce qui passe sur mes terres est à moi, dit-il, aussi bien que ce que je trouve sur les terres des autres; mais vous me paraissez un si brave homme, que je vous exempte de la loi commune. Il le fit entrer dans son château, ordonnant à ses gens de le bien traiter; et le soir Arbogad voulut souper avec Zadig.

Le seigneur du château était un de ces Arabes qu'on appelle voleurs;[1] mais il faisait quelquefois de bonnes actions parmi une

a 47: Chapitre XI
BC: Chapitre XII
48P, 48LY, W48D, 49X1, W51, W50, W52: Chapitre XIII / Le Brigand
K: Chapitre XVI / Le Brigand

6 47, BC: renversèrent les

13-14 47: dit-il à Memnon, aussi
R78: dit-il, ainsi que ce

16 47, BC: ordonna à

17-18 47, BC: Memnon [BC: Zadig]. Ce seigneur

[1] This cheerfully unprincipled band of thieves is reminiscent of the brigands whom Gil Blas encounters (*Histoire de Gil Blas de Santillane*, bk I, ch.4-13). The

foule de mauvaises; il volait avec une rapacité furieuse, et donnait libéralement: intrépide dans l'action, assez doux dans le commerce, débauché à table, gai dans la débauche, et surtout plein de franchise. Zadig lui plut beaucoup; sa conversation qui s'anima fit durer le repas: enfin Arbogad lui dit: Je vous conseille de vous enrôler sous moi, vous ne sauriez mieux faire; ce métier-ci n'est pas mauvais, vous pourrez un jour devenir ce que je suis. Puis-je vous demander, dit Zadig, depuis quel temps vous exercez cette noble profession? Dès ma plus tendre jeunesse, reprit le seigneur. J'étais valet d'un Arabe assez habile; ma situation m'était insupportable. J'étais au désespoir de voir que dans toute la terre qui appartient également aux hommes, la destinée ne m'eût pas réservé ma portion. Je confiai mes peines à un vieil Arabe, qui me dit: Mon fils, ne désespérez pas; il y avait autrefois un grain de sable qui se lamentait d'être un atome ignoré dans les déserts; au bout de quelques années il devint diamant; et il est à présent le plus bel ornement de la couronne du roi des Indes. Ce discours me fit impression; j'étais le grain de sable, je résolus de devenir diamant.[2]

21-22 47: commerce; aimant la table; gai
23 47, BC: beaucoup. La conversation
28 47: profession? Depuis ma
28-29 W72P: J'étais un valet
36 47, BC: du grand roi

---

leader of the brigands in Lesage's novel foresees a bright future for Gil Blas in their profession, as Arbogad does for Zadig, and both leaders display a marked unconcern about the property of others.

[2] Compare: 'Il [Dieu] sème de rubis les masses des montagnes. / Il prend deux gouttes d'eau: de l'une il fait un homme, / De l'autre il arrondit la perle au fond des mers': verses quoted by Voltaire from the Persian writer Sadi (M.xxiv.30). The story is recounted in Chardin's *Journal du voyage* (London 1686). But Voltaire probably found it in *The Spectator* (5 February 1712). He had read the periodical during his stay in England, and prior to that in French – see André Michel Rousseau, *L'Angleterre et Voltaire*, *SVEC* 145-147 (1976), vol.145, p.43, 130. He was also well versed in the volumes of *The Spectator* for 1711-1712 – see R. A. Nablow, 'Voltaire's indebtedness to Addison in the alphabetical works', *SVEC* 176 (1979), p.63-75. See also A. Gunny, *Voltaire and English literature*, *SVEC* 177 (1979), and Nicholas Cronk, 'Voltaire

Je commençai par voler deux chevaux; je m'associai des camarades; je me mis en état de voler de petites caravanes; ainsi je fis cesser peu à peu la disproportion qui était d'abord entre les hommes et moi. J'eus ma part aux biens de ce monde, et je fus même dédommagé avec usure: on me considéra beaucoup; je devins seigneur brigand; j'acquis ce château par voie de fait. Le satrape de Syrie voulut m'en déposséder; mais j'étais déjà trop riche pour avoir rien à craindre; je donnai de l'argent au satrape, moyennant quoi je conservai ce château, et j'agrandis mes domaines; il me nomma même trésorier des tributs que l'Arabie Pétrée payait au roi des rois. Je fis ma charge de receveur, et point du tout celle de payeur.

Le grand desterham de Babylone envoya ici au nom du roi Moabdar un petit satrape pour me faire étrangler. Cet homme arriva avec son ordre: j'étais instruit de tout: je fis étrangler en sa présence les quatre personnes qu'il avait amenées avec lui pour serrer le lacet; après quoi je lui demandai ce que pouvait lui valoir la commission de m'étrangler. Il me répondit que ses honoraires pouvaient aller à trois cents pièces d'or. Je lui fis voir clair qu'il y aurait plus à gagner avec moi. Je le fis sous-brigand; il est aujourd'hui un de mes meilleurs officiers, et des plus riches. Si vous m'en croyez, vous réussirez comme lui. Jamais la saison de

39 47: caravanes; je
40-41 R78: les autres hommes
41-42 R73: fus dédommagé
46 47: conservai le château
47, BC: et j'ai agrandi mes
47 47: des tribus que
47-48 47: l'Arabie payait
48 47, BC: receveur très bien et
51-52 49X1: homme arrive avec

---

rencontre Monsieur le Spectateur. Addison et la genèse des *Lettres anglaises*', *Voltaire en Europe: hommage à Christiane Mervaud* (Oxford 2000), p.13-21.

voler n'a été meilleure, depuis que Moabdar est tué, et que tout est en confusion dans Babylone.

Moabdar est tué! dit Zadig; et qu'est devenue la reine Astarté? Je n'en sais rien, reprit Arbogad. Tout ce que je sais, c'est que Moabdar est devenu fou, qu'il a été tué, que Babylone est un grand coupe-gorge, que tout l'empire est désolé, qu'il y a de beaux coups à faire encore, et que pour ma part j'en ai fait d'admirables. Mais la reine? dit Zadig; de grâce, ne savez-vous rien de la destinée de la reine? On m'a parlé d'un prince d'Hyrcanie, reprit-il; elle est probablement parmi ses concubines, si elle n'a pas été tuée dans le tumulte; mais je suis plus curieux de butin que de nouvelles. J'ai pris plusieurs femmes dans mes courses; je n'en garde aucune; je les vends cher quand elles sont belles, sans m'informer de ce qu'elles sont. On n'achète point le rang; une reine qui serait laide ne trouverait pas marchand; peut-être ai-je vendu la reine Astarté, peut-être est-elle morte; mais peu m'importe, et je pense que vous ne devez pas vous en soucier plus que moi. En parlant ainsi il buvait avec tant de courage, il confondait tellement toutes les idées, que Zadig n'en put tirer aucun éclaircissement.

Il restait interdit, accablé, immobile. Arbogad buvait toujours, faisait des contes, répétait sans cesse qu'il était le plus heureux de tous les hommes, exhortant Zadig à se rendre aussi heureux que lui. Enfin doucement assoupi par les fumées du vin, il alla dormir d'un sommeil tranquille. Zadig passa la nuit dans l'agitation la plus

61-62 47, 48P, 48LY, W48D, BC, W51: Babylone. Moabdar

62 48P, W52: devenu

64 47, BC: Moabdar était devenu fou, et qu'il

65-66 48P: beaux coup [*error*] à

67-68 47, BC: de sa destinée? On

68 47, BC, W64G, W70G, R71, W68, R72, R73, W72P, R75, W75G, R78, K: d'Hircanie

74 47, BC, R63: trouverait point marchand

74-75 47: reine, peut-être

78-79 47, 48P, 48LY, W48D, W51, W52: éclaircissement. Il

83 47, BC: tranquille. ¶Memnon [BC: Zadig]

violente. Quoi, disait-il, le roi est devenu fou? il est tué? Je ne peux m'empêcher de le plaindre. L'empire est déchiré, et ce brigand est heureux. O fortune! ô destinée! Un voleur est heureux, et ce que la nature a fait de plus aimable a péri peut-être d'une manière affreuse, ou vit dans un état pire que la mort. O Astarté! qu'êtes-vous devenue?

Dès le point du jour il interrogea tous ceux qu'il rencontrait dans le château; mais tout le monde était occupé, personne ne lui répondit; on avait fait pendant la nuit de nouvelles conquêtes, on partageait les dépouilles. Tout ce qu'il put obtenir dans cette confusion tumultueuse, ce fut la permission de partir. Il en profita sans tarder, plus abîmé que jamais dans ses réflexions douloureuses.

Zadig marchait inquiet, agité, l'esprit tout occupé de la malheureuse Astarté, du roi de Babylone, de son fidèle Cador, de l'heureux brigand Arbogad, de cette femme si capricieuse que des Babyloniens avaient enlevée sur les confins de l'Egypte; enfin de tous les contretemps et de toutes les infortunes qu'il avait éprouvées.

84-85 47, BC, K: ne puis m'empêcher
85 47: déchire [*error*]
88 47: affreuse! On vit
88-90 47, BC: mort! Dès
88-89 R78: O Astarté! Astarté! qu'êtes-vous
92 47, BC: répondait. On avait fait la
95-102 47: douloureuses.// Chapitre XII / Memnon marchait inquiet, [...] qu'il avait éprouvées. En entrant dans une belle prairie il vit [*continues as at ch.16, line 1*]

[XV]
LE PÊCHEUR

A quelques lieues du château d'Arbogad il se trouva sur le bord d'une petite rivière, toujours déplorant sa destinée, et se regardant comme le modèle du malheur. Il vit un pêcheur couché sur la rive, tenant à peine d'une main languissante son filet, qu'il semblait abandonner, et levant les yeux vers le ciel.

Je suis certainement le plus malheureux de tous les hommes,[1] disait le pêcheur. J'ai été, de l'aveu de tout le monde, le plus célèbre marchand de fromages à la crème dans Babylone, et j'ai été ruiné. J'avais la plus jolie femme qu'homme de ma sorte pût posséder, et j'en ai été trahi. Il me restait une chétive maison, je l'ai vue pillée et détruite. Réfugié dans une cabane, je n'ai de ressource que ma pêche, et je ne prends pas un poisson. O mon filet! je ne te jetterai plus dans l'eau, c'est à moi de m'y jeter. En disant ces mots il se lève, et s'avance dans l'attitude d'un homme qui allait se précipiter et finir sa vie.

Eh quoi! se dit Zadig à lui-même, il y a donc des hommes aussi malheureux que moi? L'ardeur de sauver la vie au pêcheur fut aussi prompte que cette réflexion. Il court à lui, il l'arrête, il l'interroge

a-104 47: [*absent*]
a BC: Chapitre XIII
48P, 48LY, W48D, 49X1, W51, W50, W52: Chapitre XIV / Le Pêcheur
K: Chapitre XVII / Le Pêcheur
5-6 48P, 48LY, W48D, BC, W51: ciel. Je
9 K: qu'homme pût
15-16 48P, 48LY, W48D, BC, W51: vie. Eh
18 R78B: lui, l'arrête

[1] The plight of the fisherman anticipates that of Martin in *Candide*, who is also cheated out of his job and betrayed by his wife (*Candide*, ed. René Pomeau, *OC*, vol.48, 1980, p.200), but the resonances are much more complex and far-reaching in the later *conte*.

d'un air attendri et consolant. On prétend qu'on en est moins malheureux quand on ne l'est pas seul. Mais, selon Zoroastre, ce n'est pas par malignité, c'est par besoin. On se sent alors entraîné vers un infortuné comme vers son semblable. La joie d'un homme heureux serait une insulte; mais deux malheureux sont comme deux arbrisseaux faibles, qui s'appuyant l'un sur l'autre se fortifient contre l'orage.

Pourquoi succombez-vous à vos malheurs? dit Zadig au pêcheur. C'est, répondit-il, parce que je n'y vois pas de ressource. J'ai été le plus considéré du village de Derlback auprès de Babylone, et je faisais avec l'aide de ma femme les meilleurs fromages à la crème de l'empire. La reine Astarté et le fameux ministre Zadig les aimaient passionnément. J'avais fourni à leurs maisons six cents fromages. J'allai un jour à la ville pour être payé; j'appris en arrivant dans Babylone que la reine et Zadig avaient disparu. Je courus chez le seigneur Zadig, que je n'avais jamais vu; je trouvai les archers du grand desterham, qui munis d'un papier royal pillaient sa maison loyalement et avec ordre. Je volai aux cuisines de la reine; quelques-uns des seigneurs de la bouche me dirent qu'elle était morte; d'autres dirent qu'elle était en prison; d'autres prétendirent qu'elle avait pris la fuite; mais tous m'assurèrent qu'on ne me payerait point mes fromages. J'allai avec ma femme chez le seigneur Orcan, qui était une de mes pratiques: nous lui demandâmes sa protection dans notre disgrâce. Il l'accorda à ma femme, et me la refusa. Elle était plus blanche que ses fromages à la crème, qui commencèrent mon malheur; et l'éclat de la pourpre de

19 BC, R63: qu'on est
25-26 48P, 48LY, W48D, BC, W51: l'orage. Pourquoi
27 BC: pêcheur. ¶C'est
28 48P, W48D, 49X1, BC, W51: village Derlback
W72P: Delback
R78: de Balkis, auprès
30 48P, 48LY, W48D, 49X1, BC, W51, W50, W52: l'empire persan.
31 R71: les aimaient.
43 W57P, R63: que ces fromages

Tyr n'était pas plus brillant que l'incarnat qui animait cette blancheur. C'est ce qui fit qu'Orcan la retint, et me chassa de sa maison. J'écrivis à ma chère femme la lettre d'un désespéré. Elle dit au porteur: Ah, ah, oui, je sais quel est l'homme qui m'écrit, j'en ai entendu parler: on dit qu'il fait des fromages à la crème excellents; qu'on m'en apporte, et qu'on les lui paye.

Dans mon malheur je voulus m'adresser à la justice. Il me restait six onces d'or: il fallut en donner deux onces à l'homme de loi que je consultai, deux au procureur qui entreprit mon affaire, deux au secrétaire du premier juge. Quand tout cela fut fait, mon procès n'était pas encore commencé, et j'avais déjà dépensé plus d'argent que mes fromages et ma femme ne valaient. Je retournai à mon village, dans l'intention de vendre ma maison pour avoir ma femme.

Ma maison valait bien soixante onces d'or: mais on me voyait pauvre et pressé de vendre: le premier à qui je m'adressai m'en offrit trente onces, le second vingt, et le troisième dix. J'étais prêt enfin de conclure, tant j'étais aveuglé, lorsqu'un prince d'Hyrcanie vint à Babylone, et ravagea tout sur son passage. Ma maison fut d'abord saccagée, et ensuite brûlée.

Ayant ainsi perdu mon argent, ma femme et ma maison, je me suis retiré dans ce pays où vous me voyez. J'ai tâché de subsister du métier de pêcheur: les poissons se moquent de moi comme les hommes. Je ne prends rien, je meurs de faim; et sans vous, auguste consolateur, j'allais mourir dans la rivière.

Le pêcheur ne fit point ce récit tout de suite; car à tout moment Zadig ému et transporté lui disait; Quoi! vous ne savez rien de la destinée de la reine? Non, seigneur, répondait le pêcheur; mais je sais que la reine et Zadig ne m'ont point payé mes fromages à la

59 48P, 48LY, W48D, 49X1, BC, W51, W50, W52: mais comme on
61-62 R78: J'étais enfin prêt à conclure
K: J'étais près enfin
W72P: prêt à conclure
63 BC: passage. ¶Ma
64-65 BC: brûlée. Ayant

crème, qu'on a pris ma femme, et que je suis au désespoir. Je me flatte, dit Zadig, que vous ne perdrez pas tout votre argent. J'ai entendu parler de ce Zadig; il est honnête homme; et s'il retourne à Babylone, comme il l'espère, il vous donnera plus qu'il ne vous doit: mais pour votre femme qui n'est pas si honnête, je vous conseille de ne pas chercher à la reprendre. Croyez-moi, allez à Babylone; j'y serai avant vous, parce que je suis à cheval,[2] et que vous êtes à pied. Adressez-vous à l'illustre Cador; dites-lui que vous avez rencontré son ami; attendez-moi chez lui; allez, peut-être ne serez-vous pas toujours malheureux.

O puissant Orosmade, continua-t-il, vous vous servez de moi pour consoler cet homme; de qui vous servirez-vous pour me consoler? En parlant ainsi il donnait au pêcheur la moitié de tout l'argent qu'il avait apporté d'Arabie; et le pêcheur confondu et ravi, baisait les pieds de l'ami de Cador, et disait, Vous êtes un ange sauveur.

Cependant Zadig demandait toujours des nouvelles, et versait des larmes. Quoi, seigneur, s'écria le pêcheur, vous seriez donc aussi malheureux, vous qui faites du bien? Plus malheureux que toi cent fois, répondait Zadig. Mais comment se peut-il faire, disait le bonhomme, que celui qui donne soit plus à plaindre que celui qui reçoit? C'est que ton plus grand malheur, reprit Zadig, était le besoin, et que je suis infortuné par le cœur. Orcan vous aurait-il pris votre femme? dit le pêcheur. Ce mot rappela dans l'esprit de Zadig toutes ses aventures; il répétait la liste de ses infortunes, à commencer depuis la chienne de la reine jusqu'à son arrivée chez le brigand Arbogad. Ah! dit-il au pêcheur, Orcan mérite d'être puni. Mais d'ordinaire ce sont ces gens-là qui sont les favoris de la

74 BC, W57P, R63: qu'on m'a pris
76-77 W68, W70L, R72, R73, R75, W75G: retourne en Babilone [R72: Babylone]
92 48P, 48LY, W48D, 49X1, BC, W51, W50: qui me faites
95 48P, 48LY, W48D, 49X1, BC, W51, W50, W52: malheur était

[2] Yet the chapter ends: 'Zadig courut [...]': one of many inconsistencies on the part of the narrator.

destinée. Quoi qu'il en soit, va chez le seigneur Cador, et attends-moi. Ils se séparèrent: le pêcheur marcha en remerciant son destin, et Zadig courut en accusant toujours le sien.

103 48P, 48LY, W51, W50: remerciant le destin [48P errata: β]

[XVI]

LE BASILIC

Arrivé dans une belle prairie, il y vit plusieurs femmes, qui cherchaient quelque chose avec beaucoup d'application. Il prit la liberté de s'approcher de l'une d'elles, et de lui demander s'il pouvait avoir l'honneur de les aider dans leurs recherches. Gardez-vous-en bien, répondit la Syrienne; ce que nous cherchons ne peut être touché que par des femmes. Voilà qui est bien étrange, dit Zadig; oserai-je vous prier de m'apprendre ce que c'est qu'il n'est permis qu'aux femmes de toucher? C'est un basilic, dit-elle. Un basilic, madame? Et pour quelle raison, s'il vous plaît, cherchez-vous un basilic? C'est pour notre seigneur et maître Ogul,[1] dont vous voyez le château sur le bord de cette rivière, au bout de la

a-1 47: [*text continues as from ch.*14, *lines* 95-96] douloureuses. / / Chapitre XII / Memnon marchait inquiet, [*continues as in ch.*14] qu'il avait éprouvées. En entrant dans une belle prairie il vit

a MS: Chapitre 12

BC: Chapitre XIV

48P, 48LY, W48D, 49X1, W51, W50, W52: Chapitre XV / Le Basilic

K: Chapitre XVIII / Le Basilic

1 MS: Memnon marchait <plus> inquiet <plus troublé que jamais> ↑agité+ L'esprit tout occupé de la malheureuse Astarté, du roy de Babylone de son fidel Cador, de l'heureux brigand Arbogad de cette femme si capricieuse, que des Babyloniens avoient enlevée sur les confins de l'Egipte, enfin de tous les contretemps et de toutes les Infortunes qu'il avoit eprouvez. ¶Arrivé

BC: il vit

7 MS: Memnon [*passim*]

48LY: oserais-je

MS, 47, BC: de me dire ce que

9 MS, 48P, W48D, W51, W52: madame? eh pour

11 W48D: sur bord

[1] Oriental name (compare D'Herbelot, *Bibliothèque orientale*, art. 'Baidu', i.345), found in both the Turkish and Hebrew languages: see below, n.5.

4. A manuscript page of *Zadig*. Manuscripts, volume ix, p.62 (*National Library of Russia, St Petersburg*).

5. 'Elle traçait des caractères sur un sable fin.' *Zadig*, ch.16, line 25. Painting by J. Green, engraved by H. Rolls.

prairie. Nous sommes ses très humbles esclaves; le seigneur Ogul est malade; son médecin lui a ordonné de manger un basilic cuit dans l'eau rose; et comme c'est un animal fort rare qui ne se laisse jamais prendre que par des femmes, le seigneur Ogul a promis de choisir pour sa femme bien-aimée celle de nous qui lui apporterait un basilic: laissez-moi chercher, s'il vous plaît; car vous voyez ce qu'il m'en coûterait si j'étais prévenue par mes compagnes.

Zadig laissa cette Syrienne et les autres chercher leur basilic, et continua de marcher dans la prairie. Quand il fut au bord d'un petit ruisseau, il y trouva une autre dame couchée sur le gazon, et qui ne cherchait rien. Sa taille paraissait majestueuse, mais son visage était couvert d'un voile. Elle était penchée vers le ruisseau; de profonds soupirs sortaient de sa bouche. Elle tenait en main une petite baguette, avec laquelle elle traçait des caractères sur un sable fin qui se trouvait entre le gazon et le ruisseau. Zadig eut la curiosité de voir ce que cette femme écrivait; il s'approcha, il vit la lettre Z, puis un A, il fut étonné: puis parut un D, il tressaillit. Jamais surprise ne fut égale à la sienne, quand il vit les deux dernières lettres de son nom. Il demeura quelque temps immobile; enfin rompant le silence d'une voix entrecoupée; O généreuse dame! pardonnez à un étranger, à un infortuné, d'oser vous demander par quelle aventure étonnante je trouve ici le nom de ZADIG tracé de votre main divine? A cette voix, à ces paroles, la dame releva son voile d'une main tremblante, regarda Zadig, jeta un cri d'attendrissement, de

14 MS: dans <de> l'eau
47, BC: dans de l'eau
17 R78: laissez-moi donc chercher
22 47, BC: taille était majestueuse
24 MS, 47, BC: sortaient de temps en temps de
27-28 MS, 47: vit le nom de Memnon sur le sable. Jamais
28 BC: puis il parut
29-30 MS, 47: sienne, il demeura
31 BC: dame, s'écria-t-il, pardonnez
31-32 MS: un Etranger [V↑]a un infortuné[+] d'oser
32 47, BC: étranger d'oser
R71: demander quelle

surprise et de joie, et succombant sous tous les mouvements divers qui assaillaient à la fois son âme, elle tomba évanouie entre ses bras. C'était Astarté elle-même, c'était la reine de Babylone, c'était celle que Zadig adorait, et qu'il se reprochait d'adorer; c'était celle dont il avait tant pleuré, et tant craint la destinée. Il fut un moment privé de l'usage de ses sens; et quand il eut attaché ses regards sur les yeux d'Astarté, qui se rouvraient avec une langueur mêlée de confusion et de tendresse: O puissances immortelles! s'écria-t-il, qui présidez aux destins des faibles humains, me rendez-vous Astarté? en quels temps, en quels lieux, en quel état la revois-je? Il se jeta à genoux devant Astarté, et il attacha son front à la poussière de ses pieds. La reine de Babylone le relève, et le fait asseoir auprès d'elle sur le bord de ce ruisseau; elle essuyait à plusieurs reprises ses yeux, dont les larmes recommençaient toujours à couler. Elle reprenait vingt fois des discours, que ses gémissements interrompaient; elle l'interrogeait sur le hasard qui les rassemblait, et prévenait soudain ses réponses par d'autres questions. Elle entamait le récit de ses malheurs, et voulait savoir ceux de Zadig. Enfin tous deux ayant un peu apaisé le tumulte de leurs âmes, Zadig lui conta en peu de mots par quelle aventure il se trouvait dans cette prairie. Mais, ô malheureuse et respectable reine! comment vous retrouvai-je en ce lieu écarté, vêtue en esclave,

38 w48D: Babilonne
38-39 R78B: Babylone, c'était elle que Zadig
41 MS, 47, BC: sens; quand il les eut repris, quand il eut
48P, 48LY, W48D, W51, W50: sens, quand
45 47, BC, W64G, W70G, R71, W68, W70L, R72, R73, R75, W75G, R78, K: en quel temps
R78: en quel lieu
49-50 MS: couler, <et> elle reprenait
47: couler, reprenait
52 MS: pre<[*illegible*]>$^{V\uparrow}$ve^{+}noit
54 47, BC: Memnon [BC: Zadig]. ¶Enfin
56 MS: malheureuse <Rei> et
57 47, K: vous retrouvé-je
W57P, R63: vous trouvai-je

et accompagnée d'autres femmes esclaves qui cherchent un basilic pour le faire cuire dans de l'eau rose par ordonnance du médecin?

Pendant qu'elles cherchent leur basilic, dit la belle Astarté, je vais vous apprendre tout ce que j'ai souffert, et tout ce que je pardonne au ciel depuis que je vous revois. Vous savez que le roi mon mari trouva mauvais que vous fussiez le plus aimable de tous les hommes; et ce fut pour cette raison qu'il prit une nuit la résolution de vous faire étrangler, et de m'empoisonner. Vous savez comme le ciel permit que mon petit muet m'avertît de l'ordre de Sa Sublime Majesté. A peine le fidèle Cador vous eut-il forcé de m'obéir et de partir, qu'il osa entrer chez moi au milieu de la nuit par une issue secrète. Il m'enleva, et me conduisit dans le temple d'Orosmade, où le mage son frère m'enferma dans cette statue colossale, dont la base touche aux fondements du temple, et dont la tête atteint la voûte. Je fus là comme ensevelie, mais servie par le mage, et ne manquant d'aucune chose nécessaire. Cependant au point du jour l'apothicaire de Sa Majesté entra dans ma chambre avec une potion mêlée de jusquiame, d'opium, de ciguë, d'ellébore noir et d'aconit; et un autre officier alla chez vous avec un lacet de soie bleue.[2] On ne trouva personne. Cador pour mieux tromper le roi feignit de venir nous accuser tous deux. Il dit, que vous aviez pris la route des Indes, et moi celle de Memphis: on envoya des satellites après vous et après moi.

59 R75: dans l'eau
MS, 47, 48P, 48LY, W48D, 49X1, BC, W51, W50: par ordre du
59-60 47: médecin. Pendant
62 48P, 48LY, W48D, W51: revois. ¶Vous
66-67 MS, 47: l'ordre du roi. [MS: ¶] A
67 48P, 48LY, W48D, W51: Majesté. ¶A
70 W64G, W70G, W68, R71, W70L, R72, R73, R75, W75G, R78, K: dans une statue
71 MS: la <barre> $^{V\uparrow}$base^{+} touche
75-76 MS, 47, W48D, 49X1, BC, W51, W50, W52, W56: d'ellebore noire et
77 MS, 47, 48P, 48LY, W48D, 49X1, BC, W51, W50, W52: soie. On

[2] Added only in 1756: see above, ch.8, n.3.

Les courriers qui me cherchaient ne me connaissaient pas. Je n'avais presque jamais montré mon visage qu'à vous seul, en présence et par ordre de mon époux. Ils coururent à ma poursuite, sur le portrait qu'on leur faisait de ma personne: une femme de la même taille que moi, et qui peut-être avait plus de charmes, s'offrit à leurs regards sur les frontières de l'Egypte. Elle était éplorée, errante. Ils ne doutèrent pas que cette femme ne fût la reine de Babylone; ils la menèrent à Moabdar. Leur méprise fit entrer d'abord le roi dans une violente colère: mais bientôt ayant considéré de plus près cette femme, il la trouva très belle, et fut consolé. On l'appelait Missouf.[3] On m'a dit depuis que ce nom signifie en langue égyptienne *la belle capricieuse*. Elle l'était en effet; mais elle avait autant d'art que de caprice. Elle plut à Moabdar. Elle le subjugua au point de se faire déclarer sa femme. Alors son caractère se développa tout entier; elle se livra sans crainte à toutes les folies de son imagination. Elle voulut obliger le chef des mages, qui était vieux et goutteux, de danser devant elle; et sur le refus du mage, elle le persécuta violemment. Elle ordonna à son grand-écuyer de lui faire une tourte de confitures. Le grand-écuyer eut beau lui représenter qu'il n'était point pâtissier, il fallut qu'il fît la tourte; et on le chassa, parce qu'elle était trop brûlée. Elle donna la charge de grand-écuyer à son nain, et la place de chancelier à un page. C'est ainsi qu'elle gouverna Babylone. Tout le monde me regrettait. Le roi, qui avait été assez honnête homme jusqu'au

84 47, BC: leur avait fait de ma
85 MS, 47, BC: peut-être a de plus beaux traits s'offrit
88 MS: mener$^{V\uparrow}$ent^{+}
91 MS: l'apelloit Isela.
47: l'appelait Marie.
97 MS: sur les refus
102 MS: et <fit donner> la
104 MS: assez $^{V\uparrow}$honnete home^{+} jusqu'au
47, BC: assez juste jusqu'au

[3] Note the evolution of this name, from the quasi-oriental 'Isela' of the manuscript version and through the provocatively irreverent use of 'Marie' in *Memnon*.

moment où il avait voulu m'empoisonner, et vous faire étrangler, semblait avoir noyé ses vertus dans l'amour prodigieux qu'il avait pour la belle capricieuse. Il vint au temple le grand jour du feu sacré. Je le vis implorer les dieux pour Missouf aux pieds de la statue où j'étais renfermée. J'élevai la voix; je lui criai: *Les dieux refusent les vœux d'un roi devenu tyran, qui a voulu faire mourir une femme raisonnable, pour épouser une extravagante*. Moabdar fut confondu de ces paroles, au point que sa tête se troubla. L'oracle que j'avais rendu, et la tyrannie de Missouf suffisaient pour lui faire perdre le jugement. Il devint fou en peu de jours.

Sa folie qui parut un châtiment du ciel, fut le signal de la révolte. On se souleva, on courut aux armes. Babylone si longtemps plongée dans une mollesse oisive, devint le théâtre d'une guerre civile affreuse. On me tira du creux de ma statue, et on me mit à la tête d'un parti. Cador courut à Memphis, pour vous ramener à Babylone. Le prince d'Hyrcanie apprenant ces funestes nouvelles, revint avec son armée faire un troisième parti dans la Chaldée. Il attaqua le roi, qui courut au-devant de lui, avec son extravagante Egyptienne. Moabdar mourut percé de coups. Missouf tomba aux mains du vainqueur. Mon malheur voulut que je fusse prise moi-même par un parti hyrcanien, et qu'on me menât devant le prince, précisément dans le temps qu'on lui amenait Missouf. Vous serez flatté, sans doute, en apprenant que le prince me trouva plus belle

108 MS: Isela [*passim*]
47: pour la belle Marie aux
113 47: rendu à la tyrannie de Marie suffisait pour
114-115 47: jours. Sa
115 MS: chatiment <divin> du Ciel fut
115-116 47: révolte. ¶On
119 48P: Cadar [errata: β]
123 47: coups. Marie la capriceuse tomba
126-162 MS: [*contains two versions of lines* 126-162, *the later version appearing on a sheet stuck over the earlier version. Variants to the text of the later version are given here, while the earlier version is reproduced below in Appendix B*.]
126 MS: amenoit <Isela> →Marie+. Vous
47: amenait Marie.

que l'Egyptienne; mais vous serez fâché d'apprendre qu'il me destina à son sérail. Il me dit fort résolument, que dès qu'il aurait fini une expédition militaire qu'il allait exécuter, il viendrait à moi. Jugez de ma douleur. Mes liens avec Moabdar étaient rompus, je pouvais être à Zadig, et je tombais dans les chaînes d'un barbare. Je lui répondis avec toute la fierté que me donnaient mon rang et mes sentiments. J'avais toujours entendu dire que le ciel attachait aux personnes de ma sorte, un caractère de grandeur, qui, d'un mot et d'un coup d'œil, faisait rentrer dans l'abaissement du plus profond respect les téméraires qui osaient s'en écarter. Je parlai en reine; mais je fus traitée en demoiselle suivante. L'Hyrcanien, sans daigner seulement m'adresser la parole, dit à son eunuque noir, que j'étais une impertinente, mais qu'il me trouvait jolie. Il lui ordonna d'avoir soin de moi, et de me mettre au régime des favorites, afin de me rafraîchir le teint, et de me rendre plus digne de ses faveurs, pour le jour où il aurait la commodité de m'en honorer. Je lui dis que je me tuerais: il répliqua en riant, qu'on ne se tuait point, qu'il était fait à ces façons-là; et me quitta comme un homme qui vient de mettre un perroquet dans sa ménagerie. Quel état pour la première reine de l'univers, et je dirai plus, pour un cœur qui était à Zadig!

A ces paroles il se jeta à ses genoux, et les baigna de larmes. Astarté le releva tendrement, et elle continua ainsi. Je me voyais au pouvoir d'un barbare, et rivale d'une folle avec qui j'étais renfermée. Elle me raconta son aventure d'Egypte. Je jugeai par les traits dont elle vous peignait, par le temps, par le dromadaire sur

132 MS: à <[*word illegible*]> Memnon et
W75G, K: chaînes de ce barbare.
133 W68, W70L, W75G: me donnait mon
137 47, BC: Je parlais en
147 BC: l'univers! je
148-149 MS: Memnon. ¶[V↑]A ces paroles[+] Memnon se
47: Memnon? A ces
149 47: paroles que la reine prononçait avec tendresse Memnon se
153 W57P, R63: peignait, par le dromadaire

lequel vous étiez monté,[4] par toutes les circonstances, que c'était Zadig qui avait combattu pour elle. Je ne doutai pas que vous ne fussiez à Memphis; je pris la résolution de m'y retirer. Belle Missouf, lui dis-je, vous êtes beaucoup plus plaisante que moi, vous divertirez bien mieux que moi le prince d'Hyrcanie. Facilitez-moi les moyens de me sauver, vous régnerez seule, vous me rendrez heureuse, en vous débarrassant d'une rivale. Missouf concerta avec moi les moyens de ma fuite. Je partis donc secrètement avec une esclave égyptienne.

J'étais déjà près de l'Arabie, lorsqu'un fameux voleur, nommé Arbogad, m'enleva, et me vendit à des marchands, qui m'ont amenée dans ce château, où demeure le seigneur Ogul. Il m'a achetée sans savoir qui j'étais. C'est un homme voluptueux, qui ne cherche qu'à faire grande chère, et qui croit que Dieu l'a mis au monde pour tenir table. Il est d'un embonpoint excessif,[5] qui est toujours prêt à le suffoquer. Son médecin qui n'a que peu de crédit auprès de lui, quand il digère bien, le gouverne despotiquement, quand il a trop mangé. Il lui a persuadé qu'il le guérirait avec un basilic cuit dans de l'eau rose. Le seigneur Ogul a promis sa main à

154 BC: monté et par
157 47: Marie
159-160 47: seule, vous vous rendrez
160-161 47: rivale. Marie la capricieuse concerta
162-163 47: égyptienne: J'étais
163 49X1: de l'Arabe, lorsqu'un
166-167 MS, 47, BC: ne songe qu'à
167 48P, 48LY, W48D, 49X1, W51, W50, W52: faire grand'chère et
169 R73: toujours près de le
172 W57P, R63, W72P: dans l'eau
47: promis l'honneur de sa

[4] The fatuous suggestion that Missouf's description of Zadig's dromedary (which in any event Astarté had not seen before Zadig's departure) served to identify him accords well with the parodic quality of this episode.

[5] This detail lends some credence to the thesis that 'ogul' is derived from the Hebrew for 'round', P. Kra, 'Note on the derivation of names in Voltaire's *Zadig*', *Romance notes* 16 (1974-1975), p.342.

celle de ses esclaves, qui lui apporterait un basilic. Vous voyez que je les laisse s'empresser à mériter cet honneur, et je n'ai jamais eu moins d'envie de trouver ce basilic, que depuis que le ciel a permis que je vous revisse.

Alors Astarté et Zadig se dirent tout ce que des sentiments longtemps retenus, tout ce que leurs malheurs et leurs amours pouvaient inspirer aux cœurs les plus nobles et les plus passionnés; et les génies qui président à l'amour, portèrent leurs paroles jusqu'à la sphère de Vénus.[6]

Les femmes rentrèrent chez Ogul, sans avoir rien trouvé. Zadig se fit présenter à lui, et lui parla en ces termes: Que la santé immortelle descende du ciel pour avoir soin de tous vos jours! Je suis médecin; j'ai accouru vers vous sur le bruit de votre maladie, et je vous ai apporté un basilic cuit dans de l'eau rose. Ce n'est pas que je prétende vous épouser. Je ne vous demande que la liberté d'une jeune esclave de Babylone, que vous avez depuis quelques jours; et je consens de rester en esclavage à sa place, si je n'ai pas le bonheur de guérir le magnifique seigneur Ogul.

La proposition fut acceptée. Astarté partit pour Babylone avec le domestique de Zadig, en lui promettant de lui envoyer incessamment un courrier, pour l'instruire de tout ce qui se serait passé. Leurs adieux furent aussi tendres que l'avait été leur reconnaissance. Le moment où l'on se retrouve, et celui où l'on se sépare, sont les deux plus grandes époques de la vie, comme dit le grand

175 47, BC: de chercher ce
178 47, BC: retenus et tout
186 W72P, R63: dans l'eau
W52: dans le l'eau [errata: β]

[6] The fourth of the nine concentric spheres of the universe, according to the Ptolemaic system. Here, as later (see ch.17, n.4), Voltaire indifferently juxtaposes Greek and oriental names.

livre du Zend. Zadig aimait la reine autant qu'il le jurait, et la reine aimait Zadig plus qu'elle ne lui disait.

Cependant Zadig parla ainsi à Ogul: Seigneur, on ne mange point mon basilic, toute sa vertu doit entrer chez vous par les pores. Je l'ai mis dans une petite outre bien enflée et couverte d'une peau fine: il faut que vous poussiez cette outre de toute votre force, et que je vous la renvoie à plusieurs reprises; et en peu de jours de régime vous verrez ce que peut mon art. Ogul dès le premier jour fut tout essoufflé, et crut qu'il mourrait de fatigue. Le second il fut moins fatigué, et dormit mieux. En huit jours il recouvra toute la force, la santé, la légèreté et la gaieté de ses plus brillantes années. Vous avez joué au ballon, et vous avez été sobre, lui dit Zadig: apprenez qu'il n'y a point de basilic dans la nature, qu'on se porte toujours bien avec de la sobriété et de l'exercice, et que l'art de faire subsister ensemble l'intempérance et la santé, est un art aussi chimérique que la pierre philosophale, l'astrologie judiciaire, et la théologie des mages.

Le premier médecin d'Ogul sentant combien cet homme était dangereux pour la médecine, s'unit avec l'apothicaire du corps

197 R63: Zent
198 47, R78: ne le lui
198-199 47: disait. Cependant
201 MS-R78: un petit outre bien enflé et couvert
202 49X1: il fait que vous
MS-R78: cet outre
203 MS-R78: vous le renvoie
204 47: Ogul, le premier
205 MS, W52, R72: qu'il mourait de
209 47, BC: n'y a pas plus de basilics que de griffons dans
210 48P, 49X1, W51, W50: l'art de bien faire [48P errata: β]
212-214 MS, 47, 48P, 48LY, W48D, 49X1, BC, W51, W50: judiciaire, et tant d'autres. ¶Le premier
215-222 MS, 47, 48P, 48LY, W48D, 49X1, BC, W51, W50: médecine, fit une cabale avec les esclaves pour le faire périr; mais pendant qu'on préparait la perte de Memnon [48P-W52: Zadig], il reçut un courrier de la reine Astarté.//

pour envoyer Zadig chercher des basilics dans l'autre monde.[7] Ainsi après avoir été toujours puni pour avoir bien fait, il était près de périr pour avoir guéri un seigneur gourmand. On l'invita à un excellent dîner. Il devait être empoisonné au second service; mais il reçut un courrier de la belle Astarté au premier. Il quitta la table et partit. Quand on est aimé d'une belle femme, dit le grand Zoroastre, on se tire toujours d'affaire dans ce monde.

217-218 w52, w56, w68, w70L, w75G: était prêt de

[7] This tale imitates an episode in *A Thousand and one nights*, which had been abridged in *The Spectator* (13 October 1711). Voltaire adds a conclusion that makes the hygienic lesson more explicit.

[XVII]

LES COMBATS[1]

La reine avait été reçue à Babylone avec les transports qu'on a toujours pour une belle princesse, qui a été malheureuse. Babylone alors paraissait être plus tranquille. Le prince d'Hyrcanie avait été tué dans un combat. Les Babyloniens vainqueurs déclarèrent qu'Astarté épouserait celui qu'on choisirait pour souverain. On ne voulut point que la première place du monde, qui serait celle de mari d'Astarté, et de roi de Babylone, dépendît des intrigues et des cabales. On jura de reconnaître pour roi le plus vaillant et le plus sage.[2] Une grande lice bordée d'amphithéâtres magnifiquement ornés, fut formée à quelques lieues de la ville. Les combattants devaient s'y rendre armés de toutes pièces. Chacun d'eux avait derrière les amphithéâtres un appartement séparé,[3] où il ne devait être vu ni connu de personne. Il fallait courir quatre lances. Ceux

a MS, 47: Chapitre 13 [47: XIII]
BC: Chapitre XV
48P, 48LY, W48D, 49X1, W51, W50, W52: Chapitre XVI / Les Combats
K: Chapitre XIX / Les Combats
2 MS: une $^{V\uparrow}$belle^{+} femme qui
47, 48P, 48LY, W48D, 49X1, BC, W51, W50: belle femme,
3 MS, 47, BC: alors commençait à être
6-7 MS: celle du mary
13 47: personne. ¶Il
47, BC: lances, et ceux

[1] This chapter is a pastiche of the epic style as descriptive of European chivalric tournaments. It owes a great deal to Ariosto's *Orlando furioso*, in particular to canto XVII of this work.

[2] Compare: 'on veut donner pour prix la royauté à celui qu'on jugera vainqueur de tous les autres, et pour l'esprit et pour le corps', Fénelon, *Télémaque*, p.201.

[3] The knights in Ariosto's *Orlando furioso* similarly retire to their sleeping quarters on the eve of the tournament (canto XVII, stanza 69).

qui seraient assez heureux pour vaincre quatre chevaliers, devaient combattre ensuite les uns contre les autres; de façon que celui qui resterait le dernier maître du champ, serait proclamé le vainqueur des jeux. Il devait revenir quatre jours après, avec les mêmes armes, et expliquer les énigmes proposées par les mages. S'il n'expliquait point les énigmes, il n'était point roi, et il fallait recommencer à courir des lances, jusqu'à ce qu'on trouvât un homme qui fût vainqueur dans ces deux combats; car on voulait absolument pour roi le plus vaillant et le plus sage. La reine pendant tout ce temps devait être étroitement gardée: on lui permettait seulement d'assister aux jeux, couverte d'un voile; mais on ne souffrait pas qu'elle parlât à aucun des prétendants, afin qu'il n'y eût ni faveur ni injustice.

Voilà ce qu'Astarté faisait savoir à son amant, espérant qu'il montrerait pour elle plus de valeur et d'esprit que personne. Il partit, et pria Vénus[4] de fortifier son courage, et d'éclairer son esprit. Il arriva sur le rivage de l'Euphrate, la veille de ce grand jour. Il fit inscrire sa devise parmi celles des combattants, en cachant son visage et son nom, comme la loi l'ordonnait; et alla se reposer dans l'appartement qui lui échut par le sort. Son ami Cador

16 K: du camp serait
MS, 47: proclamé vainqueur
17 MS, 48P, 48LY, W48D, BC, W51: jeux. ¶Il
18-19 47: énigmes; s'il ne devinait pas ces énigmes il n'était
BC: mages; s'il ne devinait pas ces énigmes,
18 MS, W56: proposés
27 MS, 47: à Memnon espérant
29 R78: pria l'Amour de
47: et d'éclaircir son
30 48P, 48LY, W48D, BC, W51: esprit. ¶Il
31 MS, 48P, 48LY, 49X1, W52: parmi celle des
33 MS: le Sort. ¶Son

[4] See above, ch.16, n.6. The anomaly of a Babylonian invoking Venus is noted by Voltaire himself some twenty years later, when objecting to the notion that the Arabs could worship the goddess (*Dieu et les hommes*, ed. Roland Mortier, *OC*, vol.69, 1994, p.323).

qui était revenu à Babylone, après l'avoir inutilement cherché en Egypte, fit porter dans sa loge une armure complète, que la reine lui envoyait.[5] Il lui fit amener aussi de sa part le plus beau cheval de Perse. Zadig reconnut Astarté à ces présents: son courage et son amour en prirent de nouvelles forces et de nouvelles espérances.

Le lendemain, la reine étant venue se placer sous un dais de pierreries, et les amphithéâtres étant remplis de toutes les dames[6] et de tous les ordres de Babylone, les combattants parurent dans le cirque. Chacun d'eux vint mettre sa devise aux pieds du grand mage. On tira au sort les devises; celle de Zadig fut la dernière. Le premier qui s'avança, était un seigneur très riche, nommé Itobad, fort vain, peu courageux, très maladroit, et sans esprit. Ses domestiques l'avaient persuadé, qu'un homme comme lui devait être roi: il leur avait répondu: Un homme comme moi doit régner; ainsi on l'avait armé de pied en cap. Il portait une armure d'or émaillée de vert, un panache vert, une lance ornée de rubans verts.[7] On s'aperçut d'abord à la manière dont Itobad gouvernait son cheval, que ce n'était pas un homme comme lui à qui le ciel réservait le sceptre de Babylone.[8] Le premier cavalier qui courut

35 MS: fit V↑avoit fait+ mettre dans
47: fit mettre dans
43 MS, 47: devises de ceux qui commenceraient le [47: ce] combat, celle
44 47, BC: Itobal [*passim*]
48 MS: cap <un homme comme lui> il portoit
51 R78: pas à un homme comme lui que le ciel
52 R78, K: premier chevalier qui

[5] The hero Grifone of *Orlando furioso* had also received his armour from a benefactress; however, his, unlike Zadig's, had been magically rendered impenetrable by the white fairy who befriends him (canto XVII, stanza 70).

[6] The atmosphere is clearly that of a European tournament, with the women exposed to public gaze. Compare 'le vaghe donne' who throw down flowers in *Orlando furioso*, which is also set in an oriental context – Damascus (canto XVII, stanza 81).

[7] 'Le vert naissant était dans l'ancienne chevalerie la couleur des nouveaux chevaliers' (Saint-Foix, cited in Littré).

[8] In *Orlando furioso* the tournament is preceded by jousters keen to show off their prowess at horsemanship (canto XVII, stanza 81).

contre lui, le désarçonna; le second le renversa sur la croupe de son cheval, les deux jambes en l'air, et les bras étendus.[9] Itobad se remit, mais de si mauvaise grâce, que tout l'amphithéâtre se mit à rire. Un troisième ne daigna pas se servir de sa lance; mais en lui faisant une passe, il le prit par la jambe droite; et lui faisant faire un demi-tour, il le fit tomber sur le sable: les écuyers des jeux accoururent à lui en riant, et le remirent en selle. Le quatrième combattant le prend par la jambe gauche, et le fait tomber de l'autre côté. On le conduisit avec des huées à sa loge,[10] où il devait passer la nuit, selon la loi; et il disait en marchant à peine: Quelle aventure pour un homme comme moi!

Les autres chevaliers s'acquittèrent mieux de leur devoir. Il y en eut qui vainquirent deux combattants de suite; quelques-uns allèrent jusqu'à trois. Il n'y eut que le prince Otame[11] qui en vainquit quatre. Enfin Zadig combattit à son tour: il désarçonna quatre cavaliers de suite avec toute la grâce possible. Il fallut donc voir qui serait vainqueur d'Otame ou de Zadig. Le premier portait des armes bleues et or, avec un panache de même; celles de Zadig étaient blanches.[12] Tous les vœux se partageaient entre le cavalier

54 47, BC: et les deux bras

58-59 MS: jeux acourent à lui en riant, le remettent en selle
48P, 48LY, W48D, 49X1, W51: jeux accourent à lui en riant, le remirent

60 MS, 47, 48P, 48LY, W48D, 49X1, W51, W50: jambe droite et

61 47, BC: le reconduisit avec

64 R63: autres cavaliers s'acquittèrent

70 MS, 47, BC: armes bleu et

71-72 K: le chevalier bleu et le chevalier blanc

[9] Grifone too unseats a rival jouster (*Orlando furioso*, canto XVII, stanza 96) and sweeps another backwards onto the horse's rump (stanza 94).

[10] In *Orlando furioso* laughter from 'tutta la turba' is provoked by an abysmal performance from one of the jousters, who is seen off to derisive comments from the spectators (canto XVII, stanzas 90-91).

[11] One of the ministers in *Sémiramis* is named Otane.

[12] Grifone's horse is 'whiter than milk'; his crest and apparel are also white (*Orlando furioso*, canto XVII, stanzas 110-111).

bleu et le cavalier blanc. La reine à qui le cœur palpitait, faisait des prières au ciel pour la couleur blanche.

Les deux champions firent des passes et des voltes avec tant d'agilité, ils se donnèrent de si beaux coups de lances, ils étaient si fermes sur leurs arçons, que tout le monde, hors la reine, souhaitait qu'il y eût deux rois dans Babylone. Enfin leurs chevaux étant lassés, et leurs lances rompues,[13] Zadig usa de cette adresse: il passe derrière le prince bleu, s'élance sur la croupe de son cheval, le prend par le milieu du corps, le jette à terre, se met en selle à sa place, et caracole autour d'Otame étendu sur la place. Tout l'amphithéâtre crie, Victoire au cavalier blanc. Otame indigné se relève, tire son épée; Zadig saute de cheval le sabre à la main. Les voilà tous deux sur l'arène, livrant un nouveau combat, où la force et l'agilité triomphent tour à tour. Les plumes de leur casque, les clous de leurs brassards, les mailles de leur armure sautent au loin sous mille coups précipités. Ils frappent de pointe et de taille, à droite, à gauche, sur la tête, sur la poitrine; ils reculent, ils avancent, ils se mesurent, ils se rejoignent, ils se saisissent, ils se replient comme des serpents, ils s'attaquent comme des lions; le feu jaillit à tout moment des coups qu'ils se portent. Enfin Zadig ayant un

74 47: et des caracoles avec

75 W64G, W70G, R71, W68, W70L, R72, W72P, R73, R75, W75G, R78, K: coups de lance,

78 W72P: usa d'adresse

81 47, BC, R78: sur le sable; tout

82 K: au chevalier blanc

MS: blanc. Celui-ci, indigné

84 47: tous les deux

MS: sur <la Reine> V↑l'arene+ livrant

85 47, BC, K: de leurs casques,

86-87 47: sautent en l'air sous

88 47, BC: gauche, sur la poitrine, sur la tête, ils reculent

90-91 47, BC: jaillit en éclairs des

MS, R72: à tous moments des

[13] In Ariosto's tournament, the contestants similarly throw away their broken lances and turn to unarmed combat (*Orlando furioso*, canto XVII, stanza 101).

moment repris ses esprits, s'arrête, fait une feinte, passe sur Otame, le fait tomber, le désarme, et Otame s'écrie: O chevalier blanc! c'est vous qui devez régner sur Babylone. La reine était au comble de la joie. On reconduisit le chevalier bleu et le chevalier blanc chacun à leur loge, ainsi que tous les autres, selon ce qui était porté par la loi. Des muets vinrent les servir, et leur apporter à manger. On peut juger si le petit muet de la reine ne fut pas celui qui servit Zadig. Ensuite on les laissa dormir seuls jusqu'au lendemain matin, temps où le vainqueur devait apporter sa devise au grand mage, pour la confronter et se faire reconnaître.

Zadig dormit, quoiqu'amoureux, tant il était fatigué. Itobad qui était couché auprès de lui, ne dormit point. Il se leva pendant la nuit, entra dans sa loge, prit les armes blanches de Zadig avec sa devise, et mit son armure verte à la place.[14] Le point du jour étant venu, il alla fièrement au grand mage déclarer, qu'un homme comme lui était vainqueur. On ne s'y attendait pas; mais il fut proclamé, pendant que Zadig dormait encore. Astarté surprise, et le désespoir dans le cœur, s'en retourna dans Babylone. Tout

92 48P, W48D, 49X1, W51: une feinte-passe sur
93 MS: O chavalier Blanc,
47: ô cavalier blanc
94 47, BC: Babylone. ¶La reine
94-95 47: de sa joie
95-96 K: à sa loge
99-100 MS: matin où
47: matin, que le
100-101 MS: mage $^{V\uparrow}$pour la confronter^{+} et
47, BC: mage et
104 MS, 47: nuit prit
105 MS: à sa $^{V\rightarrow}$la^{+} place
105-106 MS, 47: jour venu
109 47, BC: retourna à Babylone

[14] The same trick of substitution had been played upon Grifone (*Orlando furioso*, canto XVII, stanza 109ff.). Voltaire's debt to Ariosto is particularly evident at this point.

l'amphithéâtre était déjà presque vide, lorsque Zadig s'éveilla; il chercha ses armes, et ne trouva que cette armure verte. Il était obligé de s'en couvrir, n'ayant rien autre chose auprès de lui. Etonné et indigné, il les endosse avec fureur, il avance dans cet équipage.

Tout ce qui était encore sur l'amphithéâtre et dans le cirque, le reçut avec des huées. On l'entourait, on lui insultait en face. Jamais homme n'essuya des mortifications si humiliantes. La patience lui échappa; il écarta à coups de sabre la populace qui osait l'outrager; mais il ne savait quel parti prendre. Il ne pouvait voir la reine, il ne pouvait réclamer l'armure blanche qu'elle lui avait envoyée, c'eût été la compromettre:[15] ainsi tandis qu'elle était plongée dans la douleur, il était pénétré de fureur et d'inquiétude. Il se promenait sur les bords de l'Euphrate, persuadé que son étoile le destinait à être malheureux sans ressource, repassant dans son esprit toutes ses disgrâces, depuis l'aventure de la femme qui haïssait les borgnes, jusqu'à celle de son armure. Voilà ce que c'est, disait-il, de m'être éveillé trop tard; si j'avais moins dormi, je serais roi de Babylone, je posséderais Astarté. Les sciences, les mœurs, le courage n'ont donc jamais servi qu'à mon infortune. Il lui échappa enfin de murmurer contre la Providence, et il fut tenté de croire que tout était gouverné par une destinée cruelle qui opprimait les bons, et qui faisait prospérer les chevaliers verts. Un de ses chagrins était de porter cette armure verte, qui lui avait attiré tant de huées. Un marchand passa, il la lui vendit à vil prix, et prit du marchand une

110 MS, 47: déjà vide
110-111 R71: s'éveilla, chercha
117 R78B: n'essuya de mortifications
129 47, BC: infortune. ¶Il

[15] An unconvincing explanation, especially as Zadig will later not hesitate to accuse Itobad and assert his ownership of the armour, a fact readily supported by Cador. The imbroglio is however essential so that the scene can be set for Jesrad's appearance.

robe et un bonnet long. Dans cet équipage, il côtoyait l'Euphrate, rempli de désespoir, et accusant en secret la Providence qui le persécutait toujours.

136 K: désespoir, en accusant
137 47: persécutait sans relâche.

[XVIII]

L'ERMITE[1]

Il rencontra en marchant un ermite, dont la barbe blanche et vénérable lui descendait jusqu'à la ceinture. Il tenait en main un livre, qu'il lisait attentivement.[2] Zadig s'arrêta, et lui fit une profonde inclination. L'ermite le salua d'un air si noble et si doux, que Zadig eut la curiosité de l'entretenir. Il lui demanda quel livre il lisait: C'est le livre des destinées, dit l'ermite, voulez-vous en lire quelque chose? Il mit le livre dans les mains de Zadig, qui, tout instruit qu'il était dans plusieurs langues, ne put déchiffrer un

a MS: Chapitre 13 [*error*]
47: Chapitre XIV
BC: Chapitre XVI
48P, 48LY, W48D, 49X1, W51, W50, W52: Chapitre XVII / L'Ermite
K: Chapitre XX / L'Ermite
8 MS: langues <mais> ne
8-9 W72P: put en déchiffrer un seul caractère. Cela

[1] This tale has a long tradition, stretching back through the Middle Ages and as far as the Talmud: see Gaston Paris, *La Poésie du Moyen Age: leçons et lectures*, 2 vol. (Paris 1885-1895), i.151-87. It appears in various versions during the seventeenth century, before being taken up by Parnell in his poem *The Hermit* (1722) (*Collected Poems of Thomas Parnell*, ed. Claude Rawson and F. P. Lock, Newark, Delaware 1989, p.171-77). While Voltaire mainly draws upon Parnell, he incorporates elements from elsewhere, including possibly a medieval tale *De l'ermite qui s'accompagna à l'ange* (see Ascoli, ii.140), and some unknown sources. See also Richard Waller, 'Voltaire, Parnell and the hermit', *SVEC* 191 (1980), p.994-96.

[2] Compare: 'j'aperçus tout à coup un vieillard, qui tenait dans sa main un livre [...] une barbe blanche pendait jusqu'à sa ceinture', in *Télémaque*, p.144. The encounter of the hero with a wise old man is a familiar trope of chivalric literature, and the incidents in *Télémaque* and *Zadig* share some similarities. The old man in Fénelon's tale is, like Jesrad, a divine spokesman, and Télémaque's encounter takes place between a first battle and the second, decisive, confrontation with the enemy. See R. J. Howells, '*Télémaque* et *Zadig*', *SVEC* 215 (1982), p.63-75.

seul caractère du livre.[3] Cela redoubla encore sa curiosité. Vous me paraissez bien chagrin, lui dit ce bon père. Hélas! que j'en ai sujet! dit Zadig. Si vous permettez que je vous accompagne, repartit le vieillard, peut-être vous serai-je utile. J'ai quelquefois répandu des sentiments de consolation dans l'âme des malheureux. Zadig se sentit du respect pour l'air, pour la barbe, et pour le livre de l'ermite. Il lui trouva dans la conversation des lumières supérieures. L'ermite parlait de la destinée, de la justice, de la morale, du souverain bien, de la faiblesse humaine, des vertus et des vices, avec une éloquence si vive et si touchante, que Zadig se sentit entraîné vers lui par un charme invincible. Il le pria avec instance de ne le point quitter, jusqu'à ce qu'ils fussent de retour à Babylone. Je vous demande moi-même cette grâce, lui dit le vieillard; jurez-moi par Orosmade, que vous ne vous séparerez point de moi d'ici à quelques jours, quelque chose que je fasse. Zadig jura,[4] et ils partirent ensemble.

Les deux voyageurs arrivèrent le soir à un château superbe. L'ermite demanda l'hospitalité pour lui et pour le jeune homme qui l'accompagnait. Le portier, qu'on aurait pris pour un grand seigneur, les introduisit avec une espèce de bonté dédaigneuse. On les présenta à un principal domestique, qui leur fit voir les appartements magnifiques du maître. Ils furent admis à sa table au bas bout, sans que le seigneur du château les honorât d'un regard;

13 47: malheureux. ¶Memnon
20 MS, 47, BC: fussent arrivés à
21-22 47, BC: jurez par
22 BC: point d'ici
22-23 MS, 47: moi quelque chose
23-24 MS, 47, BC: ils marchèrent ensemble
26 MS: l'hospitalité ↑pour lui et+ pour le

[3] Compare *Micromégas*, where the book which promises to show 'le bout des choses' turns out to be 'un livre tout blanc' (*Romans et contes*, ed. Deloffre and Van den Heuvel, p.37).

[4] Zadig's pledge not to leave the hermit's side, an important detail in the development of the chapter, has no parallel in Parnell's poem.

mais ils furent servis comme les autres, avec délicatesse et profusion. On leur donna ensuite à laver dans un bassin d'or garni d'émeraudes et de rubis. On les mena coucher dans un bel appartement, et le lendemain matin un domestique leur apporta à chacun une pièce d'or, après quoi on les congédia.

Le maître de la maison, dit Zadig en chemin, me paraît être un homme généreux, quoiqu'un peu fier; il exerce noblement l'hospitalité; en disant ces paroles, il aperçut qu'une espèce de poche très large que portait l'ermite, paraissait tendue et enflée: il y vit le bassin d'or garni de pierreries, que celui-ci avait volé. Il n'osa d'abord en rien témoigner; mais il était dans une étrange surprise.

Vers le midi l'ermite se présenta à la porte d'une maison très petite, où logeait un riche avare; il y demanda l'hospitalité pour quelques heures. Un vieux valet mal habillé le reçut d'un ton rude, et fit entrer l'ermite et Zadig dans l'écurie, où on leur donna quelques olives pourries, de mauvais pain et de la bière gâtée. L'ermite but et mangea d'un air aussi content que la veille; puis s'adressant à ce vieux valet, qui les observait tous deux pour voir s'ils ne volaient rien, et qui les pressait de partir, il lui donna les deux pièces d'or qu'il avait reçues le matin, et le remercia de toutes ses attentions. Je vous prie, ajouta-t-il, faites-moi parler à votre maître. Le valet étonné introduisit les deux voyageurs: Magnifique seigneur, dit l'ermite, je ne puis que vous rendre de très humbles grâces, de la manière noble dont vous nous avez reçus. Daignez accepter ce bassin d'or comme un faible gage de ma reconnaissance. L'avare fut près de tomber à la renverse. L'ermite ne lui

36-37 MS, 47: congédia. Le
37 MS, 47, BC: paraît un
40-41 MS: y <aperçut> $^{V\uparrow}$vit^{+} le
41 47: vit enfin le
42 MS: rien// [*ends here*]
42-43 47, 48P, 48LY, W48D, BC, W51: surprise. Vers
45-46 48P, 48LY, W48D, 49X1, W51, W50: rude, fit
47-48 47: gâtée. ¶L'ermite
51 47: et le remerciant de
57 47, BC, 48P, 48LY, W48D, W51, W52, W56, W68, W70L, W75G: fut prêt de

donna pas le temps de revenir de son saisissement, il partit au plus vite avec son jeune voyageur. Mon père, lui dit Zadig, qu'est-ce que tout ce que je vois? Vous ne me paraissez ressembler en rien aux autres hommes: vous volez un bassin d'or garni de pierreries à un seigneur qui vous reçoit magnifiquement, et vous le donnez à un avare qui vous traite avec indignité. Mon fils, répondit le vieillard, cet homme magnifique, qui ne reçoit les étrangers que par vanité, et pour faire admirer ses richesses, deviendra plus sage; l'avare apprendra à exercer l'hospitalité: ne vous étonnez de rien, et suivez-moi. Zadig ne savait encore s'il avait affaire au plus fou ou au plus sage de tous les hommes; mais l'ermite parlait avec tant d'ascendant, que Zadig lié d'ailleurs par son serment, ne put s'empêcher de le suivre.

Ils arrivèrent le soir à une maison agréablement bâtie, mais simple, où rien ne sentait ni la prodigalité, ni l'avarice. Le maître était un philosophe retiré du monde, qui cultivait en paix la sagesse et la vertu, et qui cependant ne s'ennuyait pas. Il s'était plu à bâtir cette retraite, dans laquelle il recevait les étrangers, avec une noblesse qui n'avait rien de l'ostentation. Il alla lui-même au-devant des deux voyageurs, qu'il fit reposer d'abord dans un appartement commode. Quelque temps après il les vint prendre lui-même, pour les inviter à un repas propre et bien entendu, pendant lequel il parla avec discrétion des dernières révolutions de Babylone. Il parut sincèrement attaché à la reine, et souhaita que Zadig eût paru dans la lice pour disputer la couronne: mais les hommes, ajouta-t-il, ne méritent pas d'avoir un roi comme Zadig. Celui-ci rougissait, et sentait redoubler ses douleurs. On convint dans la conversation, que les choses de ce monde n'allaient pas

67 47, BC, K: avait à faire au
68 47, BC: sage des hommes, mais
74 47, 48P, 48LY, W48D, 49X1, BC, W51, W50: vertu; il s'était
82 47, BC: eût combattu dans
83 R75: ne mérite pas [*error*]
85 47: conversation qui les [*error*]

toujours au gré des plus sages. L'ermite soutint toujours qu'on ne connaissait pas les voies de la Providence, et que les hommes avaient tort de juger d'un tout, dont ils n'apercevaient que la plus petite partie.[5]

On parla des passions: Ah! qu'elles sont funestes! disait Zadig. Ce sont les vents qui enflent les voiles du vaisseau, repartit l'ermite: elles le submergent quelquefois; mais sans elles il ne pourrait voguer.[6] La bile rend colère et malade; mais sans la bile l'homme ne saurait vivre. Tout est dangereux ici-bas, et tout est nécessaire.

On parla de plaisir, et l'ermite prouva que c'est un présent de la Divinité:[7] car, dit-il, l'homme ne peut se donner ni sensations ni idées, il reçoit tout; la peine et le plaisir lui viennent d'ailleurs comme son être.[8]

86 47: sages, mais l'ermite
47, BC: soutint qu'on
89-100 47: partie. ¶Enfin
92 W72P: elles submergent
96 W68, W70L, W75G, K: ni sensation ni
96-97 R72: ni sensations ni idée,

[5] An essentially Leibnizian idea, which Voltaire could just as easily have found in Pope's *An Essay on man*, epistle I: 'All Nature is but Art, unknown to thee; / All Chance, Direction, which thou canst not see; / All Discord, Harmony, not understood.'

[6] This became one of Voltaire's favourite images, which he had used in the fourth part of the *Discours en vers sur l'homme* (*OC*, vol.17, p.496), and in a marginal comment on Diderot's first 'Pensée philosophique' (see *Corpus des notes marginales de Voltaire* 3, 1985, p.137). Voltaire's source was probably Pope's *An Essay on man*, epistle II: 'On life's vast ocean diversely we sail, / Reason the card, but Passion is the gale.' However, this metaphor was a commonplace in English and French writings of the time (see Pope, *An Essay on man*, ed. Maynard Mack, London 1950, p.67-68, notes). See also Ira O. Wade, 'A favourite metaphor of Voltaire', *Romanic review* 26 (1935), p.330-34.

[7] Compare: 'c'est par le plaisir qu'il [Dieu] conduit les humains' (*Discours en vers sur l'homme*, *OC*, vol.17, p.504).

[8] An essentially Malebranchist position. Compare Pomeau, *La Religion de Voltaire*, p.98, 209, 226.

Zadig admirait comment un homme, qui avait fait des choses si extravagantes, pouvait raisonner si bien. Enfin, après un entretien aussi instructif qu'agréable, l'hôte reconduisit ses deux voyageurs dans leur appartement, en bénissant le ciel qui lui avait envoyé deux hommes si sages et si vertueux. Il leur offrit de l'argent d'une manière aisée et noble qui ne pouvait déplaire. L'ermite le refusa, et lui dit qu'il prenait congé de lui, comptant partir pour Babylone avant le jour. Leur séparation fut tendre; Zadig surtout se sentait plein d'estime et d'inclination pour un homme si aimable.

Quand l'ermite et lui furent dans leur appartement, ils firent longtemps l'éloge de leur hôte. Le vieillard au point du jour éveilla son camarade. Il faut partir, dit-il; mais tandis que tout le monde dort encore, je veux laisser à cet homme un témoignage de mon estime et de mon affection. En disant ces mots, il prit un flambeau, et mit le feu à la maison. Zadig épouvanté jeta des cris, et voulut l'empêcher de commettre une action si affreuse. L'ermite l'entraînait par une force supérieure; la maison était enflammée. L'ermite, qui était déjà assez loin avec son compagnon, la regardait brûler tranquillement. Dieu merci, dit-il, voilà la maison de mon cher hôte détruite de fond en comble! l'heureux homme! A ces mots Zadig fut tenté à la fois d'éclater de rire, de dire des injures au révérend père, de le battre, et de s'enfuir. Mais il ne fit rien de tout

100 BC: bien. ¶Enfin

106-107 47, BC, R72: se sentit plein

107-108 47, 48P, 48LY, W48D, BC, W51: aimable. Quand

112 47: estime pour lui. ¶En

113 47: cris, voulut

114-115 47, BC: L'ermite le prend par le bras et l'entraîne malgré lui; vous avez fait serment de me suivre, il faut que vous me suiviez; vous n'avez pas d'autre parti à prendre. Les reproches, la colère ne servirent de rien à Memnon [BC: Zadig]; l'ermite l'entraînait

117-122 47, 48P, 48LY, W48D, 49X1, BC: tranquillement: Voilà un homme bien heureux, disait-il, il va trouver sous les ruines de sa maison un trésor immense qui le mettra pour toute sa vie en état d'exercer ses vertus. ¶Memnon confondu suivit cet étrange ermite à la dernière [48P-BC: vertus. Zadig confondu le suivit malgré lui [BC *omits*: malgré lui] à la dernière]

120 W52: battre, de s'enfuir

6. 'Il le prend alors par les cheveux, et le jette dans la rivière.' *Zadig*, ch.18, lines 130-131. Engraving by Jacques Joseph Coiny.

cela, et toujours subjugué par l'ascendant de l'ermite, il le suivit, malgré lui, à la dernière couchée.[9]

Ce fut chez une veuve charitable et vertueuse, qui avait un neveu de quatorze ans, plein d'agréments, et son unique espérance. Elle fit du mieux qu'elle put les honneurs de sa maison. Le lendemain elle ordonna à son neveu d'accompagner les voyageurs jusqu'à un pont, qui étant rompu depuis peu, était devenu un passage dangereux. Le jeune homme empressé marche au-devant d'eux. Quand ils furent sur le pont, Venez, dit l'ermite au jeune homme, il faut que je marque ma reconnaissance à votre tante. Il le prend alors par les cheveux, et le jette dans la rivière. L'enfant tombe, reparaît un moment sur l'eau, et est engouffré dans le torrent. O monstre! ô le plus scélérat de tous les hommes! s'écria Zadig. Vous m'aviez promis plus de patience, lui dit l'ermite en l'interrompant: apprenez que sous les ruines de cette maison où la Providence a mis le feu, le maître a trouvé un trésor immense; apprenez que ce jeune

122-123 47: couchée; ce fut
48P, 48LY, W48D, BC, W51: couchée. Ce
123-124 47: un fils unique de
124 47: et sa seule espérance
126 47: son fils d'accompagner
128 48P, 48LY, W48D, BC, W51: dangereux. ¶Le
47, BC: empressé marcha au-devant
R71: marche devant eux
130 47: votre mère, il le
134-138 47, 48P, 48LY, W48D, 49X1, BC: l'interrompant, apprenez que ce jeune homme aurait assassiné sa mère [48P-BC: sa tante] dans un an; Qui te

[9] This episode is entirely absent from Parnell's poem. The medieval *conte* mentioned by Ascoli (see above, n.1) includes it, but with important differences (the burned house is a rich abbey, whose denizens were in grave danger of being destroyed by worldliness; the fire will guarantee their spiritual integrity). There is, however, no evidence that Voltaire knew the medieval story. The origin of the episode may lie in a traumatic incident in which Voltaire accidentally set fire to the château of the président de Maisons. See H. Mason, 'Voltaire, le président de Maisons, et *Zadig*', *Revue d'histoire littéraire de la France* 90 (1990), p.953-58.

homme dont la Providence a tordu le cou, aurait assassiné sa tante dans un an, et vous dans deux. Qui te l'a dit, barbare? cria Zadig: et quand tu aurais lu cet événement dans ton livre des destinées, t'est-il permis de noyer un enfant qui ne t'a point fait de mal? [10]

Tandis que le Babylonien parlait, il aperçut que le vieillard n'avait plus de barbe, que son visage prenait les traits de la jeunesse. Son habit d'ermite disparut; quatre belles ailes couvraient un corps majestueux et resplendissant de lumière. O envoyé du ciel! ô ange divin! s'écria Zadig en se prosternant, tu es donc descendu de l'empyrée, pour apprendre à un faible mortel à se soumettre aux ordres éternels. Les hommes, dit l'ange Jesrad, [11] jugent de tout sans rien connaître: [12] tu étais celui de tous les hommes qui méritait le plus d'être éclairé. Zadig lui demanda la permission de parler. [13]

137 w51, w50, w52: Providence vient de tordre le
138 47, 48P, 48LY, W48D, 49X1, BC, W51, W50: criait Zadig [47: Memnon]; et
140 48LY: fait du mal?
141 47, BC: Tandis que Memnon [BC: Zadig] parlait
142 47, BC: barbe et que
145 47: tu est [*error*] descendu
146 48LY, W72P, K: l'empyrée apprendre
147 R78: Jezrad [*passim*]
148-149 47-W52, K: qui méritais le

[10] Voltaire follows Parnell's poem closely in this episode, except that he makes the guide a child rather than a servant. However, Parnell had already conveyed the horror of child-murder in an incident in which the angel strangles the host's only son in the cradle (*Collected Poems of Thomas Parnell*, p.175). This detail finds its way into *Zadig* when Jesrad, after the boy's drowning, refers inaccurately (or, perhaps, figuratively) to 'ce jeune homme dont la Providence a tordu le cou'. Waller argues persuasively that Voltaire may not have followed Parnell's murder because he thought it too appalling ('Voltaire, Parnell and the hermit', p.995-96).

[11] In D'Herbelot, Jezdan appears as the Persian name for the Platonist Agathodaemon, 'qui est ou Dieu même, ou un ange bienfaisant, ou enfin le premier principe du bien, selon la doctrine de Zoroastre' (*Bibliothèque orientale*, art. 'Jezdan'). Parnell recounts the transformation of the divine envoy into a winged angel, moving in 'all the Majesty of Light' (*Collected Poems of Thomas Parnell*, p.175).

[12] Compare above, n.5.

[13] Ascoli observes that this is unique among all the versions of the story, in that the mortal dares to question the angel (Ascoli, ii.159).

Je me défie de moi-même, dit-il; mais oserai-je te prier de m'éclaircir un doute: Ne vaudrait-il pas mieux avoir corrigé cet enfant, et l'avoir rendu vertueux, que de le noyer? Jesrad reprit: S'il avait été vertueux, et s'il eût vécu, son destin était d'être assassiné lui-même, avec la femme qu'il devait épouser, et le fils qui en devait naître. Mais quoi, dit Zadig, il est donc nécessaire qu'il y ait des crimes et des malheurs, et les malheurs tombent sur les gens de bien! Les méchants, répondit Jesrad, sont toujours malheureux.[14] Ils servent à éprouver un petit nombre de justes répandus sur la terre, et il n'y a point de mal dont il ne naisse un bien.[15] Mais, dit Zadig, s'il n'y avait que du bien, et point de mal? Alors, reprit Jesrad, cette terre serait une autre terre;[16] l'enchaînement des événements serait un autre ordre de sagesse; et cet autre ordre, qui serait parfait, ne peut être que dans la demeure éternelle de l'Etre suprême, de qui le mal ne peut approcher. Il a créé des millions de mondes, dont aucun ne peut ressembler à l'autre.[17] Cette immense variété est un attribut de sa puissance immense. Il n'y a ni deux

150-151 47, BC: de m'éclairer sur un
151 48P, 48LY, W48D, 49X1, W51, W50, W52: m'éclaircir sur un
152 47, BC: de l'avoir noyé?
156 R78, K: des malheurs, et que les malheurs
159 47, BC: bien. ¶Mais
162 R78B, K: cet ordre

[14] Jesrad is apparently unaware of Arbogad! The anomaly points to an ambivalence in Voltaire's attitude on this point.

[15] Compare: 'All partial Evil, universal Good' (*An Essay on man*, epistle 1).

[16] Voltaire is following Leibniz, possibly as refracted through Mme Du Châtelet's *Institutions de physique* (Amsterdam 1742). Compare this with Voltaire's observation in *Il faut prendre un parti, ou le principe d'action*: 'Tout événement présent est né du passé, et est père du futur, sans quoi cet univers serait absolument un autre univers, comme le dit très bien Leibnitz' (M.xxviii.532).

[17] Compare: 'on peut concevoir des univers possibles, dans lesquels il y aurait d'autres étoiles et d'autres planètes [...] et comme les différents rapports de ces univers peuvent être combinés d'une infinité de mondes possibles' (Mme Du Châtelet, *Institutions de physique*, p.46).

feuilles d'arbres sur la terre,[18] ni deux globes dans les champs infinis du ciel, qui soient semblables; et tout ce que tu vois sur le petit atome où tu es né, devait être dans sa place et dans son temps fixe, selon les ordres immuables de celui qui embrasse tout. Les hommes pensent que cet enfant qui vient de périr, est tombé dans l'eau par hasard, que c'est par un même hasard que cette maison est brûlée: mais il n'y a point de hasard; tout est épreuve, ou punition, ou récompense, ou prévoyance. Souviens-toi de ce pêcheur, qui se croyait le plus malheureux de tous les hommes. Orosmade t'a envoyé pour changer sa destinée. Faible mortel, cesse de disputer contre ce qu'il faut adorer. Mais,[19] dit Zadig... Comme il disait *mais*, l'ange prenait déjà son vol vers la dixième sphère. Zadig à genoux adora la Providence, et se soumit. L'ange lui cria du haut des airs: Prends ton chemin vers Babylone.

167 w72p: feuilles d'arbre sur
169-170 47: temps selon
170 47: tout, qui voit et qui fait tout. Les
173 47: est ou épreuve,
174-176 47: prévoyance; faible mortel
176 w50: changer ta destinée

[18] Compare: 'Ce philosophe [Leibniz] ayant assuré qu'on ne trouverait jamais deux feuilles entièrement semblables [...]' (Mme Du Châtelet, *Institutions de physique*, p.31).

[19] Parnell's poem, like all preceding versions of the fable, ends with simple resignation (*Collected Poems of Thomas Parnell*, p.177). Zadig too 'se soumit', but in a more equivocal fashion.

[XIX]
LES ÉNIGMES

Zadig hors de lui-même, et comme un homme auprès de qui est tombé le tonnerre, marchait au hasard. Il entra dans Babylone le jour où ceux qui avaient combattu dans la lice, étaient déjà assemblés dans le grand vestibule du palais, pour expliquer les énigmes, et pour répondre aux questions du grand mage. Tous les chevaliers étaient arrivés, excepté l'armure verte. Dès que Zadig parut dans la ville, le peuple s'assembla autour de lui; les yeux ne se rassasiaient point de le voir, les bouches de le bénir, les cœurs de lui souhaiter l'empire. L'Envieux le vit passer, frémit et se détourna. Le peuple le porta jusqu'au lieu de l'assemblée. La reine à qui on apprit son arrivée, fut en proie à l'agitation de la crainte et de l'espérance. L'inquiétude la dévorait; elle ne pouvait comprendre, ni pourquoi Zadig était sans armes, ni comment Itobad portait l'armure blanche. Un murmure confus s'éleva à la vue de Zadig. On était surpris et charmé de le revoir; mais il n'était permis qu'aux chevaliers qui avaient combattu, de paraître dans l'assemblée.

J'ai combattu comme un autre, dit-il; mais un autre porte ici mes armes; et en attendant que j'aie l'honneur de le prouver, je demande la permission de me présenter pour expliquer les énigmes. On alla aux voix: sa réputation de probité était encore

a 47: Chapitre XV
BC: Chapitre XVII
48P, 48LY, W48D, 49X1, W51, W50, W52: Chapitre XVIII / Les Enigmes
K: Chapitre XXI / Les Enigmes

1 47, BC: auprès duquel est

6 48P, W51, W52: exceptée l'armure
47, BC: verte. ¶Dès

16-17 47, BC: l'assemblée; j'ai

18 47: que j'ai l'honneur

si fortement imprimée dans les esprits, qu'on ne balança pas à l'admettre.

Le grand mage proposa d'abord cette question: Quelle est de toutes les choses du monde la plus longue et la plus courte, la plus prompte et la plus lente, la plus divisible et la plus étendue, la plus négligée et la plus regrettée, sans qui rien ne se peut faire, qui dévore tout ce qui est petit, et qui vivifie tout ce qui est grand?

C'était à Itobad à parler. Il répondit qu'un homme comme lui n'entendait rien aux énigmes, et qu'il lui suffisait d'avoir vaincu à grands coups de lance. Les uns dirent que le mot de l'énigme était la fortune, d'autres la terre, d'autres la lumière. Zadig dit que c'était le temps: Rien n'est plus long, ajouta-t-il, puisqu'il est la mesure de l'éternité; rien n'est plus court, puisqu'il manque à tous nos projets: rien n'est plus lent pour qui attend; rien de plus rapide pour qui jouit; il s'étend jusqu'à l'infini en grand; il se divise jusque dans l'infini en petit; tous les hommes le négligent, tous en regrettent la perte, rien ne se fait sans lui; il fait oublier tout ce qui est indigne de la postérité, et il immortalise les grandes choses. L'assemblée convint que Zadig avait raison.

On demanda ensuite: Quelle est la chose qu'on reçoit sans remercier, dont on jouit sans savoir comment, qu'on donne aux autres quand on ne sait où l'on en est, et qu'on perd sans s'en apercevoir?

Chacun dit son mot. Zadig devina seul que c'était la vie; il expliqua toutes les autres énigmes avec la même facilité. Itobad disait toujours que rien n'était plus aisé, et qu'il en serait venu à bout tout aussi facilement, s'il avait voulu s'en donner la peine. On

25 47: prompte, la plus lente
26-27 47: faire, qui absorbe tout ce qui est petit
34 R78A: attend; rien n'est plus
38 47: choses. ¶L'assemblée
39-40 BC: raison. On demanda
39-45 47: raison, il devina toutes
42 48P, W51, W50: où on est [48P errata: β]
49X1: l'on est

proposa des questions sur la justice, sur le souverain bien, sur l'art de régner. Les réponses de Zadig furent jugées les plus solides. C'est bien dommage, disait-on, qu'un si bon esprit soit un si mauvais cavalier.

Illustres seigneurs, dit Zadig, j'ai eu l'honneur de vaincre dans la lice. C'est à moi qu'appartient l'armure blanche. Le seigneur Itobad s'en empara pendant mon sommeil; il jugea apparemment qu'elle lui siérait mieux que la verte. Je suis prêt de lui prouver d'abord devant vous, avec ma robe et mon épée contre toute cette belle armure blanche qu'il m'a prise, que c'est moi qui ai eu l'honneur de vaincre le brave Otame.

Itobad accepta le défi avec la plus grande confiance. Il ne doutait pas qu'étant casqué, cuirassé, brassardé, il ne vînt aisément à bout d'un champion en bonnet de nuit et en robe de chambre. Zadig tira son épée, en saluant la reine, qui le regardait, pénétrée de joie et de crainte. Itobad tira la sienne, en ne saluant personne. Il s'avança sur Zadig comme un homme qui n'avait rien à craindre. Il était prêt à lui fendre la tête. Zadig sut parer le coup, en opposant ce qu'on appelle le fort de l'épée au faible de son adversaire, de façon que l'épée d'Itobad se rompit. Alors Zadig saisissant son ennemi au corps, le renversa par terre; et lui portant la pointe de son épée au défaut de la cuirasse: Laissez-vous désarmer, dit-il, ou je vous tue. Itobad, toujours surpris des disgrâces qui arrivaient à un homme

50-51 W52: soit un mauvais
W50: soit si mauvais
53-54 47: blanche. Itobal jugea
55 K: prêt à lui
56 R63: contre cette
57 47: prise pendant mon sommeil, que
61 47: champion en robe. Memnon tira
48P, 48LY, W48D, 49X1, BC, W51, W50: bonnet et en robe.
64-65 47, BC: prêt de lui
66 47, BC, W51, W50, R78: faible de celle de son
67 47: rompit. Dans le moment Memnon saisissant
69-70 47, BC: tue. ¶Itobal,

comme lui, laissa faire Zadig, qui lui ôta paisiblement son magnifique casque, sa superbe cuirasse, ses beaux brassards, ses brillants cuissards, s'en revêtit, et courut dans cet équipage se jeter aux genoux d'Astarté. Cador prouva aisément que l'armure appartenait à Zadig. Il fut reconnu roi d'un consentement unanime, et surtout de celui d'Astarté, qui goûtait, après tant d'adversités, la douceur de voir son amant digne aux yeux de l'univers d'être son époux. Itobad alla se faire appeler monseigneur dans sa maison. Zadig fut roi, et fut heureux. Il avait présent à l'esprit, ce que lui avait dit l'ange Jesrad. Il se souvenait même du grain de sable devenu diamant. La reine et lui adorèrent la Providence. Zadig laissa la belle capricieuse Missouf courir le monde. Il envoya chercher le brigand Arbogad, auquel il donna un grade honorable dans son armée, avec promesse de l'avancer aux premières dignités, s'il se comportait en vrai guerrier, et de le faire pendre, s'il faisait le métier de brigand.

Sétoc fut appelé du fond de l'Arabie, avec la belle Almona, pour être à la tête du commerce de Babylone. Cador fut placé et chéri selon ses services: il fut l'ami du roi, et le roi fut alors le seul monarque de la terre qui eût un ami. Le petit muet ne fut pas oublié. On donna une belle maison au pêcheur; Orcan fut condamné à lui payer une grosse somme, et à lui rendre sa femme; mais le pêcheur devenu sage, ne prit que l'argent.

Ni la belle Sémire ne se consolait d'avoir cru que Zadig serait borgne, ni Azora ne cessait de pleurer d'avoir voulu lui couper le

71-73 47: son casque, sa cuirasse, ses beaux brassards, ses cuissards,
77 47: amant, reconnu digne d'être
BC: amant reconnu digne
81-82 47: Providence; Memnon laissa Marie la capricieuse courir
82 BC: belle et capricieuse
86-87 47: brigand. Sétoc
87 47: l'Arabie pour
48P, 49XI: Almonce [48P errata: β]
88 BC: placé selon son mérite et
88-94 47: placé selon son mérite et chéri selon ses services. Ni

nez. Il adoucit leurs douleurs par des présents. L'Envieux mourut de rage et de honte. L'empire jouit de la paix, de la gloire et de l'abondance: ce fut le plus beau siècle de la terre; elle était gouvernée par la justice et par l'amour. On bénissait Zadig, et Zadig bénissait le ciel.

96 R78: adoucit leur douleur par

96-97 47: L'Envieux se vit hors de portée d'être envieux de Memnon, mais il fut enfin puni pour d'autres méchancetés. L'empire

100 W57P, R63: [*conclude with the* Approbation *which appears at the start of this edition*]

K: [*adds note (a) (see Appendix A)*]

APPENDIX A

Chapters 14 and 15 from the Kehl edition

The Kehl editors insert two new chapters after their chapter 13. Note (*a*), p.233, below, was placed at the end of the *conte* rather than after the two inserted chapters to which it obviously belongs.

***

CHAPITRE XIV

La Danse

Sétoc devait aller, pour les affaires de son commerce, dans l'île de Serendib;[1] mais le premier mois de son mariage, qui est, comme on sait, la lune du miel, ne lui permettait ni de quitter sa femme, ni de croire qu'il pût jamais la quitter: il pria son ami Zadig de faire pour lui le voyage. Hélas! disait Zadig, faut-il que je mette encore un plus vaste espace entre la belle Astarté et moi? mais il faut servir mes bienfaiteurs: il dit, il pleura, et il partit.

Il ne fut pas longtemps dans l'île de Serendib sans y être regardé comme un homme extraordinaire. Il devint l'arbitre de tous les différends entre les négociants, l'ami des sages, le conseil du petit nombre de gens qui prennent conseil. Le roi voulut le voir et l'entendre. Il connut bientôt tout ce que valait Zadig; il eut confiance en sa sagesse, et en fit son ami. La familiarité et l'estime du roi fit trembler Zadig. Il était nuit et jour pénétré du malheur que lui avaient attiré les bontés de Moabdar. Je plais au roi, disait-il; ne serai-je pas perdu? Cependant il ne pouvait se dérober aux caresses de Sa Majesté; car il faut avouer que Nabussan, roi de Serendib, fils

[1] Ceylon, or possibly Sumatra, according to D'Herbelot, *Bibliothèque orientale*, p.364b, 806.

de Nussanab, fils de Nabassun, fils de Sanbusna, était un des meilleurs princes de l'Asie; et que quand on lui parlait il était difficile de ne le pas aimer.

Ce bon prince était toujours loué, trompé et volé: c'était à qui pillerait ses trésors. Le receveur général de l'île de Serendib donnait toujours cet exemple fidèlement suivi par les autres. Le roi le savait; il avait changé de trésorier plusieurs fois; mais il n'avait pu changer la mode établie de partager les revenus du roi en deux moitiés inégales, dont la plus petite revenait toujours à Sa Majesté, et la plus grosse aux administrateurs.

Le roi Nabussan confia sa peine au sage Zadig. Vous qui savez tant de belles choses, lui dit-il, ne sauriez-vous point le moyen de me faire trouver un trésorier qui ne me vole point? Assurément, répondit Zadig, je sais une façon infaillible de vous donner un homme qui ait les mains nettes. Le roi charmé lui demanda, en l'embrassant, comment il fallait s'y prendre. Il n'y a, dit Zadig, qu'à faire danser tous ceux qui se présenteront pour la dignité de trésorier, et celui qui dansera avec le plus de légèreté sera infailliblement le plus honnête homme.[2] Vous vous moquez, dit le roi; voilà une plaisante façon de choisir un receveur de mes finances. Quoi! vous prétendez que celui qui fera le mieux un entrechat sera le financier le plus intègre et le plus habile! Je ne vous réponds pas qu'il sera le plus habile, repartit Zadig; mais je vous assure que ce sera indubitablement le plus honnête homme. Zadig parlait avec tant de confiance que le roi crut qu'il avait quelque secret surnaturel pour connaître les financiers. Je n'aime pas le surnaturel, dit Zadig; les gens et les livres à prodiges m'ont toujours déplu:[3] si Votre Majesté veut me laisser faire l'épreuve que je lui propose, elle sera bien convaincue que mon secret est la

[2] This idea very probably comes from Swift's satirical account of the antics performed on the high wire by Lilliputians ambitious for high office, *Gulliver's travels*, bk I, ch.3. See above, ch.7, n.2.

[3] Would Jesrad have counted among the 'gens à prodiges'? The boldness of this affirmation can perhaps be put down to the later date of composition of this chapter, and to the fact that it was not intended for publication: see Ascoli, ii.171.

chose la plus simple et la plus aisée. Nabussan, roi de Serendib, fut bien plus étonné d'entendre que ce secret était simple, que si on le lui avait donné pour un miracle: or bien, dit-il, faites comme vous l'entendrez. Laissez-moi faire, dit Zadig, vous gagnerez à cette épreuve plus que vous ne pensez. Le jour même, il fit publier, au nom du roi, que tous ceux qui prétendaient à l'emploi de haut receveur des deniers de Sa Gracieuse Majesté Nabussan, fils de Nussanab, eussent à se rendre, en habits de soie légère, le premier de la lune du crocodile, dans l'antichambre du roi. Ils s'y rendirent au nombre de soixante et quatre. On avait fait venir des violons dans un salon voisin; tout était préparé pour le bal; mais la porte de ce salon était fermée, et il fallait, pour y entrer, passer par une petite galerie assez obscure. Un huissier vint chercher et introduire chaque candidat, l'un après l'autre, par ce passage dans lequel on le laissait seul quelques minutes. Le roi, qui avait le mot, avait étalé tous ses trésors dans cette galerie. Lorsque tous les prétendants furent arrivés dans le salon, Sa Majesté ordonna qu'on les fît danser. Jamais on ne dansa plus pesamment et avec moins de grâce; ils avaient tous la tête baissée, les reins courbés, les mains collées à leurs côtés. Quels fripons! disait tout bas Zadig. Un seul d'entre eux formait des pas avec agilité, la tête haute, le regard assuré, les bras étendus, le corps droit, le jarret ferme. Ah, l'honnête homme, le brave homme! disait Zadig. Le roi embrassa ce bon danseur, le déclara trésorier, et tous les autres furent punis et taxés avec la plus grande justice du monde, car chacun, dans le temps qu'il avait été dans la galerie, avait rempli ses poches, et pouvait à peine marcher. Le roi fut fâché pour la nature humaine que de ces soixante et quatre danseurs il y eût soixante et trois filous. La galerie obscure fut appelée *le corridor de la tentation*. On aurait en Perse empalé ces soixante et trois seigneurs; en d'autres pays, on eût fait une chambre de justice qui eût consommé en frais le triple de l'argent volé, et qui n'eût rien remis dans les coffres du souverain; dans un autre royaume, ils se seraient pleinement justifiés, et auraient fait disgracier ce danseur si léger: à Serendib, ils ne furent condamnés qu'à augmenter le trésor public, car Nabussan était fort indulgent.

Il était fort reconnaissant; il donna à Zadig une somme d'argent plus considérable qu'aucun trésorier n'en avait jamais volé au roi son maître. Zadig s'en servit pour envoyer des exprès à Babylone, qui devaient l'informer de la destinée d'Astarté. Sa voix trembla en donnant cet ordre, son sang reflua vers son cœur, ses yeux se couvrirent de ténèbres, son âme fut prête à l'abandonner. Le courrier partit, Zadig le vit embarquer; il rentra chez le roi, ne voyant personne, croyant être dans sa chambre et prononçant le nom d'amour. Ah! l'amour, dit le roi; c'est précisément ce dont il s'agit: vous avez deviné ce qui fait ma peine. Que vous êtes un grand homme! j'espère que vous m'apprendrez à connaître une femme à toute épreuve, comme vous m'avez fait trouver un trésorier désintéressé. Zadig ayant repris ses sens, lui promit de le servir en amour comme en finance, quoique la chose parût plus difficile encore.

CHAPITRE XV

Les Yeux bleus

Le corps et le cœur, dit le roi à Zadig.... A ces mots le Babylonien ne put s'empêcher d'interrompre Sa Majesté. Que je vous sais bon gré, dit-il, de n'avoir point dit *l'esprit et le cœur*;[4] car on n'entend que ces mots dans les conversations de Babylone; on ne voit que des livres où il est question du cœur et de l'esprit, composés par des gens qui n'ont ni de l'un ni de l'autre: mais, de grâce, Sire, poursuivez. Nabussan continua ainsi: Le corps et le cœur sont chez moi destinés à aimer; la première de ces deux puissances a tout lieu d'être satisfaite. J'ai ici cent femmes à mon service, toutes belles, complaisantes, prévenantes, voluptueuses même, ou feignant de l'être avec moi. Mon cœur n'est pas à beaucoup près si heureux. Je n'ai que trop éprouvé qu'on caresse beaucoup le roi de Serendib, et

[4] This banal expression was a frequent target of Voltaire's attacks. It comes from Rollin's *Traité des études*, which was originally entitled *De la manière d'étudier et d'enseigner les belles-lettres, par rapport à l'esprit et au cœur* (1726-1728).

qu'on se soucie fort peu de Nabussan. Ce n'est pas que je croie mes femmes infidèles, mais je voudrais trouver une âme qui fût à moi; je donnerais pour un pareil trésor les cent beautés dont je possède les charmes: voyez si, sur ces cent sultanes, vous pouvez m'en trouver une dont je sois sûr d'être aimé.

Zadig lui répondit comme il avait fait sur l'article des financiers: Sire, laissez-moi faire: mais permettez d'abord que je dispose de ce que vous aviez étalé dans la galerie de la tentation; je vous en rendrai bon compte, et vous n'y perdrez rien. Le roi le laissa le maître absolu. Il choisit dans Serendib trente-trois petits bossus des plus vilains qu'il put trouver, trente-trois pages des plus beaux, et trente-trois bonzes des plus éloquents et des plus robustes. Il leur laissa à tous la liberté d'entrer dans les cellules des sultanes; chaque petit bossu eut quatre mille pièces d'or à donner, et dès le premier jour tous les bossus furent heureux. Les pages, qui n'avaient rien à donner qu'eux-mêmes, ne triomphèrent qu'au bout de deux ou trois jours. Les bonzes eurent un peu plus de peine; mais enfin trente-trois dévotes se rendirent à eux. Le roi, par des jalousies qui avaient vue sur toutes les cellules, vit toutes ces épreuves, et fut émerveillé. De ses cent femmes, quatre-vingt-dix-neuf succombèrent à ses yeux. Il en restait une toute jeune, toute neuve, de qui Sa Majesté n'avait jamais approché. On lui détacha un, deux, trois bossus qui lui offrirent jusqu'à vingt mille pièces; elle fut incorruptible, et ne put s'empêcher de rire de l'idée qu'avaient ces bossus de croire que de l'argent les rendrait mieux faits. On lui présenta les deux plus beaux pages; elle dit qu'elle trouvait le roi encore plus beau. On lui lâcha le plus éloquent des bonzes, et ensuite le plus intrépide; elle trouva le premier un bavard, et ne daigna pas même soupçonner le mérite du second. Le cœur fait tout, disait-elle; je ne céderai jamais ni à l'or d'un bossu, ni aux grâces d'un jeune homme, ni aux séductions d'un bonze: j'aimerai uniquement Nabussan, fils de Nussanab, et j'attendrai qu'il daigne m'aimer. Le roi fut transporté de joie, d'étonnement et de tendresse. Il reprit tout l'argent qui avait fait réussir les bossus, et en fit présent à la belle Falide; c'était le nom de cette jeune personne. Il lui donna son cœur: elle le méritait bien. Jamais la fleur de la jeunesse ne fut si brillante; jamais les charmes de la beauté ne furent si enchanteurs. La vérité de l'histoire ne permet pas de taire qu'elle faisait mal la révérence, mais elle dansait comme les fées, chantait comme les sirènes, et parlait comme les Grâces: elle était pleine de talents et de vertus.

Nabussan aimé l'adora: mais elle avait les yeux bleus, et ce fut la source des plus grands malheurs. Il y avait une ancienne loi qui défendait aux rois d'aimer une de ces femmes que les Grecs ont appelées depuis *boopies*.[5] Le chef des bonzes avait établi cette loi il y avait plus de cinq mille ans; c'était pour s'approprier la maîtresse du premier roi de l'île de Serendib que ce premier bonze avait fait passer l'anathème des yeux bleus en constitution fondamentale d'Etat. Tous les ordres de l'empire vinrent faire à Nabussan des remontrances. On disait publiquement que les derniers jours du royaume étaient arrivés, que l'abomination était à son comble, que toute la nature était menacée d'un événement sinistre; qu'en un mot, Nabussan, fils de Nussanab, aimait deux grands yeux bleus. Les bossus, les financiers, les bonzes et les brunes remplirent le royaume de leurs plaintes.

Les peuples sauvages qui habitent le nord de Serendib profitèrent de ce mécontentement général. Ils firent une irruption dans les Etats du bon Nabussan. Il demanda des subsides à ses sujets; les bonzes, qui possédaient la moitié des revenus de l'Etat, se contentèrent de lever les mains au ciel, et refusèrent de les mettre dans leurs coffres pour aider le roi. Ils firent de belles prières en musique, et laissèrent l'Etat en proie aux barbares.

O mon cher Zadig, me tireras-tu encore de cet horrible embarras! s'écria douloureusement Nabussan. Très volontiers, répondit Zadig; vous aurez de l'argent des bonzes tant que vous en voudrez. Laissez à l'abandon les terres où sont situés leurs châteaux, et défendez seulement les vôtres. Nabussan n'y manqua

[5] Voltaire has apparently confused this epithet, which means 'large-eyed', with 'glaucopies'.

pas: les bonzes vinrent se jeter aux pieds du roi, et implorer son assistance. Le roi leur répondit par une belle musique dont les paroles étaient des prières au ciel pour la conservation de leurs terres. Les bonzes enfin donnèrent de l'argent, et le roi finit heureusement la guerre. Ainsi Zadig, par ses conseils sages et heureux, et par les plus grands services, s'était attiré l'irréconciliable inimitié des hommes les plus puissants de l'Etat; les bonzes et les brunes jurèrent sa perte; les financiers et les bossus ne l'épargnèrent pas; on le rendit suspect au bon Nabussan. Les services rendus restent souvent dans l'antichambre, et les soupçons entrent dans le cabinet, selon la sentence de Zoroastre: c'était tous les jours de nouvelles accusations; la première est repoussée, la seconde effleure, la troisième blesse, la quatrième tue.

Zadig intimidé, qui avait bien fait les affaires de son ami Sétoc, et qui lui avait fait tenir son argent, ne songea plus qu'à partir de l'île, et résolut d'aller lui-même chercher des nouvelles d'Astarté: car, disait-il, si je reste dans Serendib les bonzes me feront empaler; mais où aller? je serai esclave en Egypte, brûlé selon toutes les apparences en Arabie, étranglé à Babylone. Cependant il faut savoir ce qu'Astarté est devenue: partons, et voyons à quoi me réserve ma triste destinée. (*a*)

(*a*) C'est ici que finit le manuscrit qu'on a retrouvé de l'histoire de Zadig. Ces deux chapitres doivent certainement être placés après le douzième, et avant l'arrivée de Zadig en Syrie: on sait qu'il a essuyé bien d'autres aventures qui ont été fidèlement écrites. On prie messieurs les interprètes des langues orientales de les communiquer, si elles parviennent jusqu'à eux.

APPENDIX B

This text is a transcription of the earlier of two versions of page 70 of the manuscript. The later sheet of writing was affixed over the earlier with wax. The later version expands on the original, and contains thirty-six lines of text compared to the usual twenty of the manuscript. We reproduce here the text of the earlier page 70 as transcribed by Ira O. Wade from a photocopy made by André Delattre of the St Petersburg manuscript (BV: manuscripts, volume ix). See Wade's *The Search for a new Voltaire*, p.36.

***

Isela, vous serez flatté sans doute en aprenant (q)ue le prince me trouva plus belle que Légiptienne mais vous serez faché d'aprendre quil me destina a son serail. Il me dit fort résolüment, que des quil auroit achevez une expedition militaire quil alloit executer il viendroit a moy. Jugés de ma douleur. Memnon etoit eloigné de moy. Je me voiois au pouvour dun barbare et rivale d'une fole avec qui jétois renfermée. Elle ma raconta son avanture d'Egipte. Je jugeai par les traits dont elle vous peignoit, par le temps, par le Dromadaire sur lequel vous étiez monté, par toutes les circonstances que cétoit Memnon qui avoit combattu pour elle. Je ne doutay pas que vous ne fussiez à Memphis. Je pris la résolution de m'y retirer. Belle Isela, Luy dije, vous etes baucoup plus plaisante que moy, vous divertiriez bien mieux que moy le prince d'hircanie. Facilitez moy les moyens de me sauver. Vous regnerez seule, vous me rendrez heureuse en vous debarrassant d'une rivale. Isela concerta avec moy les moyens de ma fuitte. Je partis donc secrettement.

Memnon, ou la sagesse humaine

Critical edition

by

Katherine Astbury

CONTENTS

INTRODUCTION[1]

1. *Composition and circulation*

Memnon was first published at the end of 1749 in the *Recueil de pièces en vers et en prose*,[2] but Voltaire probably composed the *conte* in late 1748. Although no manuscript version of it survives and Voltaire does not discuss its composition in his correspondence, we can nevertheless establish a chronology for its genesis. The first named mention of *Memnon* occurs in a letter from Stanislas Leszczynski to Voltaire dated 31 January 1749 (D3857) with which he returns 'vos deux pièces' and comments: 'Memon m'a endormi bien agréablement et j'ai vu dans un profond sommeil que la sagesse n'est qu'un songe.' Stanislas refers to it again in a letter of 5 February 1749 in which he observes that: 'Memon dira bien qu'il y a de la folie de vouloir être sage, mais du moins il est permis de se l'imaginer' (D3860). Voltaire probably wrote the *conte* at Cirey, and sent it from there to Stanislas. He may well have sent it to Frederick II as well, since he speaks of 'une petite drôlerie' dispatched to the latter via Baculard d'Arnaud at the end of December 1748 (D3835).

If the *conte* was definitely in existence by January 1749, it is unlikely to have been written before the summer of 1748. Voltaire spent the summer of 1748 revising the tale we now know as *Zadig*, but which was originally entitled *Memnon, histoire orientale*. During the summer and autumn Voltaire also worked on reshaping the *Discours en vers sur l'homme* for publication in a new edition of October 1748. The origins of *Memnon* seem to lie in these revision processes, for the *conte* shares the same literary, philosophical and personal concerns which are embodied in the

[1] The introduction to this edition is based on material prepared by Elspeth Horsman (*née* Atkinson), whose work is gratefully acknowledged.

[2] *Recueil de pièces en vers et en prose, par l'auteur de la tragédie de 'Sémiramis'* (1750) [1749].

revisions of that period. Voltaire himself traces a connection between *Memnon* and the *Discours en vers sur l'homme* in his prefatory words to the *conte*: 'Ce petit ouvrage ayant quelque rapport aux Discours en vers ci-dessus', he remarks, 'on a cru devoir l'imprimer à leur suite.'[3]

Where his fiction is concerned, it is generally recognised that 'Voltaire n'invente guère; tout au plus transpose-t-il quelques événements vécus dans un registre romanesque, en y insérant ses préoccupations intellectuelles du moment'.[4] *Memnon* seems to have been composed in precisely this manner. During the course of 1748 Voltaire's health caused him considerable anxiety, and he declared to Mme Denis in the summer of that year: 'la mia vita è il diario d'un infermo' (D3683). His absence from Mme Denis and Mme Du Châtelet's affair with Saint-Lambert increased his tendency towards melancholy. In July he complained to d'Argenson that he was 'un des [plus] malheureux êtres pensants qui soit dans la nature' (D3723). And in the same month he lamented to his niece: 'Il n'y a ni plaisir ni travail pour moi, et je suis privé de vous. En vérité je sens que je n'ai pas encore longtemps à vivre' (D3724). As he worked on revising *Zadig* and the *Discours en vers sur l'homme* it was perfectly clear to Voltaire that the optimistic outlook of these earlier works did not hold true for his personal circumstances in 1748.

While it is probable that *Memnon* was written between the summer of 1748 and January 1749, a letter from Frederick may offer a more precise date of composition. At the end of November 1748 Frederick wrote to Voltaire (D3814) complaining that:

> Du plus bel esprit de la France,
> Du poète le plus brillant,
> Je n'ai reçu, depuis un an,
> Ni vers ni pièce d'éloquence.

[3] *Recueil de pièces en vers et en prose*, p.53.

[4] Jacques Van den Heuvel, 'Notice', in Voltaire, *Romans et contes*, ed. Frédéric Deloffre and Jacques Van den Heuvel (Paris 1979), p.720.

Did Frederick's reproach prompt Voltaire to set down in fictional form ideas which had taken shape while he was engaged in revising *Zadig* and the *Discours*? Late 1748 is certainly the most likely date for the composition of *Memnon* – even if Frederick's reference in the same letter to his one-eyed mathematician, the Newtonian Leonhard Euler, is unlikely to have been a catalyst for the fate of 'le sage Memnon'.

2. *Publication and reception*

After Stanislas's mention of *Memnon* in his letter of February 1749 we hear nothing further about the *conte* until its publication in the *Recueil de pièces en vers et en prose*. Although this collection bears the date 1750 on its title page, it actually appeared in late December 1749. The *conte* received an enthusiastic reception from literary commentators. In a review of 13 January 1750 in the *Cinq années littéraires* Pierre Clément describes the tale as

> une des plus jolies bagatelles qui lui aient passé par la tête. Je voudrais vous en donner une idée; mais ce n'est rien que l'idée générale en comparaison de l'exécution. En détacher quelque trait, cela ne se peut; c'est un tout si rond, si bien fait, si dépendant du concours de chaque partie, qu'il n'y en a aucune qui puisse aller seule sans se faire un tort infini; et voilà ce que c'est qu'un bon conte.[5]

The *Mercure de France* was equally enchanted, referring to it and *Le Monde comme il va* as 'badinages ingénieux', and remarking that they both possess 'tout l'agrément que M. de V. a coutume de répandre, même dans ses ouvrages les moins soignés'.[6] Eleven years later Grimm echoed the enthusiasm of the early reviewers. In the *Correspondance littéraire* he refers to it – under the unfamiliar title of *L'Histoire des projets et des revers du sage Memnon* – as 'un

[5] Pierre Clément, *Les Cinq années littéraires, ou Nouvelles littéraires etc. des années 1748, 1749, 1750, 1751 et 1752* (La Haye 1754), letter 46, 13 January 1750, ii.34-35.

[6] *Mercure de France* (January 1750), p.157.

des plus jolis entre les mille jolis ouvrages de M. de Voltaire'.[7] Modern critics have also praised the story, citing it as a very fine example of the *conte philosophique*. Roger Pearson, for instance, describes *Memnon* as 'the most explicit example of the recurrent narrative scheme whereby a theoretical design for living is adopted a priori and then found wanting'. Sylvain Menant observes that 'le conte est philosophique non pas seulement par le bilan qu'il propose de la condition humaine, mais aussi parce qu'il impose une réflexion sur les limites de la philosophie'.[8] For all its brevity, *Memnon* is a surprisingly complex work. Jacques Van den Heuvel has traced the subtle shifts which Voltaire induces in the reader's attitude towards Memnon – from an initally ironic stance towards one of sympathy for Memnon's protest against providence. Pierre Cambou has looked at the way in which the ending is an example of incoherence in the philosophy of Voltaire.[9]

Voltaire himself seems to have been pleased with the *conte*, for he made no substantial changes to it after publication beyond the addition of the now familiar subtitle – 'ou la sagesse humaine' – for the Cramer edition of 1756. Discussing a new edition of his complete works in 1751, he advised Michel Lambert to place the *conte* in a volume along with *Zadig*, *Sottise des deux parts*, *Des titres*, *Lettre d'un Turc* (also known as *Bababec et les fakirs*), and 'tous ces petits morceaux d'une philosophie allégorique' (D4369). He urged Jacques Lacombe to reprint it in a 'petit recueil de contes' in 1767 (D14146). Voltaire himself incorporated the *conte*

[7] *Correspondance littéraire, philosophique et critique par Grimm, Diderot, Raynal, Meister, etc.*, ed. M. Tourneux (Paris 1877-1882), letter of 1 May 1761, iv.394. No edition has been found with this subtitle.

[8] Roger Pearson, *The Fables of reason: a study of Voltaire's 'contes philosophiques'* (Oxford 1993), p.94; Sylvain Menant, 'Notice', in Voltaire, *Contes en vers et en prose*, 2 vol. (Paris 1992-1993), i.183.

[9] Jacques Van den Heuvel, *Voltaire dans ses contes, de 'Micromégas' à 'L'Ingénu'* (Paris 1967), p.203-16; Pierre Cambou, *Le Traitement voltairien du conte* (Paris 2000), p.417-19 on irony in *Memnon*, and p.605 on Voltaire's incoherent philosophical stance in the text.

into his *Questions sur l'Encyclopédie* (1770-1772), where it appeared under the heading 'Confiance en soi-même' and was introduced by the following lines:

> Nous tromper dans nos entreprises,
> C'est à quoi nous sommes sujets;
> Le matin je fais des projets,
> Et le long du jour des sottises.

> Ces petits vers conviennent assez à un grand nombre de raisonneurs; et c'est une chose assez plaisante de voir un grave directeur d'âmes finir par un procès criminel, conjointement avec un banqueroutier. A ce propos nous réimprimons ici ce petit conte qui est ailleurs, car il est bon qu'il soit partout.

The two figures to whom Voltaire refers here are the abbé Grisel and Billard de Monceau – men who had achieved notoriety for exploiting the *abbé*'s position as *directeur de conscience*.[10] Voltaire's reference to this scandal demonstrates again the relationship that existed between his literary production and contemporary events.

Jean Sareil has suggested that Voltaire took inspiration from *Memnon* in composing *Le Dépositaire*, and this can be seen as further evidence that *Memnon* remained one of Voltaire's preferred *contes*.[11] Its subject matter also served as the basis for the works of others. In 1759 *Memnon* was used as the source for a verse *conte* entitled 'Damon ou le sage insensé, conte moral tiré de M. de Voltaire', which appeared anonymously in the *Mercure de France*. This work was a close adaptation of Voltaire's original text, but it lost much of the original's irony. It also dispensed with Memnon's final rebellion, as can be seen in its concluding lines:

> Tes malheurs finiront, reprit l'Etre céleste:
> Tu seras toujours borgne: à cela près tes jours
> Couleront désormais dans un paisible cours.

[10] See 'Joseph, abbé Grisel', in Ferdinand Hoefer, *Nouvelle Biographie générale depuis les temps les plus reculés jusqu'à nos jours* (Paris 1857).

[11] Jean Sareil, 'Memnon et le "Dépositaire" de Voltaire', *Essays on the age of Enlightenment in honour of Ira O. Wade*, ed. Jean Macary (Geneva 1977), p.261-69.

Mais renonce au projet, ridicule à ton âge,
D'être vraiment heureux et parfaitement sage.[12]

If this verse *conte* begins to suggest the gulf between the *conte philosophique* and the *conte moral*, the abbé de Voisenon's play *Memnon* is even more illustrative of the bland moralising which was widespread in adaptations from the 1750s onwards. Published for the first time in Voisenon's *Œuvres complètes* in 1781, the play aims, in the words of one of its ariettes, to show

qu'une femme honnête
Peut seule former notre cœur.[13]

The misfortunes which befall Memnon prove to be merely 'un enchaînement d'épreuves faites exprès pour vous corriger' (p.331), and are magicked away by the Fée who has fallen in love with him. Love is also the central element of two later adaptations of the *conte*. In both a stage version entitled *La Sagesse humaine, ou Arlequin Memnon*[14] and a comic opera *Memnon ou la sagesse humaine*,[15] Memnon is saved by a woman who loves him and he recovers the sight of his injured eye. Both works use Voltaire's quatrain from the article 'Confiance en soi-même' as a refrain. In these works, however, the lines serve as a reminder not so much that it is naive to believe in a priori reasoning, but rather that in a contest between love and reason, love will always win – a message far removed from Voltaire's original intention.

[12] *Mercure de France* (October 1759), pt 2, p.65.

[13] *Memnon, sujet tiré de Voltaire, comédie en trois actes, et en prose, mêlée d'ariettes*, in *Œuvres complètes de M. l'abbé de Voisenon de l'Académie française*, 5 vol. (Paris 1781), ii.286.

[14] Charles Favart and François-Valentin Mulot, *La Sagesse humaine, ou Arlequin Memnon, comédie en deux actes, en prose, mêlée de chants par Charles et Valentin, représentée pour la première fois au Théâtre des Jeunes artistes le 14 Vendémiaire an* VI (Paris n.d.).

[15] Edouard Cadol and Henri Bocage, *Memnon ou la sagesse humaine, opéra comique en un acte tiré d'un conte de Voltaire par MM. Ed. Cadol et Henri Bocage représenté sur le Théâtre des Folies-Bergère le 31 décembre 1871* (Paris 1872).

3. *Sources, background and general orientation*

The sources which Voltaire used in composing *Memnon* can be divided into those which influenced his philosophical ideas and those which helped to shape the *conte*'s setting, character names and plot devices. We have already looked at the way in which the philosophical ideas expressed in the text relate to a precise moment in Voltaire's life, and how personal circumstances influenced its composition. Quite clearly *Memnon* is the fruit of Voltaire's work revising *Zadig* and the *Discours en vers sur l'homme*. Pierre Cambou has suggested that *Memnon* and *Zadig* 'représentent deux versions ou états de la même histoire, à des époques différentes'.[16] Both stories are set in the East (even if *Memnon* is not labelled an oriental tale) and share a similar structure, with the protagonist in each suffering a series of painful setbacks in his search for happiness. There are many echoes of the earlier story in the later. For instance, after formulating his 'petit plan de sagesse', 'Memnon mit la tête à la fenêtre': Zadig, however, has already warned: 'Qu'il est dangereux de se mettre à la fenêtre!'[17] Both Zadig and Memnon are blinded in one eye, Zadig temporarily, and Memnon permanently. An angel appears to each offering a vision of truth – but the protagonists' different responses to these angels point clearly to the change which has taken place in Voltaire's thinking. After initially questioning his angel's view of the world, Zadig comes to accept it and with this finds happiness. For Voltaire, revising *Zadig* in 1748, the matter was no longer so simple, and his changes to it reflect a greater pessimism. This pessimism pervades the later *conte*, which also contains a new note of protest. If Memnon is unable to accept the pronouncements of the angel who visits him, this is because Voltaire himself can no longer believe in the optimistic views which he had once put forward in *Zadig*.

[16] Cambou, *Le Traitement voltairien du conte*, p.264.

[17] *Memnon*, lines 28, 29; *Zadig*, ch.3, lines 108-109.

Voltaire's revised version of the *Discours en vers sur l'homme* also bears a close relationship to *Memnon*. Indeed the manuscript title of a copy of the *Recueil de pièces en vers et en prose* in the Bibliothèque nationale mistakenly lists *Memnon* as a new seventh part of the *Discours en vers sur l'homme*.[18] In the 'Deuxième discours' Voltaire had asked:

Si le bonheur qu'on cherche est le prix du vrai sage,
Qui pourra me donner ce trésor précieux?
Dépend-il de moi-même? est-ce un présent des cieux? (II.2-4)[19]

and he had used the device of

un de ces esprits, que le Souverain Etre
Plaça près de son trône (II.13-14)

as a means of revealing 'le secret d'être heureux'.[20] In preparing the 1748 edition of the *Discours*, Voltaire re-examined the question of how to achieve happiness. It is not surprising that some of his new ideas found their way into *Memnon*, which of course addressed the same problem. The concerns of the different 'Discours' are explored again in *Memnon* – the importance of friendship, the role of pleasure, and the place of envy – though often with an ironical and pessimistic twist. Voltaire may have described friendship in the 'Quatrième discours' as a 'félicité parfaite' (IV.150), capable of changing 'en bien tous les maux où le ciel m'a soumis' (IV.152), but in 1748, betrayed by Mme Du Châtelet and jealous of Saint-Lambert, he makes friendship the cause of Memnon's blindness.

The *Discours* and *Memnon* both present 'sagesse' as residing in the realisation that happiness is to be found not in the suppression of the passions but in the natural enjoyment of them in moderation. The changes Voltaire makes for the 1748 edition of the

[18] 'L'Evangile de Voltaire, en 7 discours. 1750', Paris, BnF: Rés. Z 3206.

[19] *Discours en vers sur l'homme*, *OC*, vol.17, p.471.

[20] Part of the final line of the 'Deuxième discours' in early editions, 38P1A, RP40, W41C and TS61, II.152. See *OC*, vol.17, p.478.

Discours reveal an increasing uncertainty about the answer to the simple question 'où trouver le bonheur?' (I.152). The first version of the *Discours* had appeared in 1738, entitled *Epîtres sur le bonheur*, and Voltaire made continual amendments and additions to them during the following decade. He had soon realised that the original ending of the 'Première épître',

> Quel que soit ton état, quel que soit ton destin,
> Sois sage, il te suffit, ton bonheur est certain,[21]

was incompatible with his own experience of the world. By 1740 these two lines had been omitted and the end of the 'Premier discours' (as it was now called) reworked so as to suggest that happiness might be found 'chez toi, dans ton cœur, et dans ton caractère'.[22] By 1748 Voltaire no longer had confidence even in this position, and in his revisions to the poem suggested simply:

> Mortel, en quelque état que le ciel t'ait fait naître,
> Sois soumis, sois content, et rends grâce à ton maître.[23]

With *Memnon* Voltaire goes a stage further than the *Discours* – rebelling against submission and taking a definite, if temporary, turn towards pessimism. In the 'Sixième discours' the 'lettré', taken on a tour of the universe by an angel, is 'convaincu' (VI.144) by what he learns and complains only when he is back on earth and the angel out of earshot; Memnon, on the other hand, is not persuaded by the arguments of his celestial being and expresses his discontent directly to him.

In Memnon's rejection of the idea that 'tout est bien', Voltaire passes comment on Pope's *An Essay on man* – just as in the *Discours en vers sur l'homme* he had criticised the English poet's concept of the universe. Haydn Mason has shown how closely the *Discours* resemble Pope's poem, and it is clear that when Voltaire

[21] Appendix to the *Discours en vers sur l'homme*, *OC*, vol.17, p.535. 'Première epître', lines 133-134.

[22] Variants to I.153-166 in RP40-W46, *OC*, vol.17, p.469.

[23] Variants to I.161-166 in W48D-W52, TS61, *OC*, vol.17, p.469.

was revising the *Discours* he was also re-engaging with Pope's optimistic ideas.[24] These optimistic ideas find their way into *Memnon* through the words of the 'esprit céleste', but the description of this guardian angel and Memnon's response to his view of the universe are clearly intended to cast doubt on the idea, elaborated in the 'Sixième discours', of

cette chaîne invisible
Du monde des esprits et du monde sensible,
Cet ordre si caché de tant d'êtres divers,
Que Pope après Platon crut voir dans l'univers. (VI.27-30)

Memnon's reaction to his guardian angel amounts to a rejection of much of Pope's First Epistle of *An Essay on man*. Refusing to submit to providence, Memnon disputes the idea that 'whatever is, is RIGHT', or that blindness to the future is 'kindly giv'n'.[25] And whereas Pope held that the 'great chain' (I.33) ascended to 'Man's imperial race' (I.209), Voltaire believed that humanity was positioned much further down the scale, among the 'petites-maisons de l'univers' (*Memnon*, lines 168-169).

Memnon displays an obvious philosophical debt to works such as *Zadig*, the *Discours en vers sur l'homme* and Pope's *An Essay on man*; the extent to which certain other works influenced the *conte*'s setting, character names and plot is less clearcut. In 'De l'expérience' Montaigne mentions an ancient sage called Memnon.[26] The name would have been apt for the first Memnon – that is, the judicious Zadig – but is charged with irony when attached to the naive and overconfident second Memnon. In Voltaire's day the vogue for oriental tales was well-established, and his *conte* shares common elements with *Les Mille et une nuits*. Jacques Van den Heuvel discerns a link between *Memnon* and the 'Histoire du dormeur éveillé', a story in

[24] See Haydn T. Mason, 'Introduction', *OC*, vol.17, p.404.

[25] Alexander Pope, *An Essay on man*, ed. Maynard Mack (London 1950), I.294 and I.85.

[26] *Essais*, book III, ch.13.

which Abou Hassan's plans for regulating his life fail as spectacularly as Memnon's.[27] Pietro Toldo suggests an alternative inspiration for *Memnon*: the Turkish 'Histoire du santon Barsisa' from the volume *L'Histoire de la sultane de Perse et des visirs*. In this story a hermit's resolve to live independently of society is undermined by the devil who places a beautiful woman in his path.[28] The devil's involvement in the original Turkish story would tie in with Voltaire's concern in *Memnon* with the problem of evil. The structure of the original story is simple and resembles that of *Memnon*, and Voltaire may indeed have been familiar with the entire volume in which the original appears. The names of the protagonists in some of the other tales in the collection – Saddyq in 'Histoire du grand Ecuyer Saddyq' and Hassan in 'Histoire du brachmane Padmanaba et du jeune Fyquaï' – are echoed in Voltaire's work. The oriental setting of *Memnon*, however, is no more than a veneer. Although he places the action in Nineveh, Voltaire makes scarcely any attempt to disguise Paris and the court society which he greatly wished he could live without.

Voltaire spares little from his irony in *Memnon*. He may even have targeted his contemporary readers, who, remembering the original *Memnon, histoire orientale*, might have expected to find a wealth of oriental detail in the later tale. Voltaire makes great play in *Memnon* of references to the earlier *conte* – from the naming of his protagonist to the creation of parallel scenes. Such references are interspersed with narrative comment, leaving the reader in no doubt as to the folly of Memnon's 'petit plan de sagesse'. From the opening paradoxical 'projet insensé d'être parfaitement sage' (line 1), Memnon's naivety is made perfectly obvious, and the repetition of 'sage', 'sagesse' and 'raison' throughout the *conte* serves to reinforce this. It is, in fact, Memnon's naivety rather than

[27] Van den Heuvel, *Voltaire dans ses contes*, p.213, n.42.

[28] 'Histoire du santon Barsisa', in *Histoire de la sultane de Perse et des visirs, contes turcs, composés en langue turque par Chéc Zadé, et traduits en français* (1707). See Pietro Toldo, 'Voltaire conteur et romancier', *Zeitschrift für französische Sprache und Litteratur* 40 (1912-13), p.131-85.

his desire for happiness which Voltaire attacks in the text. Although Memnon is unable to see beyond his own suffering on one disastrous day, he is not ridiculed for failing to see any light at the end of the tunnel (for there is none), but for the naivety of his original plan. The angel who appears to reveal the 'truth' about the universe is shown to be equally naive, and the inference to be drawn from this is that reason is powerless to explain evil. That the angel is himself an object of irony is made clear when he is contrasted with Jesrad in *Zadig*. Memnon's angel has a greater number of wings – 'six belles ailes' instead of just four – but, rather than having a 'corps majestueux', he possesses 'ni pieds, ni tête, ni queue, et ne ressemblait à rien' (line 124). Denied a name, and coming from (as the *Discours* would have it) an 'unnatural' world without wine or women, he is progressively demoted from 'esprit céleste' to 'animal de l'étoile' to a final and dismissive 'philosophe de là-haut' (lines 121, 155-156, and 173). He is wholly ineffectual as a guardian angel, has no consolation to offer Memnon, and concurs with the latter in finding the Earth a madhouse. In the *conte*'s ending, then, Voltaire extends the range of his satire beyond Memnon's naivety to encompass the society in which Memnon lives and the figure of the angel. From providing a representation of human stupidity, the *conte* broadens into a denial of benign providence. The world may be mad in Voltaire's view, but *Memnon* does not contain the black despair of the later *Histoire des voyages de Scarmentado*. Unprepared to relinquish the idea of individual responsibility, Voltaire admits the possibility – however limited – of achieving happiness.

4. *Editions and translations*

The *conte* was first published in late December 1749 in the *Recueil de pièces en vers et en prose, par l'auteur de la tragédie de 'Sémiramis'*, and was entitled simply *Memnon*. This collection was reprinted twice in the course of 1750, once as *Recueil de pièces en vers et en prose*, and once as *Recueil de pièces en vers et en prose par Mr Arouet de Voltaire*. The first of these reprints is clearly drawn from the original first edition as the typographical setting and punctuation are almost identical. The second is a less accurate edition, containing a typographical error ('banquetoutier' for 'banqueroutier'). The two reprints reproduce a line of Memnon's which had appeared in the original as: 'Rends-moi donc mon œil, ma santé, ma maison, mon bien, ma sagesse'; in all subsequent editions, with the exception of the Walther edition of 1750 (W48) and the Lambert edition of 1751 (W51), the words 'ma maison' are omitted. Another significant variation occurs in the 1756 Cramer edition of Voltaire's works, in which the tale assumes the new and definitive title *Memnon, ou la sagesse humaine*. Later editions contain minor variants and modernise punctuation but in essence the *conte* remains unaltered.

Editions

RP50A

Recueil de pièces en vers et en prose, par l'auteur de la tragédie de Sémiramis. Amsterdam [Paris: Lambert], 1750 [1749]. 1 vol. 12°.

'Memnon', p.53-63.

Published in fact at the end of 1749, this volume contains the first edition of *Memnon*. The *conte* follows the *Discours en vers sur l'homme* in the volume, and the text of *Memnon* is preceded by this remark: 'Ce petit ouvrage ayant quelque rapport aux Discours en vers ci-dessus, on a cru devoir l'imprimer à leur suite.' At least two other editions of the collection appeared in 1750.

Bengesco 2197; BnC 384-388.

Paris, BnF: Z 28778; Rés. Z 3206. The latter is Jamet's annotated copy of pages [1]-63 which bears the manuscript title: 'L'Evangile de Voltaire, / en 7. discours. / 1750.' *Memnon* becomes the seventh 'Discours'.

RP50B

Recueil de pièces en vers et en prose. Amsterdam [Paris: Lambert], 1750. 1 vol. 12°.

'Memnon', p.53-63.

Besterman identifies this volume as 'an important variant of B2197'.[29] The typographical setting and punctuation are identical to RP50A and seem therefore to have been produced by the same publisher.

Oxford, Taylor: V3 S7 1759 (4).

RP50C

Recueil de pièces en vers et en prose par Mr Arouet de Voltaire. Amsterdam, 1750. 1 vol. 12°.

'Memnon', p.47-57.

This volume has the same contents as RP50A and RP50B, but has different pagination, punctuation and typesetting from the earlier versions.

Oxford, Taylor: V2 1750.

W48D (1750)

Œuvres de Mr. de Voltaire. Dresde: Walther, 1748-1754. 10 vol. 8°.

'Memnon', volume ix, p.177-82.

Bengesco 2129; Trapnell 48D; BnC 28-35.

Oxford, Taylor: V1 1748 (9). Paris, BnF: Rés. Z Beuchot 12.

W51

Œuvres de M. de Voltaire. [Paris: Lambert], 1751. 11 vol. 12°.

This edition contains a number of variants not found in other versions.

'Memnon', volume viii, p.223-30.

Bengesco 2131; Trapnell 51P; BnC 40-41.

Oxford, Taylor: V1 1751 (8). Paris, Arsenal: 8° B 13057; BnF: Rés. Z Beuchot 13.

W52

Œuvres de Mr. de Voltaire. Dresde: Walther, 1752. 9 vol. 8°.

[29] Theodore Besterman, *Some eighteenth-century Voltaire editions unknown to Bengesco*, *SVEC* 111 (1973), entry 339.

Based upon w48D, this edition of the *Œuvres* was produced with the participation of Voltaire.

'Memnon', volume ii, p.20-25.

Bengesco 2132; Trapnell 52 (volumes i-viii), 70x (volume ix); BnC 36-38.

Oxford, Taylor: V1 1752. Paris, BnF: Rés. Z Beuchot 14. Vienna, Österreichische Nationalbibliothek: *38 L 1.

W56

Collection complette des œuvres de Mr. de Voltaire. [Geneve: Cramer], 1756. 17 vol. 8°.

This is the first Cramer edition and was produced under Voltaire's supervision.

'Memnon, ou la sagesse humaine', volume iv (*Mélanges de littérature, d'histoire et de philosophie*), p.67-74.

This is the first edition in which the *conte* bears the definitive title *Memnon, ou la sagesse humaine*. The editor offers each *conte* in the volume as a separate chapter, and *Memnon, ou la sagesse humaine* appears as the 'Chapitre dixième'. The addition of the subtitle is the last major alteration to the *conte*.

Bengesco 2133; Trapnell 56, 57G, BnC 55-66.

Paris, BnF: Z 24579. This copy wrongly bears the title page for volume ii; only on its first page does the correct title appear: *Mélanges de littérature, d'histoire et de philosophie*.

W57G1

Collection complette des œuvres de Mr. de Voltaire. [Genève: Cramer], 1757. 10 vol. 8°.

This edition shows only minor alterations in punctuation from w56.

'Memnon, ou la sagesse humaine', volume iv (*Mélanges de littérature, d'histoire et de philosophie*), p.67-74.

The *conte* appears as the 'Chapitre dixième' of the volume.

Bengesco 2134; Trapnell 57, 57G; BnC 67-69.

Oxford, Taylor: VF. Paris, BnF: Rés. Z Beuchot 21.

W57P

Œuvres de M. de Voltaire. [Paris: Lambert], 1757. 22 vol. 12°.

Based in part on W56 and produced with Voltaire's participation.

'Memnon, ou la sagesse humaine', volume viii (*Contenant ses mélanges de philosophie, de littérature et d'histoire*), p.304-14.

Bengesco 2135; Trapnell 57P; BnC 45-54.

Paris, BnF: Z 24642-24663.

R64

Recueil de romans de monsieur de Voltaire. [Paris], 1764. 2 vol. 12°.

'Memnon, ou la sagesse humaine', volume i, p.49-64.

Contains two variants not found in other versions, but both are almost certainly the result of a printer misreading the text.

Bengesco 1517, BnC 2509.

Paris, BnF: Y2 73747.

W64G

Collection complette des œuvres de Mr. de Voltaire. [Genève: Cramer], 1764. 10 vol. 8°.

A revised edition of W57G, produced with Voltaire's participation.

'Memnon, ou la sagesse humaine', volume iv (*Mélanges de littérature, d'histoire et de philosophie*), p.71-78.

The *conte* appears as the 'Chapitre dixième' of the volume.

Bengesco 2133; Trapnell 64, 70G; BnC 89.

Oxford, Merton College; Taylor: V1 1764; VF.

W64R

Collection complète des œuvres de monsieur de Voltaire. Amsterdam: Compagnie [Rouen: Machuel?], 1764. 22 tomes in 18 vol. 12°.

Volumes i-xii were produced in 1748 (W48R) and supressed at Voltaire's request. They were reissued as part of W64R.

'Memnon, ou la sagesse humaine', volume xvii, pt 1, p.248-53.

Bengesco 2136; Trapnell 64R; BnC 145-148.

Paris, BnF: Rés. Beuchot 26.

W70G

Collection complette des œuvres de Mr. de Voltaire. [Genève: Cramer], 1770. 10 vol. 8°.

A new edition of W64G with few changes.

'Memnon, ou la sagesse humaine', volume iv (*Mélanges de littérature, d'histoire et de philosophie*), p.71-78.

The *conte* appears as the 'Chapitre dixième' of the volume.

Bengesco 2133; Trapnell 64, 70G; BnC 90-91.

Oxford, Taylor: V1 1770G/1. Paris, Arsenal: 8 BL 34054.

QE70 (1771)

Questions sur l'Encyclopédie, par des amateurs. [Genève: Cramer], 1770-1772. 9 vol. 8°.

'Confiance en soi-même', volume iv, p.57-66.

For the entry 'Confiance en soi-même', Voltaire reprints *Memnon, ou la sagesse humaine* with a preface consisting of a quatrain and a paragraph of prose.

Bengesco 1408; BnC 3597.

Oxford, Taylor: V8 D6 1770.

W68 (1771)

Collection complette des œuvres de M. de Voltaire. [Genève: Cramer; Paris: Panckoucke], 1768-1777. 30 vol. 4°.

'Memnon, ou la sagesse humaine', volume xiii (*Romans, contes philosophiques, etc.*), p.80-85.

Bengesco 2137; Trapnell 68; BnC 141-144.

Oxford, Taylor: VF. Paris, BnF: Rés. M Z 587.

W70L (1772)

Collection complette des œuvres de Mr. de Voltaire. Lausanne: Grasset, 1770-1781. 57 vol. 8°.

'Memnon, ou la sagesse humaine', volume xxiv (*Mélanges contenant des romans, ou contes philosophiques*, iii), p.71-78.

Bengesco 2138; Trapnell 70L; BnC 149-150.

Oxford, Taylor: V1 1770L (24).

W71 (1773)

Collection complette des œuvres de Mr. de Voltaire. Genève [Liège: Plomteux], 1771-1777. 32 vol. 12°.

This edition is based on W68 and there is no evidence of Voltaire's participation.

'Memnon, ou la sagesse humaine', volume xiii (*Mélanges philosophiques, littéraires, historiques, etc.*, i), p.91-97.

Bengesco 2139; Trapnell 71; BnC 151.

Oxford, Taylor: VF.

R75

Romans et contes philosophiques, par M. de Voltaire. Londres [Rouen: Machuel], 1775. 2 vol. 8°.

'Memnom, ou la sagesse humaime', volume i, p.176-84.

The errors in the title of the *conte* in this edition are not found elsewhere.

Bengesco 1520; BnC 2510.

Oxford, Taylor: VF. Paris, BnF: Y2 73786-73787.

W75G

La Henriade, divers autres poèmes, et toutes les pièces relatives à l'épopée. [Genève: Cramer & Bardin], 1775. 37 vol. (40 vol. with the *Piéces détachées*). 8°.

This is the 'encadrée' edition and the last to be revised by Voltaire. It provides the base text of the present edition.

'Memnon, ou la sagesse humaine', volume xxxi (*Romans philosophiques;*

Eléments de Newton, précédés et suivis de divers morceaux intéressants), p.92-98.

Bengesco 2141; Trapnell 75G; BnC 158-161.

Oxford, Taylor: VF. Paris, BnF: Z 24869.

R78

Romans et contes de M. de Voltaire. Bouillon: Société typographique, 1778. 3 vol. 8°.

'Memnon, ou la sagesse humaine', volume ii, p.47-57.

Bengesco 1522; BnC 2512.

Paris, BnF: Rés. P Y2 1809.

K

Œuvres complètes de Voltaire. [Kehl], Société littéraire-typographique, 1784-1789. 70 vol. 8°.

'Memnon, ou la sagesse humaine', volume xliv (*Romans*, i), p.127-34.

This carries an 'Avertissement de l'auteur pour une nouvelle édition', which reproduces the prefatory stanza and paragraph of 'Confiance en soi-même' in QE70, with an annotation signalled after 'banqueroutier': 'Billard, et l'abbé Grisel, fameux directeur de conscience.'

Bengesco 2142; Trapnell K; BnC 164-169.

Oxford, Taylor: V1 1785/2 (44). Paris, BnF: Rés. P Z 2209 (44). The title page of this volume erroneously reads 'Tome quarante-deuxième'.

Translations

English

Select pieces of M. de Voltaire, trans. Joseph Collyer. London, 1754.

'Memnon', p.89-96.

German

Das Neueste aus der anmuthigen Gelehrsamkeit, ed. Johann Christoph Gottsched. No.xi. Leipzig, 1754.

'Memnon der Weise, eine Erzählung; aus Herrn von Voltairen übersetzt', Windmond [November] 1754, p.841-52.

This translation is in verse but remains close to the original. The title is accompanied by a footnote explaining that the editor had been sent the piece anonymously: 'Dies Stück ist uns eingesandt worden, ohne zu melden, von wem.'

5. *Principles of this edition*

The base text of the present edition is the 1775 Cramer edition (W75G), the 'encadrée', the last to be revised by Voltaire. From the first edition of 1749 through to this Cramer edition Voltaire made very few amendments to the text. Such variants as do occur have been drawn from RP50A (and its re-editions in 1750, RP50B and RP50C), W48D, W51, W56, R64, W70G, QE70 and K84. A number of changes to the text were the result of printing errors rather than improvements by the author. During Voltaire's lifetime only the punctuation altered significantly across the various editions. As critical analysis of variants in the *conte* has shown, the Cramer editions were consistently the most accurate.

Modernisation of the base text

The spelling of the names of places and persons has been respected and the original punctuation retained.

The following aspects of orthography and grammar in the base text have been modified to conform to modern usage:

I. Spelling

1. Consonants

- *p* was not used in: tems and its compound passe-tems.
- double consonants were used in: allarme, complettement, jetter, sallon.
- *ph* was used in place of *f* in: sopha.

2. Vowels

- *y* was used in place of *i* in: envoye, enyvre, enyvré, yvre.

– the archaic form was used in: avanture.
– *encor* was used without the final *e*.

II. Accents

1. The acute accent

– was used in place of the grave in: amérement, créve, fiévre, niéce, premiérement, troisiéme.
– was missing in: repliqua.

2. The circumflex accent

– was used in: aîles, toûjours.
– was missing in: ame, graces.

3. The dieresis

– was used in: evanouï, jouës, lieuës, poëtes.

III. Points of grammar

– platane was made feminine: une platane.
– the cardinal number *cent* was invariable.
– the final *-s* was not used in the second person singular of the imperative: ren.
– agreement of the past participle was not consistent: notre petit globe terraquée.

IV. Various

– the ampersand was used.
– the archaic form guères was used.
– the archaic form jusques was used.
– the hyphen was used in receveur-général, tout-à-fait.
– Bonsoir was written Bon soir.
– names were in italics: *Memnon*, *Sirius*, *Assan*.

MEMNON, OU LA SAGESSE HUMAINE

Memnon conçut un jour le projet insensé d'être parfaitement sage. Il n'y a guère d'hommes à qui cette folie n'ait quelquefois passé par la tête. Memnon se dit à lui-même; Pour être très sage, et par conséquent très heureux, il n'y a qu'à être sans passions;[1] et rien n'est plus aisé, comme on sait. Premièrement je n'aimerai jamais de femme; car en voyant une beauté parfaite, je me dirai à moi-même, Ces joues-là se rideront un jour, ces beaux yeux seront bordés de rouge, cette gorge ronde deviendra plate et pendante, cette belle tête deviendra chauve. Or je n'ai qu'à la voir à présent des mêmes

a RP50A-W52: Memnon [RP50A, RP50B, RP50C *add*: Ce petit ouvrage ayant quelque rapport aux Discours en vers ci-dessus, on a cru devoir l'imprimer à leur suite.]

QE70, K *gives as a preface*: Confiance en soi-même [K: Avertissement de l'auteur pour une nouvelle édition]

Nous tromper dans nos entreprises,
C'est à quoi nous sommes sujets;
Le matin je fais des projets,
Et le long du jour des sottises.

Ces petits vers conviennent assez à un grand nombre de raisonneurs; et c'est une chose assez plaisante de voir un grave directeur d'âmes finir par un procès criminel, conjointement avec un banqueroutier [K *adds note*: Billard, et l'abbé Grisel, fameux directeur de conscience.]. A ce propos nous réimprimons ici ce petit conte qui est ailleurs, car il est bon qu'il soit partout. [K *follows this with* β *title*]

5 W51: sait. ¶Premièrement

R64: n'aurai jamais

6 W51: femmes;

[1] This is in contrast to Zadig, who displays his wisdom in accepting the place of the passions in human nature (*Zadig*, ch.1). In the fifth *Discours en vers sur l'homme* Voltaire himself observes: 'Dieu nous a par bonté donné les passions' (V.56). It is folly for any man to think that he can dispense with them: 'Timon se croit parfait, depuis qu'il n'aime rien. / Il faut que l'on soit homme, afin d'être chrétien' (V.11-12). Memnon's plan is therefore doomed from the outset.

yeux dont je la verrai alors; et assurément cette tête ne fera pas tourner la mienne.

En second lieu je serai toujours sobre: j'aurai beau être tenté par la bonne chère, par des vins délicieux, par la séduction de la société; je n'aurai qu'à me représenter les suites des excès, une tête pesante, un estomac embarrassé, la perte de la raison, de la santé, et du temps: je ne mangerai alors que pour le besoin; ma santé sera toujours égale, mes idées toujours pures et lumineuses. Tout cela est si facile, qu'il n'y a aucun mérite à y parvenir.

Ensuite, disait Memnon, il faut penser un peu à ma fortune; mes désirs sont modérés, mon bien est solidement placé sur le receveur général des finances de Ninive;[2] j'ai de quoi vivre dans l'indépendance; c'est là le plus grand des biens. Je ne serai jamais dans la cruelle nécessité de faire ma cour: je n'envierai personne, et personne ne m'enviera.[3] Voilà qui est encore très aisé. J'ai des amis, continuait-il, je les conserverai, puisqu'ils n'auront rien à me disputer. Je n'aurai jamais d'humeur avec eux, ni eux avec moi. Cela est sans difficulté.

Ayant fait ainsi son petit plan de sagesse dans sa chambre, Memnon mit la tête à la fenêtre.[4] Il vit deux femmes qui se promenaient sous des platanes auprès de sa maison. L'une était vieille et paraissait ne songer à rien. L'autre était jeune, jolie, et semblait fort occupée. Elle soupirait, elle pleurait, et n'en avait que plus de grâces. Notre sage fut touché, non pas de la beauté de la dame, (il était bien sûr de ne pas sentir une telle faiblesse) mais de l'affliction où il la voyait. Il descendit, il aborda la jeune Ninivienne, dans le dessein de la consoler avec sagesse. Cette belle personne lui conta de l'air le plus naïf et le plus touchant tout

24 RP50A, RP50B, RP50C, W48D, W51: aisé. ¶J'ai

[2] The Assyrian capital is a thin disguise for Paris.

[3] A recurrent theme for Voltaire. See, for instance, *Zadig*, ch.4, 'L'Envieux', and the third *Discours en vers sur l'homme*, 'De l'envie'.

[4] Note Zadig's observation: 'Qu'il est dangereux de se mettre à la fenêtre!' (*Zadig*, ch.3, lines 108-109)

7. ‘Comme ils en étaient là, arrive l’oncle.’ *Memnon*, line 60.
Engraving by J. M. Moreau le jeune.

le mal que lui faisait un oncle qu'elle n'avait point; avec quels artifices il lui avait enlevé un bien qu'elle n'avait jamais possédé, et tout ce qu'elle avait à craindre de sa violence. Vous me paraissez un homme de si bon conseil, lui dit-elle, que si vous aviez la condescendance de venir jusque chez moi, et d'examiner mes affaires, je suis sûre que vous me tireriez du cruel embarras où je suis. Memnon n'hésita pas à la suivre, pour examiner sagement ses affaires et pour lui donner un bon conseil.

La dame affligée le mena dans une chambre parfumée, et le fit asseoir avec elle poliment sur un large sofa, où ils se tenaient tous deux les jambes croisées vis-à-vis l'un de l'autre. La dame parla en baissant les yeux, dont il échappait quelquefois des larmes, et qui en se relevant rencontraient toujours les regards du sage Memnon. Ses discours étaient pleins d'un attendrissement qui redoublait toutes les fois qu'ils se regardaient. Memnon prenait ses affaires extrêmement à cœur, et se sentait de moment en moment la plus grande envie d'obliger une personne si honnête et si malheureuse. Ils cessèrent insensiblement, dans la chaleur de la conversation, d'être vis-à-vis l'un de l'autre. Leurs jambes ne furent plus croisées. Memnon la conseilla de si près, et lui donna des avis si tendres, qu'ils ne pouvaient ni l'un ni l'autre parler d'affaires, et qu'ils ne savaient plus où ils en étaient.

Comme ils en étaient là, arrive l'oncle, ainsi qu'on peut bien le penser: il était armé de la tête aux pieds; et la première chose qu'il dit, fut qu'il allait tuer, comme de raison, le sage Memnon et sa nièce; la dernière qui lui échappa fut qu'il pouvait pardonner pour beaucoup d'argent. Memnon fut obligé de donner tout ce qu'il avait. On était heureux dans ce temps-là d'en être quitte à si bon marché; l'Amérique n'était pas encore découverte; et les dames affligées n'étaient pas à beaucoup près si dangereuses qu'elles le sont aujourd'hui.[5]

47 W51: se mirent tous

[5] Voltaire is referring here to the dangers of syphilis; see also *Candide*, ch.4, 'De la vérole' in *L'Homme aux quarante écus*, and *Questions sur l'Encyclopédie*, art. 'Lèpre

Memnon honteux et désespéré rentra chez lui: il y trouva un billet qui l'invitait à dîner avec quelques-uns de ses intimes amis. Si je reste seul chez moi, dit-il, j'aurai l'esprit occupé de ma triste aventure, je ne mangerai point, je tomberai malade. Il vaut mieux aller faire avec mes amis intimes un repas frugal. J'oublierai dans la douceur de leur société la sottise que j'ai faite ce matin. Il va au rendez-vous; on le trouve un peu chagrin. On le fait boire pour dissiper sa tristesse. Un peu de vin pris modérément est un remède pour l'âme et pour le corps. C'est ainsi que pense le sage Memnon; et il s'enivre. On lui propose de jouer après le repas. Un jeu réglé avec des amis est un passe-temps honnête. Il joue; on lui gagne tout ce qu'il a dans sa bourse, et quatre fois autant sur sa parole. Une dispute s'élève sur le jeu, on s'échauffe: [6] l'un de ses amis intimes lui jette à la tête un cornet, et lui crève un œil. On rapporte chez lui le sage Memnon, ivre, sans argent et ayant un œil de moins. [7]

Il cuve un peu son vin; et dès qu'il a la tête plus libre, il envoie son valet chercher de l'argent chez le receveur général des finances de Ninive, pour payer ses intimes amis: on lui dit que son débiteur a fait le matin une banqueroute frauduleuse qui met en alarme cent familles. Memnon outré va à la cour avec un emplâtre sur l'œil et un

72 R64: vaudrait
74 W51: matin. ¶Il
83-84 W51: moins. Il

---

et vérole'. Voltaire subscribes to the view that syphilis was introduced to Europe from America by the men who sailed with Christopher Columbus, and in *Essai sur les mœurs* he affirms that: 'le venin qui empoisonne la source et la vie est originaire chez les Caraïbes' (ch.75).

[6] Voltaire is alluding here to the circumstances surrounding the 'jeu de la reine' scandal of October 1747. Mme Du Châtelet lost 'tout ce qu'[elle] a dans sa bourse' and also lost 'sur sa parole' – just as Memnon does. Voltaire made an indiscreet comment about her opponents in the game, and both left court rapidly. See René Vaillot, *Avec Mme Du Châtelet*, *Voltaire en son temps*, 2nd edn, 2 vol. (Oxford 1995), i.524-25.

[7] Another recurrent theme for Voltaire. See *Le Crocheteur borgne*, *Zadig*, ch.1, 'Le Borgne', and *Candide*, ch.4.

placet à la main, pour demander justice au roi contre le banqueroutier. Il rencontre dans un salon plusieurs dames qui portaient toutes d'un air aisé des cerceaux de vingt-quatre pieds de circonférence. L'une d'elles qui le connaissait un peu, dit en le regardant de côté: Ah l'horreur! Une autre qui le connaissait davantage lui dit; Bonsoir, monsieur Memnon; mais vraiment, monsieur Memnon, je suis fort aise de vous voir; à propos, monsieur Memnon, pourquoi avez-vous perdu un œil? Et elle passa sans attendre sa réponse. Memnon se cacha dans un coin, et attendit le moment où il pût se jeter aux pieds du monarque. Ce moment arriva. Il baisa trois fois la terre, et présenta son placet. Sa gracieuse majesté le reçut très favorablement, et donna le mémoire à un de ses satrapes pour lui en rendre compte. Le satrape tire Memnon à part, et lui dit d'un air de hauteur en ricanant amèrement; Je vous trouve un plaisant borgne, de vous adresser au roi plutôt qu'à moi; et encore plus plaisant d'oser demander justice contre un honnête banqueroutier, que j'honore de ma protection, et qui est le neveu d'une femme de chambre de ma maîtresse. Abandonnez cette affaire-là, mon ami, si vous voulez conserver l'œil qui vous reste.

Memnon ayant ainsi renoncé le matin aux femmes, aux excès de table, au jeu, à toute querelle, et surtout à la cour, avait été avant la nuit trompé et volé par une belle dame, s'était enivré, avait joué, avait eu une querelle, s'était fait crever un œil, et avait été à la cour où l'on s'était moqué de lui.

Pétrifié d'étonnement, et navré de douleur, il s'en retourne la mort dans le cœur. Il veut rentrer chez lui; il y trouve des huissiers qui démeublaient sa maison de la part de ses créanciers. Il reste presque évanoui sous un platane; il y rencontre la belle dame du matin qui se promenait avec son cher oncle, et qui éclata de rire en voyant Memnon avec son emplâtre. La nuit vint; Memnon se

90 RP50A, RP50B, RP50C, W48D, W56, R64, QE70, R78: rencontra
102-103 W51: en riant amèrement
109 K: ainsi le matin renoncé aux femmes

coucha sur de la paille auprès des murs de sa maison. La fièvre le saisit; il s'endormit dans l'accès; et un esprit céleste lui apparut en songe.

Il était tout resplendissant de lumière. Il avait six belles ailes, mais ni pieds, ni tête, ni queue, et ne ressemblait à rien.[8] Qui es-tu? lui dit Memnon; Ton bon génie, lui répondit l'autre. Rends-moi donc mon œil, ma santé, mon bien, ma sagesse, lui dit Memnon. Ensuite il lui conta comment il avait perdu tout cela en un jour. Voilà des aventures qui ne nous arrivent jamais dans le monde que nous habitons, dit l'esprit. Et quel monde habitez-vous? dit l'homme affligé. Ma patrie, répondit-il, est à cinq cents millions de lieues du soleil, dans une petite étoile auprès de Sirius, que tu vois d'ici. Le beau pays! dit Memnon: quoi! vous n'avez point chez vous de coquines qui trompent un pauvre homme, point d'amis intimes qui lui gagnent son argent et qui lui crèvent un œil, point de banqueroutiers, point de satrapes qui se moquent de vous en vous refusant justice? Non, dit l'habitant de l'étoile, rien de tout cela. Nous ne sommes jamais trompés par les femmes, parce que nous n'en avons point; nous ne faisons point d'excès de table, parce que nous ne mangeons point; nous n'avons point de banqueroutiers, parce qu'il n'y a chez nous ni or ni argent; on ne peut pas nous crever les yeux, parce que nous n'avons point de corps à la façon des vôtres; et les satrapes ne nous font jamais d'injustice, parce que dans notre petite étoile tout le monde est égal.

Memnon lui dit alors, Monseigneur sans femme et sans dîner, à quoi passez-vous votre temps? A veiller, dit le génie, sur les autres globes qui nous sont confiés: et je viens pour te consoler. Hélas! reprit Memnon, que ne veniez-vous la nuit passée, pour m'empêcher de faire tant de folies? J'étais auprès d'Assan ton frère aîné, dit

124 RP50A, RP50B, RP50C, W56, R64: pied,
126 RP50A, RP50B, RP50C, W48D, W51: santé, ma maison, mon bien
143-144 W51: égal. Memnon

[8] In direct contrast with Jesrad in *Zadig*, ch.18.

l'être céleste. Il est plus à plaindre que toi. Sa gracieuse majesté le roi des Indes, à la cour duquel il a l'honneur d'être, lui a fait crever les deux yeux pour une petite indiscrétion, et il est actuellement dans un cachot les fers aux pieds et aux mains. C'est bien la peine, dit Memnon, d'avoir un bon génie dans une famille, pour que de deux frères l'un soit borgne, l'autre aveugle, l'un couché sur la paille, l'autre en prison. Ton sort changera, reprit l'animal de l'étoile. Il est vrai que tu seras toujours borgne; mais à cela près, tu seras assez heureux, pourvu que tu ne fasses jamais le sot projet d'être parfaitement sage.[9] C'est donc une chose à laquelle il est impossible de parvenir? s'écria Memnon en soupirant. Aussi impossible, lui répliqua l'autre, que d'être parfaitement habile, parfaitement fort, parfaitement puissant, parfaitement heureux. Nous-mêmes, nous en sommes bien loin. Il y a un globe où tout cela se trouve; mais dans les cent mille millions de mondes qui sont dispersés dans l'étendue, tout se suit par degrés.[10] On a moins de sagesse et de plaisir dans le second que dans le premier, moins dans

165 RP50A, RP50B, RP50C, W48D, W56, R64, W70G, QE70: plaisirs

[9] An echo of ideas to be found in Pope's *An Essay on man* and Voltaire's own *Discours en vers sur l'homme*. Pope argues, for example, that 'Man's as perfect as he ought' (First Epistle, line 70), while Voltaire ('Deuxième discours', lines 84-88) suggests: 'Tes destins sont d'un homme, et tes vœux sont d'un Dieu. / Quoi! dans cet océan cet atome qui nage / Dira: L'immensité doit être mon partage? / Non, tout est faible en toi, changeant et limité; / Ta force, ton esprit, tes talents, ta beauté.' Memnon's guardian angel favours Pope's positive view over Voltaire's more negative one.

[10] The theory of the chain of being, which was popular with many seventeenth- and eighteenth-century thinkers including Leibniz and Pope. Voltaire also alludes to this theory in the *Discours en vers sur l'homme*, VI.27-30. It is evident from Memnon's conversation with the angel that Voltaire himself no longer subscribes to this idea. The angel's views recall those put forward by Pope in his *Essay on man*, I.17-72. W. H. Barber specifically examines *Memnon* in relation to Leibnizianism and the thought of Pope in his book *Leibniz in France from Arnauld to Voltaire: a study in French reactions to Leibnizianism, 1670-1760* (Oxford 1955), p.222-23. See also Arthur O. Lovejoy, *The Great Chain of Being: a study of the history of an idea* (Cambridge, Mass. 1936).

le troisième que dans le second. Ainsi du reste jusqu'au dernier, où tout le monde est complètement fou. J'ai bien peur, dit Memnon, que notre petit globe terraqué ne soit précisément les petites-maisons de l'univers dont vous me faites l'honneur de me parler. Pas tout à fait, dit l'esprit; mais il en approche: il faut que tout soit en sa place.[11] Eh mais, dit Memnon, certains poètes, certains philosophes, ont donc grand tort de dire, *Que tout est bien.*[12] Ils ont grande raison, dit le philosophe de là-haut, en considérant l'arrangement de l'univers entier. Ah! je ne croirai cela, répliqua le pauvre Memnon, que quand je ne serai plus borgne.[13]

[11] Voltaire is here mocking Pope. The angel expounds a view of the universe drawn from *An Essay on man*, but, unlike Pope, does not place man high up in the universal scale. In the First Epistle, Pope had written (I.207-209): 'Far as Creation's ample range extends, / The scale of sensual, mental pow'rs ascends: / Mark how it mounts, to Man's imperial race.' The angel in *Memnon*, by contrast, views Earth as being among the lower orders of worlds. This somewhat undermines his pronouncements about the Chain of Being, the general good, and submission to providence.

[12] A phrase Voltaire uses in his third *Discours en vers sur l'homme*, and elaborates as: 'L'optimisme de Platon renouvelé par Shaftersburi, Bolingbrocke, Leibnitz, et chanté par Pope en beaux vers' (note to III.90, *OC*, vol.17, p.486). In the article 'Bien, tout est' for his *Dictionnaire philosophique* Voltaire also refers to Shaftesbury, Bolingbroke, Pope and Leibniz (*OC*, vol.35, p.419-28). It is primarily to these four that Voltaire alludes in the phrase 'certains poètes, certains philosophes'.

[13] Memnon's refusal to accept the view of his guardian angel and submit to providence is a reflection of Voltaire's dissatisfaction with optimism in general and Pope's view of the universe in *An Essay on man* in particular.

WORKS CITED

Barber, W. H., *Leibniz in France from Arnauld to Voltaire: a study in French reactions to Leibnizianism, 1670-1760* (Oxford 1955).

– 'On editing Voltaire', *SVEC* 242 (1986), p.491-502.

– 'Penny plain, twopence coloured: Longchamp's memoirs of Voltaire', *Studies in the French eighteenth century presented to John Lough*, ed. D. J. Mossop, G. E. Rodmell and D. B. Wilson (Durham 1978), p.9-21.

– 'Voltaire's astronauts', *French studies* 30 (1976), p.28-42.

Barthes, Roland, 'Le dernier des écrivains heureux', *Essais critiques* (Paris 1964), p.94-100.

Batlay, Jenny H., 'Analyse d'un chapitre de *Zadig*: le nez, démystification et moralité', *SVEC* 132 (1975), p.7-15.

Beaumont, Mme L. P. de, *Le Nouveau Magasin français, ou Bibliothèque instructive et amusante* (London 1750).

Bernier, François, *Voyages de François Bernier, contenant la description des Etats du grand Mogol, de l'Hindoustan, du royaume de Kachemire, etc.*, 2 vol. (Amsterdam 1699).

Besterman, Theodore, 'A provisional bibliography of Scandinavian and Finnish editions and translations of Voltaire', *SVEC* 47 (1966), p.53-92.

– *Some eighteenth-century Voltaire editions unknown to Bengesco*, *SVEC* 111 (1973).

Bianco, Joseph, '*Zadig* et l'origine du conte philosophique: aux antipodes de l'unité', *Poétique* 68 (1986), p.443-61.

Bongie, Laurence L., 'Crisis and the birth of the Voltairian *conte*', *Modern language quarterly* 23 (1962), p.53-64.

Braun, Theodore E. D., 'Voltaire, *Zadig*, *Candide*, and chaos', *SVEC* 358 (1997), p.1-20.

Bricaire de La Dixmerie, Nicolas, *L'Ile taciturne et l'île enjouée* (Paris 1759).

Cadol, Edouard, and Henri Bocage, *Memnon ou la sagesse humaine, opéra comique en un acte tiré d'un conte de Voltaire par MM. Ed. Cadol et Henri Bocage représenté sur le Théâtre des Folies-Bergère le 31 décembre 1871* (Paris 1872).

Cambou, Pierre, *Le Traitement voltairien du conte* (Paris 2000).

Caussy, Fernand, *Inventaire des manuscrits de la Bibliothèque de Voltaire, conservée à la Bibliothèque impériale publique de St Pétersbourg* (Paris 1913).

Caylus, Anne Claude Philippe de Pestels de Lévis de Tubières-Grimoard, comte de, *Contes orientaux, tirés des manuscrits de la Bibliothèque du Roi de France*, 2 vol. (The Hague 1743).

Cazotte, Jacques, *Les Mille et une fadaises: contes à dormir debout: ouvrage dans un goût très moderne* (Baillons 1742).

Chardin, Jean, *Journal du voyage du chevalier Chardin en Perse et aux Indes orientales: par la mer Noire et par la Colchide* (London 1686).

Clément, Pierre, *Les Cinq années littéraires, ou Nouvelles littéraires etc. des années 1748, 1749, 1750, 1751 et 1752* (The Hague 1754).

Collini, C.-A., *Mon séjour auprès de Voltaire* (Paris 1807).

Congreve, William, *The Way of the World*, ed. Kathleen M. Lynch (London 1965).

Cronk, Nicholas, 'Voltaire, Lucian and the philosophical traveller', *L'Invitation au voyage: studies in honour of Peter France*, ed. John Renwick (Oxford 2000), p.75-84.

Dagen, Jean, 'De la contradiction selon Voltaire', *Voltaire en Europe: hommage à Christiane Mervaud*, ed. Michel Delon and Catriona Seth (Oxford 2000), p.273-81.

Dalnekoff, Donna Isaacs, 'Voltaire's *Le Monde comme il va*: satire on satire', *SVEC* 106 (1973), p.85-102.

Desfontaines, Pierre François Guyot, *La Voltairomanie*, ed. M. H. Waddicor (Exeter 1983).

Dieckmann, Herbert, 'Zu Voltaires *Zadig* und *La Princesse de Babylone*', *Studien zur europäischen Aufklärung* 30 (1974), p.456-60.

Dufresnoy, Marie-Louise, *L'Orient romanesque en France, 1704-1789* (Montreal 1946).

Du Halde, Jean-Baptiste, *Description géographique, historique, chronologique, politique, et physique de l'empire de la Chine et de la Tartarie chinoise*, 4 vol. (Paris 1735).

Durival, Nicolas-Luton, *Description de la Lorraine et du Barrois*, 4 vol. (Nancy 1778-1783).

Duvernet, T. I., *La Vie de Voltaire* (n.p. 1787).

Evans, H. B., 'A provisional bibliography of English editions and translations of Voltaire', *SVEC* 8 (1959), p.9-121.

Favart, Charles, and François-Valentin Mulot, *La Sagesse humaine, ou Arlequin Memnon, comédie en deux actes, en prose, mêlée de chant par Charles et Valentin, représentée pour la première fois au Théâtre des Jeunes artistes le 14 Vendémiaire an VI* (Paris n.d.)

Le Fils de Babouc à Persépolis, ou le Monde nouveau (Paris 1790).

Fontenelle, Bernard Le Bovier de, *Entretiens sur la pluralité des mondes; Digression sur les anciens et les modernes*, ed. Robert Shackleton (Oxford 1955).

Gerther, M. H., 'Five comic devices in *Zadig*', *SVEC* 117 (1974), p.133-52.

Graffigny, Françoise de, *Correspondance de Mme de Graffigny* (Oxford 1985-).

Grimm, Frédéric Melchior, *Correspondance littéraire, philosophique et critique*, ed. M. Tourneux, 16 vol. (Paris 1877-1882).

Guinard, P. J., 'Une adaptation espagnole de *Zadig* au XVIIIe siècle', *Revue de littérature comparée* 32 (1958), p.481-95.

Gunny, A., 'A propos de la date de composition de *Micromégas*', *SVEC* 140 (1975), p.73-83.

Hellegouarc'h, Jacqueline, 'Encore la duchesse du Maine: note sur les rubans jaunes de Zadig', *SVEC* 176 (1979), p.37-40.

– 'Mélinade ou la duchesse du Maine. Deux contes de jeunesse de Voltaire: *Le Crocheteur borgne* et *Cosi-Sancta*',

Revue d'histoire littéraire de la France 78 (1978), p.722-35.

Hennin, Pierre-Michel, *Correspondence and collected papers of Pierre-Michel Hennin*, ed. M. L. Berkvam and P. L. Smith, pt 1: *November 1745-19 April 1757*, microfiche (Oxford, Voltaire Foundation, 1982).

Herbelot, Barthélemy d', *Bibliothèque orientale, ou Dictionnaire universel contenant généralement tout ce qui regarde la connaissance des peuples de l'Orient* (Paris 1697).

Histoire de la sultane de Perse et des visirs, contes turcs, composés en langue turque par Chéc Zadé, et traduits en françois (Amsterdam 1707).

Hoefer, Ferdinand, *Nouvelle Biographie générale depuis les temps les plus reculés jusqu'à nos jours* (Paris 1857).

Howells, R. J., *Disabled powers: a reading of Voltaire's 'contes'* (Amsterdam 1993).

– '*Télémaque* et *Zadig*: apports et rapports', *SVEC* 215 (1982), p.63-75.

– 'Voltaire's *contes*: a review of studies 1969-1993', *SVEC* 320 (1994), p.229-81.

La Motte, Antoine Houdar de, *Œuvres*, 9 vol. (Paris 1754).

Laporte, abbé, *Observations sur la littérature moderne* (The Hague 1749).

Lichenstein, J., 'The title of Voltaire's *Zadig*', *French review* 33 (1959), p.65-67.

Longchamp, Sébastien G., and Jean-Louis Wagnière, *Mémoires sur Voltaire, et sur ses ouvrages*, 2 vol. (Paris 1826).

Loss, H., 'A prototype of the story in *Zadig* (chapter 3): "Le Chien et le cheval"', *Modern language notes* 52 (1937), p.576-77.

Lovejoy, Arthur O., *The Great Chain of Being: a study of the history of an idea* (Harvard 1936).

La Lune comme elle va, ou Anecdotes intéressantes pour les habitants des contrées profondes (Trivia [Paris] 1785).

Mason, Haydn T., *Pierre Bayle and Voltaire* (Oxford 1963).

– 'Voltaire and luxury', *Studi filosofici* (1981), p.183-201.

– 'Voltaire, le président de Maisons, et *Zadig*', *Revue d'histoire littéraire de la France* 90 (1990), p.953-58.

– 'Voltaire's *contes*: an "état présent"', *Modern language review* 65 (1970), p.19-35.

– 'Voltaire's poems on luxury', *Studies in the French eighteenth century presented to John Lough*, ed. D. J. Mossop, G. E. Rodmell and D. B. Wilson (Durham 1978), p.108-22.

– '*Zadig* and *Manon Lescaut*', *French studies bulletin* 29 (1988-1989), p.21-22.

– '*Zadig* and the birth of the Voltaire *conte*', *Rousseau and the eighteenth century: essays in memory of R. A. Leigh*, ed. Marian Hobson, J. T. A. Leigh and Robert Wokler (Oxford 1992), p.279-94.

May, Georges, *Les Mille et une nuits d'Antoine Galland, ou Le Chef d'œuvre invisible* (Paris 1986).

Mervaud, Christiane, *Voltaire en toutes lettres* (Paris 1991).

Meyerson, H., 'Note on the etymology of names in Voltaire's *Zadig*', *Modern language notes* 54 (1939), p.597-98.

Les Mille et une nuits, contes arabes, trans. Antoine Galland (Paris 1704-1717).

Montesquieu, *Lettres persanes*, ed. Laurent Versini (Paris 1995).

Morize, André, *L'Apologie du luxe au XVIII*e *siècle et 'Le Mondain' de Voltaire* (Paris 1909).

Mortier, Roland, 'Voltaire et le peuple', *Le Cœur et la raison: recueil d'études sur le dix-huitième siècle* (Oxford 1990), p.89-103.

Mühll, E. von der, 'Une source du *Zadig* de Voltaire', *Modern language notes* 52 (1937), p.268-69.

Mylne, Vivienne, 'Literary techniques and methods in Voltaire's *contes philosophiques*', *SVEC* 57 (1967), p.1055-80.

Nouvelle vision de Babouc, ou la Perse comme elle va (Paris 1796-an V-1797).

Pappas, John, 'Voltaire et le luxe: une mise au point', *Colloque 76: Voltaire*, ed. Robert L. Walters (London [Ont.] 1983), p.83-94.

Pearson, Roger, *The Fables of reason: a study of Voltaire's 'contes philosophiques'* (Oxford 1993).

Pomeau, René, *D'Arouet à Voltaire, Voltaire en son temps*, 2nd ed., 2 vol. (Oxford 1995).

– *La Religion de Voltaire*, 2nd ed. (Paris 1969).

– and Christiane Mervaud, *De la cour au jardin, Voltaire en son temps*, 2nd ed., 2 vol. (Oxford 1995).

Pope, Alexander, *An Essay on man*, ed. Maynard Mack (London 1950).

Ramsay, Andrew Michael, *Les Voyages de Cyrus, avec un discours sur la mythologie* (Paris 1727).

Raynal, Guillaume, abbé, *Correspondance littéraire*, ed. M. Tourneux, 16 vol. (Paris 1877-1882).

Le Retour de Babouc à Persépolis, ou la Suite du Monde comme il va (Concordopolis [Paris] 1789).

Rovillain, E. E., 'Rapports probables entre le *Zadig* de Voltaire et la pensée stoïcienne', *Publications of the Modern language association of America* 52 (1937), p.374-89.

Sareil, Jean, 'Les anges de Voltaire', *Kentucky Romance quarterly* 20 (1973), p.99-112.

– 'De *Zadig* à *Candide*, ou permanence de la pensée de Voltaire', *Romanic review* 52 (1961), p.271-78.

– 'Memnon et le "Dépositaire" de Voltaire', *Essays on the age of Enlightenment in honour of Ira O. Wade*, ed. Jean Macary (Geneva 1977), p.261-69.

– 'Le rhythme comique, accélération et ralentissement dans les contes de Voltaire', *Colloque 76: Voltaire*, ed. Robert L. Walters (London [Ont.] 1983), p.141-54.

Schick, Ursula, 'Voltaire's adaptation of a literary source in *Zadig*', *SVEC* 57 (1967), p.1377-86.

Smith, D. W., 'The publication of *Micromégas*', *SVEC* 219 (1983), p.63-91.

Smith, P. L., 'A note on the publication of *Zadig*: why Voltaire cried slander', *Romance notes* 16 (1974-1975), p.345-50.

Starobinski, J., 'Le fusil à deux coups de Voltaire: la philosophie d'un style et le style d'une philosophie', *Revue de métaphysique et de morale* 71 (1966), p.277-91.

Tavernier, Jean-Baptiste, *Les Six Voyages de Jean-Baptiste Tavernier* [...] *en Turquie, en Perse et aux Indes*, 2 vol. (Paris 1676).

Taylor, Samuel, 'The definitive text of Voltaire's works: the Leningrad *encadrée*', *SVEC* 124 (1974), p.7-132.

Toldo, Pietro, 'Voltaire conteur et romancier', *Zeitschrift für französische Sprache und Litteratur* 40 (1912-1913), p.131-85.

Trapnell, W. H., 'Destiny in Voltaire's *Zadig* and *The Arabian Nights*', *SVEC* 278 (1990), p.147-71.

– 'Survey and analysis of Voltaire's collective editions, 1728-1789', *SVEC* 77 (1970), p.103-99.

Vaillot, René, *Avec Mme Du Châtelet*, *Voltaire en son temps*, 2nd ed., 2 vol. (Oxford 1995).

Van den Heuvel, Jacques, *Voltaire dans ses contes: de 'Micromégas' à 'L'Ingénu'* (Paris 1967).

– 'Zadig, Zoroastre et les *Voyages de Cyrus* du chevalier de Ramsay', *Le Siècle de Voltaire: hommage à René Pomeau*, ed. Christiane Mervaud and Sylvain Menant (Oxford 1987), p.919-26.

Vercruysse, Jeroom, 'Bibliographie des écrits relatifs à Voltaire, 1719-1830', *SVEC* 60 (1968), p.7-71.

– 'Bibliographie provisoire des traductions néerlandaises et flamandes de Voltaire', *SVEC* 116 (1973), p.19-64.

– *Les Editions encadrées des Œuvres de Voltaire de 1775*, *SVEC* 168 (1977).

Voisenon, Claude-Henri de Fusée, abbé de, *Memnon, sujet tiré de Voltaire, comédie en trois actes, et en prose, mêlée d'ariettes*, in *Œuvres complètes de M. l'abbé de Voisenon de l'Académie française* (Paris 1781).

– *Le Sultan Misapouf et la Princesse Grisemine* (London [Paris] 1746).

Voltaire, *Contes en prose: Le Crocheteur borgne; Cosi-Sancta*, ed. Christiane Mervaud, *OC*, vol.1B (2002).

– *Contes en vers et en prose*, ed. Sylvain Menant, 2 vol. (Paris 1992-1993).

– *Correspondence and related documents*, ed. Th. Besterman, *OC*, vol.85-135 (1968-1977).

– *Dialogues et anecdotes*, ed. Raymond Naves (Paris 1939).

– *Dictionnaire philosophique*, ed. Christiane Mervaud, *OC*, vol.35 (1994).

– *Discours en vers sur l'homme*, ed. Haydn T. Mason, *OC*, vol.17 (1991).

– *Essai sur les mœurs*, ed. René Pomeau (Paris 1990).

– *Histoire de Charles XII*, ed. Gunnar von Proschwitz, *OC*, vol.4 (1996).

– *Lettres philosophiques*, ed. G. Lanson and A.-M. Rousseau (Paris 1964).

– *Romans et contes*, ed. Frédéric Deloffre and Jacques Van den Heuvel (Paris 1979).

– *Romans et contes*, ed. René Pomeau (Paris 1966).

– *Romans et contes, texte établi sur l'édition de 1775*, ed. Henri Bénac (Paris 1949).

– *Sémiramis*, ed. R. Niklaus, *OC*, vol.30A (2003).

– *Le Songe de Platon*, ed. Jacques Van den Heuvel, *OC*, vol.17 (1991).

– *Le Temple du goût*, ed. O. R. Taylor, *OC*, vol. 9 (1999).

– *Zadig and other stories*, ed. Haydn T. Mason (Oxford 1971).

– *Zadig; Memnon*, ed. Jacques Spica (Paris 1977).

– *Zadig, ou la destinée*, ed. Georges Ascoli, rev. Jean Fabre, 2 vol. (Paris 1962).

– *Zadig, ou la destinée*, ed. Verdun L. Saulnier (Geneva 1956).

– *Zadig, ou la destinée; Le Monde*

comme il va; Memnon, ed. Edouard Guitton (Paris 2001).

Wade, Ira O., *The Search for a new Voltaire: studies in Voltaire based upon material deposited at the American Philosophical Society*, Transactions of the American Philosophical Society 48, pt 4 (Philadelphia 1958).

– *Voltaire's 'Micromégas', a study in the fusion of science, myth and art* (Princeton 1950).

Waller, R., 'Voltaire, Parnell and the hermit', *SVEC* 191 (1980), p.994-96.

Wolper, Roy S., 'The final foolishness of Babouc: the dark centre of *Le Monde comme il va*', *Modern language review* 75 (1980), p.766-73.

– '*Zadig*, a grim comedy?', *Romanic review* 65 (1974), p.237-48.

INDEX